KB262902

광야에서

희망을
외치다

광야에서 희망을 외치다

권태진 지음

성빛

CONTENTS

1 진리

2 사랑

3

자유

4
회복

5
희망

광야에서 외치는, 희망과 회복의 메시지

장 종 현 목사 _ 예장 백석 총회장, 백석대학교 총장

'진리와 자유', '사랑과 회복', 그리고 '희망'이라는 단어는 그 어느 때보다 지금 한국 교회에 필요한 핵심가치입니다. 하나님께서 한국 교회를 향해 진리 안에서 자유를, 사랑을 통해 회복을, 그리고 예수 그리스도 안에서 참된 희망을 주기 원하시기 때문입니다. 권태진 목사님께서 이런 귀한 메시지를 한 권에 담아 「광야에서 희망을 외치다」라는 저서를 출간하게 되신 것을 진심으로 축하를 드립니다.

2011년 예장 합신 총회장 취임사를 시작으로 그동안 한국 교회와 대한민국의 앞날을 위해 발표하신 고견들을 모아 책으로 묶으신 것을 보니 역시 권태진 목사님은 하나님께서 한 시대에 쓰시기 위해 부르신 영적 지도자라는 생각이 듭니다. 한국장로교총연합회 대표회장, 한국기독교연합 대표회장, 한국기독인총연합회 대표회장을 비롯한 많은 연합단체의 대표와 공동대표를 역임하시면서 엄중하게 발표하신 한 글자 한 글자 속에서 목사님의 나라 사랑과 교회 사랑을 느낄 수 있었습니다.

우리가 살아가는 이 땅은 분명히 광야입니다. 이 땅에서도 천국을 맛 보기 원하고, 우리가 살아가는 정치, 경제, 사회, 문화 모든 영역에서 예수 그리스도의 주 되심을 고백하는 하나님나라운동이 실현되기를 소망하지만, 그럼에도 여전히 이 땅은 광야입니다. "예수님의 고난과 십자가는 실패인 것 같았으나 찬란한 부활의 영광으로 이어져 믿는 이들의 산 소망이 되었습니다." 십자가와 부활의 신앙이 우리의 유일한 소망입니다. 예수 그리스도가 우리 안에 살아 계셔야 교회는 생명의 공동체로서 능력을 발휘할 수 있습니다.

권태진 목사님의 음성은 광야를 희망이 있는 곳으로 바꾸는 능력이 있습니다. 군포제일교회를 통해 행복한 목회자의 삶을 보여주었고, 어떤 상황에서도 선지자적 메시지를 선포하는 일을 주저하지 않으셨기에 광야에서 외치는 목사님의 소리는 우리에게 희망을 줍니다.

무엇보다 개혁주의신학을 바탕으로 성경으로 돌아가야 한국 교회가 살 수 있다는 외침, 예수 그리스도만이 참된 소망이라는 외침에서 한국 교회에 아직 희망이 있다는 사실을 확인하게 됩니다. 성경의 권위를 회복하여 오직 하나님의 말씀인 성경만이 우리 신앙과 삶의 유일한 표준이요 완전한 계시라고 믿을 때 광야에 길을 내시는 하나님의 새로운 역사가 일어날 것이라 확신합니다.

세상에 외치는 자는 많지만, 막상 영혼의 생명수는 메말라가고 있는 이 어두운 시대에 권태진 목사님의 귀한 저서가 예수 그리스도의 생명을 회복하여 성경대로 믿고 성경대로 사는 한국 교회로 변화되는 일에 보탬이 되기를 바라는 마음으로 추천합니다.

진리의 기적 소리

정 인 찬 목사 _ 웨스트민스터신학대학원대학교 총장

오늘날 우리는 의인이 없는 시대에 살고 있습니다. 의인은 바른 말 곧 진리를 선언하는 사람입니다. 진리를 말하는 사람이 없으니, 백성들이 방자히 행하고 진리를 거슬러 거짓을 진리처럼 말하는 세상입니다. 참으로 의인과 어두움을 깨우는 빛의 사자가 필요합니다.

의의 예언자 아모스는 사자가 부르짖으니 어찌 두려워하지 않겠는가, 여호와께서 말씀하시니 어찌 전하지 않겠느냐고 정의의 예언을 하였습니다. 이런 때에 의의 예언자 아모스 같이 나타난 분이 송암 권태진 목사님이십니다. 시대 시대마다 현실을 본받고 편승하는 것이 아니라, 아모스같이 대각성과 하나님의 입에 있는 나팔같이 교회와 목회자들과 지도자들과 백성을 깨웠습니다. 그런 시대적 성명서와 대각성의 메시지가 없었다면 한국 교회와 사회와 국가는 많은 변질과 타락으로 인해 크게 위협을 당했을 것입니다.

권 목사님은 패역하고 악한 시대를 가만히 보고만 있지 않고 욕을 먹으며 때로는 위협을 받으면서도 연합회 회장의 직무 때문만 아니라 진실한 하나님의 선견자로 예언자요, 선지자로서 외쳤습니다. 이 성명서는 한번 읽고 끝날 일회용이 아니라 두고두고 전해져야 할 대각성의 아우성입니다. 한 시대를 깨우치는 지도자들은 많지 않습니다. 권 목사님은 목회자로서 롤 모델이 되고 한교연의 대표 회장으로 분열된 교단을 하나로 묶는데 혼신의 노력을 다 했습니다.

잘못된 길을 가는 지도자들이 진리의 길로 가도록 하였고, 성명서는 길의 등불 같았습니다. 더욱이 변질되고 악한 시대에 어두움의 주관자들에게 참 빛을 비추는 사자였습니다. 이 성명서를 읽는 이마다 진리의 기적 소리를 듣는 회심의 기회와 대각성의 기회가 되어지기를 소망합니다.

새 술은 새 부대에 담아야 합니다. 더 좋은 내일과 미래를 제시하는 이 성명서가 어두운 길의 등대와 같이 빛의 길로 인도하고 새 역사를 만들어가는 길 안내의 가이드가 되기를 염원하며 이에 진실한 마음을 담아 추천합니다.

변함없이 진실한 시대의 사명자

정 서 영 목사 _ 한국기독교총연합회 대표회장

오랜 시간 교계연합사역을 하며 권태진 목사님을 보았습니다. 권 목사님은 한국 교회가 연합과 통합을 위해 고군분투할 때 늘 중심에서 함께 사역해 왔습니다. 제가 본 권태진 목사님은 변함없이 진실한 분입니다. 목회자라면 당연한 성품인데도 오늘날 이 단어가 어울리는 목회자가 흔치 않습니다. 이 때문에 많은 사람들이 뜻을 같이하여 협조하고 존경을 받습니다. 이렇듯 목사님의 말과 사역에는 진실함이 있습니다.

　권 목사님은 하나님이 쓰시는 진리의 사명자입니다. 12년이라는 짧지 않은 시간 동안 차곡차곡 쓰신 글들은 그 중심이 진리 안에 있습니다. 대한민국을 위해, 때로는 한국교회를 위해 어떤 위협도 마다하지 않고 진리와 복음을 외쳤습니다. 나라와 지도자를 위한 직언을 아끼지 않았습니다.

　권 목사님은 사랑의 사역자입니다. 목사님의 성품을 닮은 이 책은 한국 교회와 대한민국과 온 성도들을 사랑하는 목사님의 절절한 사랑의 외침이 가득합니다. 기독교 정신으로 세워진 나라를 사랑하고, 선조들이 일궈놓은 아름다운 대한민국에서 우리의 자녀들이 꿈과 기상을 펼치며 자라기를 바라는 사랑의 마음이 모든 글의 마침표마다 묻어납니다.

　권 목사님은 시대의 현자입니다. 송암이란 호에서 느껴지듯 반석 위에 솟은 소나무처럼 하나님이 주신 선지자의 사명을 다하는 목회자입니다. 거센 바람이 불면 부는 대로, 바람을 타고 휘어져 더욱 고고한 자태를 뽐내는 소나무처럼 한국 교계와 한국 사회에 거센 바람과 폭풍우가 몰아칠 때라도 늘 현자와 같이 명쾌한 해답을 내주시는 분입니다.

　권 목사님의 한결같은 진리의 외침이 있기에 대한민국이 제사장의 나라로서 전 세계의 디아스포라를 복음으로 깨울 것입니다.

　이 나라를 이끌어가는 많은 지도자들이 권태진 목사님의 메시지를 듣고 대한민국 키의 방향을 잡고 힘차게 항해해 나가기를 소망합니다.

성경적 관점으로 세상을 바라보다

김 만 형 목사 _ 대한예수교장로회 합신 총회장

오랜 시간 권 목사님을 만나 오면서 쓰신 글들을 가끔 접하곤 했습니다. 읽을 때마다 느낀 것은 글이 참으로 맛이 있는 것입니다. 누구나 느끼는 것이지만 그의 글을 읽고 있으면 포근합니다. 따뜻합니다. 정감이 있습니다. 감동이 있습니다. 아마 그 모든 것은 그의 글의 출발점이 그가 강조한 것처럼 아비의 심정에 두고 있기 때문이 아닌가 하는 생각을 갖습니다.

우선 놀라운 것은 권 목사님의 변신입니다. 글을 쓰는 사람이 다른 장르의 글을 쓰는 것은 쉽지 않습니다. 써오던 글의 스타일이 있기 때문입니다. 특히 사회 정치 세계적 이슈에 대해서 평론하는 글을 쓰는 것은 아무나 할 수 있는 일은 아닙니다. 글을 읽으며 참으로 기쁜 마음입니다. 그리고 도전을 받습니다. 한 목회자가 주어진 목회 상황 속에서 정치와 사회, 세계 질서를 보며 그때 그때 이슈를 따라 평가하고 방향을 제시하는 글을 쓴다는 것은 결코 쉬운 일이 아닙니다. 또한 권 목사님의 글을 대하면서 한 목회자의 스펙트럼이 이렇게 넓고 다양할 수 있는지 감탄합니다. 목회적 관점에서 글을 쓰시던 목사님께서 그동안 교계 지도자의 역할을 하며 글의 폭이 얼마나 넓어졌는지요!

이 글에는 먼저 성도들을 향한 따뜻한 격려가 있습니다. 아울러 사회적 사건과 사고를 놓치지 않고 모든 이슈를 연민의 마음으로 다루고 있습니다. 교회와 기독교 단체, 여러 기독교 운동에 대한 성찰과 비판뿐 아니라 애정 어린 고언이 담겨 있습니다. 정부나 교계를 향해 던지는 개혁적인 정책 제시는 그의 혜안을 느끼게 합니다. 모든 절기, 교회 절기와 국가 절기를 기억하고 그에 상응하는 메시지를 통해 교회와 사회를 깨우고 계몽하는 열정도 봅니다.

우리나라가 직면한 여러 상황, 강대국 사이에서 조심스럽게 외교를 해야 하는 상황을 직시하며 지혜롭게 접근하는 방안을 모색하는 노력이 놀랍습니다. 인권, 성적 지향과 같은 사회적 이슈에 대해서는 때론 질책으로 때론 경고로 일반적인 접근과는 다른 방향을 제시하는 것은 사회적 문제를 어떻게 풀어가야 하는지 모

범을 보여줍니다. 정부와 교회 사이에서 교회를 탄압하는 일을 지적하고, 신앙의 자유를 신장시키는 일을 향한 제안도 균형이 있습니다. 종교와 정치의 한가운데서 지도자로서 균형을 이루기 위한 애씀이 얼마나 처절한 것인지도 느끼게 합니다. 이 글들의 유익은 먼저 한자리에 앉아서 인생의 본질과 현재 상황, 풀어야 할 숙제, 미래 나아갈 모습 등 여러가지 이슈들 가운데 자신의 생각을 정리할 기회를 갖게 한다는 것입니다. 또한 유익한 것은 인간과 사회 모든 영역의 이슈를 성경적 관점에서 정리하고 방향을 제시한다는 것입니다.

크리스천은 세속적인 사회 속에서 살아갑니다. 그 안에서 일어나는 모든 일을 몸소 겪기도 합니다. 성숙한 크리스천이 되는 것은 이 모든 이슈를 피할 것이 아니라, 그 이슈들을 어떻게 다루어야 하는지 고민하면서 잘 분별해서 방향을 제시하는 적극적인 자세를 포함합니다. 성경적 관점으로 인생 모든 이슈들을 바라보는 습관을 갖는 것은 성숙한 크리스천들이 되는 가장 소중한 훈련입니다. 이 글들은 이런 면에서 큰 유익을 줄 것이라 확신합니다.

교계 지도자들과 성도들은 이 글을 꼭 읽기를 권합니다. 인생살이에서 생각해야 할 이슈들, 그리고 세상 속에서 일어나는 모든 다양한 일들과 사건 사고에 대해서 바른 생각을 갖고 바르게 처리하기를 원하는 분들에게 이 글들을 추천하고 싶습니다. 당장 큰 문제에 직면하지 않았다 할지라도 다가올 수많은 문제들을 직시하며 미래를 준비하는 분들에게 이 책은 좋은 길잡이가 될 것입니다.

한국 교회 안에 이렇게 다양하고 풍성한 글을 쓰신 지도자들이 얼마나 있을까 생각해 봅니다. 목사님의 글은 글 자체 내용으로도 유익하지만, 앞으로 교회 지도자들이 어떤 글을 써야 할지를 보여주는 좋은 모범이 될 것입니다. 앞으로 이런 글들이 많이 쓰여지기를 기대합니다. 목사님의 지도력을 치하합니다. 목사님의 헌신과 수고를 통해 한국 교회가 더 건강하게 세워졌으리라 믿습니다.

신실하게 걸어오신 목사님을 응원하며 축하의 말씀을 드립니다.

복음에 뿌리를 둔 광야의 외침

문 성 모 목사 _ 전 서울장신대학교 총장

우리나라에는 교회도 많고 목사도 많습니다. 한국 교회의 역사가 140년이 되었으니 복음이 들어와 적지 않은 세월이 흘렀고 수많은 사건들이 있었습니다. 한국 교회는 140년의 역사 속에서 이웃을 돌아보고 민족의 독립과 부흥을 위해 함께 노력해 왔습니다. 한국 교회는 학교를 세우고 병원을 건립하여 소외되고 가난한 이웃을 품에 안고 계몽하고 치료해 주는 것을 선교의 정책으로 삼았습니다. 그런가 하면 삼일운동에 앞장서서 민족의 독립을 위해 일제와 싸우면서 피를 흘렸고, 공산주의의 무신론에 대항했습니다.

그러나 작금의 교회와 목회자들의 경향을 보면 너무 개교회주의에 빠져서 교회 성장에 몰입하고 있으며, 이웃을 위한 배려나 민족적인 문제를 고민하는 사람이 많지 않습니다. 대체로 큰 교회 목사들 중에는 민족과 이웃에 대한 관심이 빈약하고, 한편 민족과 이웃을 위하여 무엇을 한다고 하는 자들 중 대부분은 교회 목회에 실패하여 그 형편이 초라하기 그지없습니다.

권태진 목사가 이 시대에 귀하게 보이는 점은 한 교회의 목회자로서도 모범을 보여 한국 교회를 대표할 만한 교회 부흥을 이루었다는 것이고, 이에 더하여 이웃과 민족을 위한 사랑과 관심 어린 행동에서도 앞장선 실천을 보여주었다는 것입니다.

권태진 목사의 군포제일교회는 그 지역의 중심교회로서 부흥하였고, 한국 교회 전체에도 상당한 영향력을 미치는 최고의 교회로 성장했습니다. 권 목사는 교회와 더불어 성민원이라는 사회복지 법인을 통하여 가난하고 소외된 이웃을 섬기고 돕는 일에 앞장섰습니다. 대한민국에 교회가 많지만, 권태진 목사가 이룬 성민원만한 사회복지기관을 가진 교회는 없습니다.

권태진 목사의 관심은 교회와 이웃을 넘어 사회와 민족에까지 흘러 넘칩니다. 그 증거가 오늘 우리에게 주어진 성명서를 비롯한 글 모음입니다. 권 목사는 기독교 여러 단체의 대표를 지냈습니다. 그는 이 자리를 명예직으로 생각하기보다는 사명감을 가지고 임했으며, 한국의 사회와 민족을 향한 외침을 쉬지 않았습니다.

이 시대에 교회의 목사가 세상과 권력을 향해 아부와 축복을 말하는 사람은 많아도 선지자적 양심으로 책망과 회개를 외치는 사람은 거의 없습니다. 그러나 권태진 목사는 달랐습니다. 그는 쉬임없이 바른 소리를 외쳤고, 신앙과 성경적 양심의 소리를 가감 없이 표출했습니다. 그리고 그것들을 글로 남겼습니다.

오늘 우리에게 들려진 권태진 목사의 성명서는 이 사회를 향한 세례 요한의 외침이요, 이 민족을 위한 예레미야의 눈물의 호소입니다. 그의 외침은 복음에 뿌리를 두고 있으며, 기도의 결과로 얻어진 광야의 소리입니다.

한국 교회가 이를 본받아 교회 부흥과 더불어 이웃과 민족을 사랑하고 기도하고 외치는 일이 계속 이어지기를 소망합니다. 권태진 목사의 성명서 모음집 발간을 진심으로 축하합니다.

고뇌와 호소가 담긴 믿음의 유산

서 헌 제 교수 _ 중앙대학교 명예교수, 한국교회법학회장

「광야에서 희망을 외치다」 출간을 축하합니다. 권태진 목사님 하면 제일 먼저 붙는 수식어가 아비목회입니다. 아버지를 일찍 여읜 권 목사님에게 하나님이 친히 아버지가 되어 주시고 그 삶을 바꾸어 주셨기에 받은 사랑을 영적 가족인 군포제일교회 식구들에게 일생 나누는 목회였습니다.

아비목회에 담긴 사랑은 교회의 울타리를 넘어 어려운 이웃을 향하였고 성민원이라는 큰 나무로 성장하여 공중의 새들이 깃들이는 안식처가 되었습니다. 아비목회에 담긴 따스한 마음은 '사랑 따라, 바람 따라, 물 따라' 흘러내려 아름다운 시로 열매 맺고 이 시가 설교가 되고 찬송이 되어 신작찬송가집 「내가 너와 함께 동행하리라」가 탄생하였습니다.

아비목회가 사랑이신 하나님의 모습이라면 이 책은 권태진 목사님이 한국 교회 지도자로서 하나님의 공의가 교회와 세상에 어떻게 실현되어야 하는 지를 보여주는 지침서입니다. 이승만 대통령을 위시한 건국의 아버지들이 확립한 정교분리원칙이 2000년대에 들어오면서 흔들리기 시작하였습니다. 교회가 어둠을 밝히는 빛과 부패를 막아주는 소금의 짠맛을 잃어감에 따라 세상이 공공연히 교회를 비난하고 교회내부 문제에 간섭하는 일이 잦아졌습니다.

특히 공평과세를 내세운 종교인 과세 시행, 코로나 확산 방지를 이유로 하는 (대면)예배 금지, 하나님의 창조원리에 반하는 동성애 차별금지법 추진, 하나님이 주신 귀중한 생명을 자기 결정권 논리로 함부로 없애는 낙태 허용 등 반기독교적 움직임이 확산되고 있습니다. 이러한 상황에서 권태진 목사님은 지난 30년 동안 한국장로교총연합회 대표회장, 한국교회연합 대표회장, 종교인 과세 한국교회 공동TF 대표로서 교회의 입장을 밝히는 성명과 논평을 주도하여 왔습니다.

이 책에서 권태진 목사님은 교회에는 가이사의 것이 없고 예배 때 드려지는 헌금은 하나님의 것으로서 법으로 강제할 것이 아니라 종교인의 자발적 납세에 맡겨야 한다는 원칙을 피력하였습니다(2017.12.14.). 코로나의 공포가 최고조에 달

하였을 때에도 "기독교 신앙의 기본은 그 어떤 환경에서도 절대로 예배를 멈추지 않는 것이다. 불가피한 상황에서 인터넷 등의 방법으로 가정에서 예배할 수 있지만 이것은 어디까지나 공예배의 대체수단일 뿐이다"(2020.3.5.)라고 하여 예배의 자유를 양보하지 않았습니다.

권태진 목사님은 교회의 사회적 책임에도 큰 관심을 가져 대형산불로 고통당한 강원도민을 위해 "강도 만난 이웃을 위해 한마음으로 기도하며 복구에 참여합시다"라고 호소하였으며, 코로나로 고통당하는 환자와 의료진, 국민을 위해 천만 성도들이 합심해서 기도해 줄 것을 간곡히 요청하였습니다. 나아가 한국 교회와 교인들이 올바른 역사의식과 정체성을 가지도록 촉구하는 일에도 힘을 쏟았습니다.

3·1 운동 1백주년 메시지에서 믿음의 선각자들이 남긴 3·1 운동의 위대한 신앙 유산을 바른 삶으로 계승해서, 자유와 평화를 향한 그날의 뜨거운 기도와 함성이 한 데 모아져 복음 통일이 완성되기를 간절히 소망했으며(2019.3.1.), 2021년 광복절(건국절) 기념 예배에서 "생일과 자신의 근본을 모르고 사는 사람이 불행한 것 같이 자신이 살고 있는 나라의 건국이념과 건국일을 모른다면 얼마나 부끄러운 일인가?"라는 질문을 던지고 "국가의 3요소인 국민, 영토, 주권이 완성된 때는 이승만 대통령이 건국한 1948년 8월 15일 뿐이다. 자유대한민국의 생일을 축하하며, 온 교회는 건국 기념 예배와 행사를 개최하고, 잃어버린 생일날을 찾는 기쁨이 교회마다, 지역마다 일어나기를 바란다"는 의지를 밝혔습니다.(2021.8.3.)

이처럼 이 책은 단순한 문서의 모음집이 아니라 양을 삼키려는 이리 같은 이 세상에서 교회가 어떻게 주님이 주신 순결을 지키면서도 세상보다 더 지혜로울 수 있는지에 대한 권태진 목사님의 깊은 고뇌와 호소가 담겨 있는 믿음의 유산입니다. 이 책이 한국 교회에 널리 전파되어 희미해진 빛이 밝아지고 맛 잃은 소금이 짠 맛을 되찾는 계기가 되기를 소망합니다.

거룩한 성도들이 지향해야 할 좌표

남 진 석 설립 이사장 _ 글로벌선진학교그룹

19세기 말 한반도에 복음의 씨앗이 뿌려진 후 한국 교회는 세계역사에 보기 드문 성장을 가져왔습니다. 양적인 성장뿐만 아니라 사회적 영향력도 대단했습니다.

특히 복음이 전래된 이후에 닥쳐온 민족의 비극적 사건들이 연이어 터졌습니다. 1919년의 한일 합방으로 시작된 일제 강점기, 1945년 민족해방, 1950년 북한의 남침에 의한 6·25전쟁과 남북의 분단, 이승만 정권 독재에 대한 1960년의 4·19의거, 1961년 박정희에 의한 5·16 군사정변, 박정희 대통령 경제 개발 5개년 계획, 유신헌법 제정, 10·26 박정희 시해 사건, 12·12 신군부 군사 반란 사건, 제5공화국 출범, 6·10 민주항쟁과 대통령 직선제 관철, 88올림픽 개최, 1992년 문민정부 출범, 2000년 초·중·고생 해외 유학 자유화, 2000년 첫 남북정상회담, 2002 월드컵 개최, 2004년 노무현 대통령 탄핵소추, 2008년 광우병 파동, 2009년 이명박 대통령 4대강 정비사업, 2016년 세월호 사건과 2017년 박근혜 대통령 탄핵, 2017년 문재인 정부 탄생, 2018년 남북 군사합의, 2020년 코로나바이러스 사태, 북한 핵 위협 가중, 2022년 5월 윤석열 정부 탄생…….

지난 100년간의 한반도 근현대사의 주요 사건을 열거해 보았습니다.

상기와 같은 대한민국 한반도의 역동적인 역사의 뒤안길에는 한국 교회가 언제나 버티고 있었습니다. 고비고비마다 한국 교회와 한국 교회 지도자들은 교단의 색깔에 따라서 그 역할과 역사적 해석을 달리해 왔습니다.

이러한 영향력은 전통적인 정교분리(政敎分離) 원칙이라는 대 전제하에서 조심스럽게 이루어지고 절제되어 온 측면이 있습니다. 이로 인해 급변하는 역사 속에서 세상에 발을 딛고 사는 성도들과 민초(民草)들은 가치관의 혼란과 혼돈을 겪어야 했습니다. 그럴 때마다 한국 교회 지도자들과 목회자들은 촌철살인(寸鐵殺人)의 말과 글로서 민초(民草)들의 등불 역할을 해왔습니다.

한국교회연합 대표회장을 지내신 권태진 목사님은 1993년부터 30년 동안 다양한 매체에 글을 실어, 위기와 고비의 순간순간마다 민주시민들이 나아가야 할 방향과 거룩한 성도들이 지향해야 할 바람직한 좌표를 제시해 왔습니다. 그의 논평은 항상 균형감각을 유지하고 있으며, 명확하고 분명한 논리와 근거를 지니고 있습니다.

읽는 사람들이 혼선이 없도록 명쾌한 선언과 가르침을 주었으며, 선지자적 사명감에 의한 영감 깊은 글들로 큰 위로와 힘을 주었습니다.

역사가 지나가고 쌓이는 사이에 사람들은 그 역사의 교훈을 망각하고 반복되는 우를 범하며, 악순환의 고통을 지고 갈 수 있지만, 권태진 목사님의 각종 성명서와 논평은 문자로서 살아 있기에, 세대를 넘어서서 역사의 등불로서의 사명을 다하게 되리라 믿어 의심하지 않습니다.

「광야에서 희망을 외치다」 출간을 축하드립니다.

말씀을 기준으로 한국 사회를 진단하는 책

박 명 수 교수 _ 서울신학대학교 명예교수, 한국정치외교사학회 회장

평소에 존경하는 송암 권태진 목사님의 「광야에서 희망을 외치다」 출간을 축하합니다. 지금까지 많은 목사님들이 자신의 설교를 모아서 설교집을 내는 것을 보았습니다. 그리고 이런 설교집을 통해서 많은 사람들이 은혜를 받고, 신앙이 성장합니다. 하지만 한국 교회가 공적으로 한국 사회를 향해서 외친 메시지를 모아 놓은 책은 별로 없습니다.

우리는 종종 한국 사회의 고비고비마다 교회가 사회를 향하여 어떤 입장을 가졌는지 궁금할 때가 있습니다. 우리는 이 책을 통하여 한국 기독교의 중요한 지도자의 한 분이 한국 교회와 사회를 향하여 행한 중요한 메시지를 읽게 됩니다. 그러므로 이 책은 먼 훗날 오늘의 한국 교회를 이해하는데 귀한 자료로써 활용되리라 생각합니다.

한국 기독교는 시대마다 하나님의 말씀에 근거해서 현실적으로 부딪히는 수많은 문제에 대해서 대답해야 합니다. 이 책은 1993년경부터 오늘에 이르기까지 한국 교회가 부딪히고 있는 문제에 대해서 권태진 목사님과 그가 주도하고 있는 단체들이 입장을 표명한 것입니다.

이 성명서들에서 권 목사님은 복음주의적인 입장에서 한국 역사를 날카롭게 직시하면서 우리가 나가야 할 길을 제시하고 있습니다. 이런 자료들은 한국 교회의 공적 신학을 형성하는 데 귀한 도움이 될 것입니다.

우리는 이 모음집을 통하여 권 목사님과 한국의 복음주의 기독교가 무엇을 생각하고 있는지 잘 살펴볼 수 있습니다.

첫째, 한국 기독교는 자유민주주의를 지지합니다. 한국 기독교는 대한민국이 공산주의와의 투쟁을 거쳐서 세워진 나라이며, 대한민국을 수호하기 위해서 모든 노력을 기울이고 있습니다.

둘째, 한국 기독교는 정부가 기독교의 독립성을 훼손하는 것을 용납하지 않는다는 것입니다. 이 자료집에는 방역을 이유로 예배의 자유를 침해하는 일을 강

하게 비판하고 있습니다.

셋째, 한국 기독교는 건전한 가정을 수호하기 위해서 노력하고 있습니다. 지금 전 세계적으로 차별금지법의 이름으로 가정을 붕괴시키는 일들이 일어나고 있는데, 바로 이점에 대해서 권 목사님과 한국 교회의 입장은 매우 단호합니다.

지금까지 한국 교회는 많은 사람들에게 위로와 용기를 주는 메시지를 많이 전했습니다. 하지만 동시에 우리는 현재의 한국 사회를 진단하고, 하나님의 말씀으로 해결책을 제시해야 합니다.

권 목사님이 출판하신 이 책은 한국 교회의 이런 사명을 감당하고 있습니다. 특별히 한국 교회를 이끌어 가시는 지도자들에게 이 책을 읽어 보기를 강력하게 권하고 싶습니다.

국가를 위해 쓰신 일기장

이 춘 근 박사 _ 국제정치학자

송암 권태진 목사님은 군포제일교회 당회장으로 봉직하시면서 한국 기독교계를 대표하는 영적 권위를 갖춘 목사님이십니다. 열정적인 목회 활동뿐만 아니라 하나님 사랑을 사람 사랑으로 직접 실천하기 위해 1998년 사단법인 성민원을 설립, 지역사회의 발전에 헌신하고 계시는 대한민국의 사회 지도자이십니다.
자신의 미래를 치열하게 고민하는 청소년들에게 함께 사는 미래에 대해서도 고민하게 하는 성민 청소년 복지학교를 운영하시는가 하면, 가족의 형태가 변화함에 따라 무관심의 대상이 되어가는 노인에 대한 공경과 돌봄의 장을 마련하시기도 하셨습니다. 오늘 이 나라에서 살고 있는 여러 세대가 모두 세대가 바뀌어도 각자의 자리에서 자신의 역할을 감당하도록 가르치는 교육활동을 통해 우리 사회가 하나님의 사랑 아래 더욱 건강한 주체성을 갖출 수 있도록 헌신해 오셨습니다.

5,000명 이상의 청소년들이 성민원에서 교육받은 후 대한민국의 국가 사회를 건강하게 만드는 역군으로 활동하고 있습니다. 국제정치학을 공부하는 학자로서 권태진 목사님의 초청으로 수년간 여러 차례 군포제일교회와 성민원에서 성도와 학생들에게 대한민국의 건국, 국제정치, 통일문제 등을 강의할 기회를 가졌던 저는 권태진 목사님께서 지난 30년 동안 대한민국이 당면했던 큼직한 사건들이 발생했을 때마다 그 상황들을 해설하시고 나라와 민족이 나가야 할 길을 기독교적인 관점에서 제시하셨던 성명서 및 칼럼 모음집을 책으로 간행하시게 되었다는 말씀을 듣고 큰 감동을 받을 수밖에 없었습니다.

이 「광야에서 희망을 외치다」는 대한민국의 큰 어르신인 권태진 목사님께서 국가를 위해 쓰신 일기장입니다. 공부를 좋아하는 모든 분들, 나라의 과거, 현재, 미래를 관심어린 시선으로 지켜보는 애국 시민들에게 이 책은 대한민국 현대사 30년을 정리한 '역사 교과서'요, '역사 참고서'인 동시에 국가 사회가 나아가야 할 방향을 알려주는 '역사지침서'라고 감히 말할 수 있는 책입니다.

이 책에는 1993년 5월 1일 작성된 '부모님은 기다려 주지 않는다'라는 칼럼에서부터 2023년 8월 15일 '8·15 대한민국의 건국절을 제정하자'라는 성명서에 이르기까지 21세기 초반 대한민국 30년사의 중요 사건 124개가 칼럼, 성명서, 메시지, 논평, 인터뷰 등의 형식으로 정리되어 있습니다.

성탄절 메시지, 신년사, 새 대통령에게 바라는 글, 대구 지하철 참사, 세월호 1주기, 지소미아 유보 결정 지지문, 미·북 정상회담 관련 성명문, 8월 15일을 광복절과 건국절로 함께 기념하자는 성명 등은 대한민국 현대사의 '종합 자료집'이기도 합니다.

트럼프 대통령과 김정은의 판문점 만남 관련 성명(2019.6.30.)에서 목사님은 "한국 교회는 이러한 때에 비상한 각오로 나라와 민족을 위한 특별기도회를 통해 북한의 자유와 인권, 복음 통일을 위해서 기도하며 우리나라의 안보와 경제와 신앙의 자유를 위해, 악법이 만들어지지 않는 거룩한 나라가 되기 위해서 하나되어 기도할 것이다"라고 말씀하심으로 조국의 미래가 우리들의 기도에 달려 있다고 강조하십니다.

'국민 필독서'를 또 간행해주신 목사님께 감사드리며 소장(所藏)과 필독을 권합니다.

통찰과 사색이 담긴 글

임 태 희 _ 경기도교육감

안녕하십니까, 경기도교육감 임태희입니다. 목사님의 「광야에서 희망을 외치다」 출간을 진심으로 축하드립니다.

　지난날 척박한 환경 속에서도 늘 가난하고 어려운 사람을 돕고, 건강한 우리 사회를 만들기 위해 꾸준하게 애써 오신 목사님의 정성과 노고에 깊은 감사의 말씀을 드립니다.

　목사님께서는 삶이 담긴 설교로 많은 이들에게 큰 울림과 감동을 주시면서도 뛰어난 글솜씨로 때로는 독자의 마음에 감동을 주는 운율감 있는 시로, 때로는 잔잔한 선율 속에 담긴 찬송가의 가사로, 그리고 통찰과 사색이 담긴 글로 독자들과 소통하고 있습니다.

　앞으로도 목사님께서 갖추신 역량을 계속 발휘해 주시길 기대하며, 종교 지도자로서 본이 되시고 존경받는 목회자로서 늘 우리 곁에 함께 해 주시길 소망합니다.

　새로운 경기교육은 자율, 균형, 미래를 원칙으로 기본 인성과 학습력, 소통의 역량을 갖춘 미래 인재를 키우고자 노력하고 있습니다. 자라나는 세대가 옳은 길을 찾아 자신의 미래를 스스로 펼쳐갈 수 있는 교육에 힘쓰고자 합니다.

　백년대계(百年大計)의 가치를 담아 새로운 미래교육을 향해 나아가고자 하는 경기교육의 노력에 목사님의 많은 관심과 격려를 부탁드립니다.

　뜻깊은 도서 발간을 거듭 축하드리며, 목사님과 가정에 건강과 행복이 늘 가득하시길 기원합니다. 감사합니다.

빛을 잃지 않는 깊은 울림

권 영 해 장로 _ 대한민국 통일건국회 회장, 전 국방부 장관

오랫동안 저에게 신앙적으로 많은 가르침을 주신 송암 권태진 목사님은 평소에는 조용하고 온유하시나 문제가 생겼을 때는 마치 활화산(活火山)처럼 열정적으로 사회나 정치권에 경고와 충고의 메시지를 선포하시고 행동하시는 분이십니다.

목사님께서 1993년부터 지금까지 지난 30년 동안 발표하셨던 성명서, 논평, 호소문과 칼럼들을 모아서 단행본으로 출간하신다는 소식을 듣고 원고를 살펴보니 성명서 61건, 메시지 26건, 오피니언과 논평, 기타 칼럼, 호소문이 37건으로 총 124건이나 되는 다양한 형식의 글인데 그 내용 또한 30년이 지나오는 동안에도 불구하고 시간적, 사회적 한계성을 뛰어넘어 여전히 그 빛을 잃지 않고 우리에게 깊은 울림을 주고 있음을 알 수 있었습니다.

목사님의 말씀 속에는 신앙적으로 한결같이 우리가 바른 성경적 가치관을 가지고 하나님의 영광을 먼저 생각하며 교회의 거룩함을 지켜야 한다는 절절한 가르침이 들어 있습니다. 많은 기독인들이나 목회자들이 정치적·사회적 상황에 대한 구체적 언급이나 활동을 주저하는 모습을 보이고 있지만 목사님께서는 우리 신앙인들이 현실 사회 속에서 살아갈 수밖에 없기에 우리의 신앙의 자유나 신념을 제한하거나 억제하는 상황 속에서 결코 침묵하지 말아야 하며, 그렇지 않으면 지금까지 순교로써 우리의 믿음을 지켜오신 선조들의 희생을 헛되이 하는 것이라고 주장하고 계십니다.

다시 한번 모든 이들에게 귀한 깨우침을 주시는 글을 모아 그 뜻을 새길 수 있는 기회를 주시는 목사님과 관계자분들의 노고에 감사와 치하를 드립니다.

죄의 속성을 가진 세상을 바라보며 분노하기 보다는
그 속에서 하나님이 주신 빛, 소금이 되고
범사에 감사하며 살아가기를

광야에서 희망을 외칩니다

광야에서도 희망을 볼 수 있는 지혜와, 말할 수 있는 환경을 주신 하나님께 영광을 돌립니다. 한 알의 밀알이 풍성한 열매를 맺기까지 비바람과 홍수를 만날 때도 있었으나 반석 위에 세워진 택한 목회자이기에 하나님의 은혜로 견디어 어둠의 화폭에 한 줄기의 빛을 볼 수 있는 성령의 은혜가 있었습니다.

이 땅에 뿌려진 한 알의 밀알로 세계 속의 부국, 자유대한민국이 세워졌습니다. 그러나 점점 혼탁해지는 이념 가운데 자유, 안보, 교육이 흔들리고 창조의 원리까지 부정하는 세속 정치의 도전으로 인해 무명의 애국 성도들은 깊은 산속 부엉이처럼 외롭게 울었습니다. 그럴 때마다 기도용사와 일천 명의 성도가 전능자의 은혜를 구하며 함께 기도한 결과, 이 나라에 자유의 가치를 아는 지도자가 세워졌습니다.

한 사람이 천하보다 귀하다는 가치를 가슴에 심어준 성경적 세계관을 바탕으로, 성령께서 탄식할 때마다 단체의 입장을 대변한 성명서와 문장들이 신문을 통해 세상에 전해졌습니다. 그렇게 30년간의 문장들을 모아 한 권의 책이 만들어졌습니다.

이 책을 기꺼이 추천해주신 장종현 총장님, 정인찬 총장님, 정서영 대표회장님, 임태희 경기도교육감님, 김만형 총회장님, 작곡가이신 문성모 전

총장님, 남진석 이사장님, 서헌제 교수님, 박명수 교수님, 이춘근 박사님, 권영해 장로님 감사드립니다. 세상이 빠르게 변화하고 발전할수록 세대 격차는 심화되고 이념의 대립으로 세계의 정치계, 학계가 갈등하고 있습니다. 심지어 종교계조차도 진리의 통일성을 갖지 못해 안타까우나, 그것까지 초연하게 받아들여야 하는 시대입니다. 아브라함의 아들인 이삭과 이스마엘이 갈등했고, 이삭의 아들 야곱과 에서가 갈등을 겪었듯이 그 어디도 안전한 곳은 없습니다. 이 글들을 발표하면서 살아있는 세속 권력의 저항도 있었지만 하나님의 공의로 오늘의 기쁨을 얻게 하셨습니다. 우리는 불변의 진리와 진실이 승리함을 믿습니다. 하나님 한 분만이 영원하심을 믿으면 평안을 얻습니다. 죄의 속성을 가진 세상을 바라보며 분노하기보다 그 속에서 하나님이 주신 빛과 소금이 되고 범사에 감사하고자 힘씁니다.

이 글을 읽으며 함께 생각해보시기를 소망합니다. 역사는 빠르게 흐르고 급변하기에 지금의 관점에서 바라보면 때로는 사리에 맞지 않는 것처럼 보이지만 그 당시의 상황을 이해하는 데는 도움이 될 것입니다. 저는 대한예수교장로회 합신 총회장, 한국장로교총연합회 대표회장, 한국교회연합 대표회장, 한국기독인총연합회 대표회장, 월남참전용사 등 각기 다른 입장에서 여러 사건들을 바라봤기에 때로는 사견이 아니라 단체의 사역임을 양지하여 읽어주시길 바랍니다.

　한 할아버지가 손주에게 보릿고개 시절을 회상하며 쌀밥이 없어 배를 곯았던 이야기를 해주었다고 합니다. 그러자 그 손주는 "할아버지, 냉장고에 있는 거 꺼내먹고 라면이라도 끓여 드시지요, 왜 굶고 계셨어요?"라고 대답했다고 합니다. 당시의 상황과 배경을 모른 채 지금의 잣대로 역사를 논하면 헌신하고 희생한 조상의 수고를 어리석다고 평가하고, 헌신의 열매를 먹고 누리면서도 조상을 정죄하는 우를 범할 수 있습니다. 이제는 국정 교과서도 역대 지도자들의 공적을 폄훼하고 있습니다. 이 책을 읽으며 변화된 역사 시선을 갖는 계기가 되었으면 합니다.

　책을 출판할 수 있도록 협력한 사랑하는 가족과 군포제일교회의 기도용사들, 추천해주신 모든 분들과 독자 여러분께 하나님의 축복이 가득하기를 소원합니다. 감사드립니다.

2023년 10월

한국기독인총연합회 대표회장

송암 **권 태 진** 목사

T R U T H

진

시대를 변화시키는 힘

리

미래의 초석을 놓는 자세로

대한예수교장로회 합신 총회장

우리의 걸음을 인도하고 성취하시는 하나님께 감사와 영광을 돌립니다. 사려 깊은 총대 여러분들의 선택과 성령에 이끌린 마음을 존중하며 맡겨진 총회장의 사역을 잘 감당하도록 기도하며 우리 교단을 섬기겠습니다.

먼저, 세우신 하나님과 총대 여러분의 뜻을 알고 한국 교계와 우리 교단에 유익이 되도록 바른신학, 바른교회, 바른생활로 분초를 아껴 사명을 감당할 것입니다.

지금 한국 교회와 우리 교단은 내외적으로 시련에 직면해 있습니다. 예수님이 빌라도 법정에서 무죄한 죄인이 되어 살인자인 바라바보다 더 비참한 모습이 된 것같이 오늘날 한국 교회의 모습이 그렇습니다. 이것은 교회 문제라기보다는 세상이 악함의 기준으로 교회를 잘못 바라보고 있기 때문입니다.

역사적으로 한국 교회는 민족의 등불이었습니다. 시대마다 민주화, 선진화의 길목에서 큰 역할을 감당했습니다. 한국 교계는 다시 한번 성령의 능력을 덧입어 시대의 횃불 역할을 감당해야 할 때입니다. 이제 본 교단을 대표하는 교단장으로서 흔들림 없이 우리 교단의 전통과 역사를 잘 지켜 '하나님 보시기에 좋았더라'는 교단이 되도록 힘쓰겠습니다. 한국 교계에서 우리 교단의 위상을 더욱 높이기 위해 일치와 갱신에 노력하겠으며, 내적으로는 개척교회와 총회 각 부서의 부흥과 활성화를 위해 적극 노력할 것입니다.

　우리 모두 십자가 지신 주님의 성품을 닮아 서로 용서하고 사랑하는 은혜의 기능을 강화하여 건강하고 좋은 교회를 만들고 나라가 부강해지도록 그 역할을 다해야 한다고 믿습니다. 짧은 임기 내에 무엇을 하려는 무리한 계획보다는 미래를 위해 튼튼한 초석을 놓는다는 자세로 최선을 다할 것입니다. 교단과 개인의 소통 부재로 인한 크고 작은 갈등을 최소화하고 진리 안에서 최선을 다하여 신실한 마음으로 목회할 수 있도록 할 것입니다. 이에 우리 교단이 복음적 교단으로 다져질 수 있도록 역사에 부끄러움이 없는 총회의 임원들과 회원들이 되시기를 부탁드립니다. 저 또한 착하고 충성된 종으로 이번 회기 동안에 열정을 다하여 여러분들을 섬기겠습니다.

　끝으로 이 땅에 그리스도의 이름이 더욱 높아지고 바른 성경적 가치관이 자리 잡도록 끊임없는 사랑과 기도를 부탁드립니다.

역사에 오점을 남기지 않기를

대한예수교장로회 합신 총회장

결국 한국기독교총연합회가 4개 교단(개혁, 고신, 대신, 합신)에 행정보류를 알렸다. 예상하지 못한 결정이다. 우리는 하나님께서 세우신 기관의 결정을 존중해야 한다. 그러나 잘못된 결정에 대하여 결코 침묵할 수는 없다.

담을 넘어오는 도적을 보고 짖는 것은 주인을 보호하려는 개의 충성심이다. 이것을 이해하지 못하고 개를 홀대하는 주인은 지혜자가 아니다. 이런 상황에서 주인이 개를 야단친다면 안타까운 일이다. 가장 당당하고 투명해야 할 최고의 지성인들의 모임이 언론을 통제하고, 바르게 하자는 이들의 마음을 무시하는 것을 전혀 이해할 수 없다.

이 같은 일들이 오늘에만 있는 것은 아니다. 솔로몬 왕의 아들 르호보암이 나라를 다스릴 때도 있었다. 그 당시 백성들은 새로 왕위에 오른 르호보암에게 부친 솔로몬이 지운 멍에를 가볍게 해 달라고 했다. 왕은 두 부류의 사람들과 의논했다. 노인들은 백성의 종이 되라고 했고, 함께 자라난 소년들은 멍에를 더욱더 강하게 하라고 했다. 왕이 소년들의 말을 따른 결과가 무엇이었는가? 나라가 분열되는 아픔을 경험하였다.

모 일간지에서 행정보류 소식을 읽고 행정보류의 대상으로 지목된 교단의 총회장으로서 마음이 남다르다. 행정보류를 결정한 대상 교단에 속한 분들도 같은 생각을 지니고 있을 것이다. 누가 그들에게 정죄의 특권을 주었는가?

열린 마음이 귀를 열어준다. 자신의 마음에 들지 않는다고 배척하는 것은 잘못된 것이다. 진리를 사모하는 다수의 소리를 경청하면서 조직의 본질을 지켜나가야 한다. 이젠 세속의 권력을 앞세워 싸우지 말고, 스스로 세속 권력 아래로 들어가는 잘못을 회개하자. 그리고 욕심을 버리자.

십자가를 지고 가시던 예수께서 자신을 위해 울지 말고 예루살렘을 위해 울라는 말씀이 생각난다. 그 단체가 싫어하는 이들의 교단은 더욱 존경스럽다. 연합체가 다양성을 인정하지 않는 것이 오히려 안쓰럽다. 단체의 특수성을 무시한 결정은 집권 남용이며 말씀에 의한 양심의 자유까지 억압하는 것은 독재이다. 지금이라도 회개하고 반대하는 자들의 심정을 품어 복음 정신을 갖자. 이것만이 역사에 오점을 남기지 않는 길이다.

성령의 능력을 믿으면 소망이 있다. 이제 말씀과 성령 충만으로 회복하자. 교계와 나라를 먼저 생각하여 세상의 빛과 소금의 기능을 발휘하기를 기대한다.

시대를 변화시키는 힘

하나님께서 맡기신 평화의 사명 감당하길

대한예수교장로회 합신 총회장

사랑하는 아들을 훈련소에 데려다주고 오는 길이라며 마음 아파하는 성도를 보았습니다. 국방의 의무를 감당하는 건강한 자녀를 주신 것은 감사하지만 군대에서 고생할 것이 안쓰러운 것입니다. 이 같은 부모의 마음은 하나님이 주신 마음이며, 가정을 행복하게 만드는 원천이 되기도 합니다.

하나님도 자기 아들을 사랑하셨습니다. 그런데도 그 아들에게 힘들고 감당하기 어려운 사명을 맡기셨습니다. 이유는 하나님의 형상으로 지은 우리를 사랑하시기 때문이었습니다. 독생자를 매우 초라한 곳 베들레헴으로 보내신 하나님 아버지의 마음이 어떠했겠습니까? 하나님은 아들을 화려한 궁이 아니라 가장 낮고 천한 구유로 보내셨습니다. 아무도 그를 세상 죄를 지고 가는 어린양이나 유일한 구원자 즉 메시아로 보지 않았을 것입니다. 그러나 하나님의 약속을 믿고 수종 드는 천군과 천사는 알고 찬송했습니다.

수많은 천군과 천사들은 함께 "지극히 높은 곳에서는 하나님께 영광이요 땅에서는 하나님이 기뻐하신 사람들 중에 평화로다"(눅2:14)라며 찬송했습니다. 그렇다면 우리는 예수님 오신 날을 어떤 마음으로 맞이해야 할까요?

우선, 성탄을 통해 하나님의 영광을 드러내야 할 것입니다. 예수님을 이 땅에 보내심은 우리를 향한 하나님의 최고의 사랑이며, 하나님의 임재하심입니다. 하나님이 사람을 창조한 목적도, 구원하신 목적도 영광을 받으시기 위해서입니다. 예수님이 아버지의 뜻에 순종하고 복종한 것같이 구원받은 우리도 하나님께 영광의 찬송과 감사의 기도를 드려야 합니다. 그다음은 성탄을 통해 평화를 누려야 합니다. 평화는 기뻐하심을 입은 사람에게 임하는 것입니다. 하나님은 평화를 원하고 있습니다. 그러나 말세의 징조로 인하여 평화 대신 분쟁과 갈등이 봇물 터지듯 터져 나오고 있습니다. 세상의 빛과 소금의 역할을 다하도록 그 사역을 믿고 따르는 우리에게 평화의 사명을 맡기셨습니다.

성령으로 잉태되기까지 순종한 요셉과 마리아, 들에서 천군 천사의 노랫소리를 듣고 찾아온 목자들, 멀리서 별의 인도를 따라온 동방박사가 맞이한 벅찬 성탄이 되기를 바라며, 영광과 평화를 온 누리에 퍼트리는 지혜자가 되기를 기원합니다.

내일은 오늘의 열매입니다

대한예수교장로회 합신 총회장

존경하는 전국 교회의 모든 동역자 그리고 성도 여러분! 전능하신 하나님의 은혜가 모든 교회와 가정에 넘치시길 기원합니다. 다사다난했던 한 해가 가고 희망찬 새해가 밝았습니다. 올해는 국내외적으로 여러 가지 큰 변화가 예상되는 해입니다. 그러나 하나님의 인도하심에 따라 영육 간의 승리를 체험하리라 믿습니다.

우리 교단은 건강한 교단입니다. 그것은 물량주의와 인본주의의 홍수 속에서도 바른신학, 바른교회, 바른생활을 지키려고 세속과 타협하지 않은 결과라고 봅니다. 오늘은 어제의 연속이자 결과이며, 내일은 오늘의 열매입니다. 하나님 아버지의 영광을 위하여 그가 허락하시는 십자가를 지고 자신을 부인하며 예수님의 발자취를 따라가길 소원합니다. 십자가 사역은 영광 중 영광이요, 누림 중 누림입니다.

새해에는 옛사람을 벗어버리고 말씀과 성령 충만으로 세상의 빛과 소금의 역할을 분명히 드러내 봅시다. 새 술을 새 부대에 담으라는 예수 그리스도의 교훈대로 매일매일 십자가의 사랑으로 채우는 수고를 기쁨으로 감당합시다. 그리고 사람이 일을 계획할지라도 걸음을 인도하고 성취하시는 하나님의 섭리를 깨닫고 항상 깨어 기도하기를 원합니다.

빌라도 법정에 선 예수님의 고난을 생각하면 우리의 문제를 앞에 두고 좌절할 수 없습니다. 살인자 바라바를 놓아주는 대신 예수님을 십자가에 못 박으라는 군중이 지금도 있습니다. 그러나 좌절하지 맙시다. 십자가의 승리와 부활의 능력을 입게 하신 하나님의 사랑을 기억합시다.

그리고 우리 모두 마음을 합하여 말씀 안에서 순종하는 삶을 살면서 행복으로 채워지는 한 해를 기대하시길 원합니다.

새해를 맞아 말씀과 성령으로 회복케 하시는 하나님의 능력을 체험하는 합신총회, 섬기는 교회, 그리고 각 가정이 되시기를 진심으로 소원합니다.

그가 허락하시는 십자가를 지고
자신을 부인하며 예수님의 발자취를 따라가길

시대를 변화시키는 힘

부활의 기쁨, 삶 속에서 누리기를

대한예수교장로회 합신 총회장

하나의 씨가 꽃을 피우고 열매를 맺기까지 오랜 시간에 걸쳐 여러 가지 과정을 겪습니다. 완전히 희생하여 썩는 씨의 희생이 있어야 열매를 맺을 수 있습니다. 꽃이 바로 열매가 될 수 없습니다. 예수님은 십자가의 고난을 이기고 말씀을 이루시기 위해 죽음의 길을 순종하셨습니다. 무덤 문을 열고 시공을 초월하여 사망 권세를 이기셨습니다. 그리고 부활의 신앙을 믿는 믿음의 사람들에게 십자가의 길을 갈 수 있는 능력을 주십니다.

예수님께서 빌립보 가이사랴 지방에서 제자들에게 "사람들이 인자를 누구라고 하느냐"라고 물으셨습니다. 제자들은 "더러는 세례 요한, 더러는 엘리야, 어떤 이는 예레미야나 선지자 중의 하나라고 합니다"라고 대답했습니다. 예수님께서 다시 제자에게 같은 질문을 하셨을 때 베드로는 "주는 그리스도시요 살아계신 하나님의 아들이십니다"라고 대답을 했습니다.

예수님께서는 "바요나 시몬아 네가 복이 있도다 이를 네게 알게 한 이는 혈육이 아니요 하늘에 계신 내 아버지시니라"라고 칭찬하셨습니다.

그러나 바로 그 후에 베드로는 예수님의 책망을 받았습니다. 예수님께서 고난과 죽음, 부활을 이야기하셨을 때, 하나님의 일보다 사람의 일을 먼저 생각했기 때문입니다. 예수님께서는 제자들에게 "누구든지 나를 따라오려거든 자기를 부인하고 자기 십자가를 지고” 따라오라고 하셨습니다. 주님의 부활을 맞이하는 우리는 고난에도 동참하여야 합니다. 십자가 고난 후에 부활의 아침을 맞이할 수 있기 때문입니다.

부활의 예수님은 우리가 평강하기를 원하십니다. “너희에게 평강이 있을지어다 아버지께서 나를 보내신 것 같이 나도 너희를 보내노라”(요 20:21). 먼저 제자들에게 평강을 주시고 세상에 보내시길 원하셨습니다. 지금 당신의 마음속에 주님이 주시는 평강이 있습니까? 보냄을 받은 장소에서 평강의 사명을 감당하고 있는지 점검해 보아야 합니다.

부활의 예수님은 우리가 성령 충만하기를 원하십니다. “이 말씀을 하시고 그들을 향하사 숨을 내쉬며 이르시되 성령을 받으라”(요20:22). 어머니가 아들에게 과자를 받으라고 말할 때는 과자를 주려고 들고 있다는 뜻입니다. 예수님은 우리에게 성령을 주셨습니다. 성령의 열매는 “사랑과 희락과 화평과 오래 참음과 자비와 양선과 충성과 온유와 절제”(갈5:22-23)입니다. 이와 같은 좋은 성품으로 어떤 환경 속에서도 세상의 빛과 소금으로 존재해야 합니다. 성령 충만하여 부활의 주님을 증거하고 세상을 이기고, 변화시켜야 합니다.

길이요 진리요 생명 되신 예수님을 믿지 않고서는 하나님 아버지께로 갈 수가 없다는 믿음, 예수님이 다시 살아나셨다는 부활의 믿음을 확실하게 가져야 합니다. 어느 누구도 어느 종교도 흉내 낼 수 없는 영광스러운 부활의 기쁨을 삶 속에서 누리시기를 주의 이름으로 축원합니다.

시대를 변화시키는 힘

새로운 미래를 향해 부흥하는 우리

대한예수교장로회 합신 총회장

한 해 동안 총회장으로 충성할 수 있도록 사명을 주신 하나님께 영광을 돌립니다. 구원의 큰 영광을 입고도 하늘의 상급까지 누릴 수 있는 충성된 자의 반열에 함께 한 교단의 지도자, 동역자 여러분과 한 해 동안 함께 할 수 있어 행복했고 감사를 드립니다.

한국 교계가 전반적으로 분주하고 어려웠던 한 해, 중심으로 섬겼으나 부족한 부분도 있었습니다. 한국교회연합이 설립되고 한국장로교회총회가 100주년을 맞이하여 하나되기 위하여 힘을 모았습니다.

어려운 상황 속에서도 합신 교단은 선배님들과 동역자님들의 헌신과 협력으로 신뢰를 받고 중심이 되는 교단이 되었습니다. 모두가 하나님의 은혜입니다.

지금의 한국 교계에 섬김과 나눔, 화합과 일치 운동이 일어나고 있는 현실에서 합신 교단과 고신 교단의 만남도 추진 중에 있습니다. 인위적인 방법이나 몸집 불리기가 아닌 신학과 신앙의 동질을 통한 바람직한 동행이 되도록 노력해 왔습니다.

제97회 총회는 더 좋은 지도자들이 세워져 세상의 빛으로, 새로운 미래를 향해 더욱 부흥하는 합신이 되길 소원합니다. 첫사랑을 회복하여 헌신적인 신앙의 열매가 맺힐 것을 기대해 봅니다. 새롭게 세워지는 총회장과 임원들 그리고 상임위원들을 통해 더 아름다운 교단을 이룰 줄로 믿습니다.

　부족한 종과 함께했던 상임위원회와 총무 및 직원들, 그리고 묵묵히 헌신한 군포제일교회 당회원들과 성도들께 고맙다는 인사를 하고 싶습니다. 전국에 계신 본 교단의 동역자들과 모든 성도들께도 하나님의 은총이 있기를 기도합니다. 한 해 동안 영광스러운 사명을 주시고 지켜주신 하나님께 감사드리며 모든 영광을 돌립니다.

세상의 빛으로, 새로운 미래를 향해
더욱 부흥하는 합신이 되길 소원합니다

하나님께 영광, 땅에서는 평화

한국장로교총연합회 대표회장

성탄의 기쁨이 온 세상에 넘치기를 기원합니다. 우리가 행복한 성탄을 맞이할 수 있는 것은 하나님의 독생자를 보내신 희생과 사랑 때문이요, 천한 말구유도 귀하게 쓰임 받을 수 있는 것은 구세주 예수 그리스도가 그곳에 누이셨기 때문입니다.

낮은 자리, 천한 곳을 마다하지 않으시고 말구유에 누우신 아기 예수와 같이 낮은 자리에 함께함으로 기쁨을 나누는 성탄절이 되기를 바랍니다. 겸손과 사랑으로 세상을 밝히고 소외된 자, 병든 자, 가난한 자를 돌보라는 예수님의 뜻을 따라 사랑을 나누는 풍성한 날이 되었으면 합니다.

헤롯이 어두운 가슴으로 나라를 소동하고 어지럽게 하는 현실이지만 인간의 모든 계획과 생각을 아시는 전능자의 인도하심이 교계와 나라에 함께 하실 줄을 믿습니다.

인간 제일의 삶의 목표는 하나님을 영화롭게 하는 것입니다. 성탄의 위대한 의미를 알고 귀한 예물을 준비한 동방박사들과 같이 겸손히 예배함으로 하나님께 영광을 돌리는 성탄이 되기를 바랍니다.

각 교단과 교계, 나라와 모든 가정에 예수님 오신 기쁜 소식으로 평안과 행복이 깃들길 기원합니다.

별과 달과 해 모두를 품는 하늘과 같이

한국장로교총연합회 대표회장

희망찬 새해가 밝았습니다. 2013년은 국내외적으로 여러 가지 큰 변화가 예상되는 해입니다. 그러나 하나님의 인도하심을 따라 영육 간의 승리를 체험하리라 믿습니다.

새해에는 옛사람을 벗어 버리고 말씀과 성령 충만으로 세상의 빛과 소금의 역할을 분명히 드러내길 원합니다. 별과 달과 해 모두를 품는 하늘과 같이 다름을 인정하고 조화롭게 품어 함께 가야 합니다. 사람이 자기의 일을 계획할지라도 걸음을 인도하시고 성취하시는 하나님의 섭리를 깨닫고 항상 깨어 기도하기를 원합니다.

새날을 맞이하는 이들과 함께 꿈과 덕담을 나누면 한 해 한 날은 큰 의미가 더해집니다. 우리는 과거도 하나님의 은혜로 살았고 지금도 주의 은총 속에 살고 있으며 미래는 더 좋은 날이 될 것입니다.

한국 교회는 민족과 희로애락을 함께 나누며, 비바람 눈서리를 겪으면서 어려운 역사 속에서 성장해 왔습니다. 대한민국의 근현대사는 한국 교회와 함께 발전해 왔으며 애국애족의 중심에는 그리스도의 사람들이 있었습니다. 그때나 지금이나 교회의 사명은 주님 오실 때까지 끝나지 않을 것입니다.

시대를 변화시키는 힘

새해에는 어둠 속에 가려진 빛사랑의 발자취가 드러나 처음 사랑을 회복하며 연합일치 운동을 회복하고 세상의 빛으로 섬김과 나눔을 실천하기를 원합니다. 민족정기에 복음의 사랑, 거룩과 공의의 사상을 심고 미션스쿨의 교육이념 회복을 위해 힘쓰며 소외된 이웃들의 친구로 다가서는 한 해가 될 줄로 믿습니다. "그는 흥하여야 하겠고 나는 쇠하여야 하리라"는 세례요한의 고백을 하면서 한국장로교회는 한 알의 밀알 역할을 다할 것입니다.

약자가 요구하기 전에 가진 자의 배려가 선행되기를 바랍니다. 믿음의 조상 아브라함은 하나님의 뜻대로 순종하여 가축 등 소유가 많아지는 복을 받았고 동행한 롯도 그러했습니다. 그러나 목자들끼리 좋은 초원과 우물을 얻기 위해 다투는 것을 보고 아브라함은 "나를 떠나가라 네가 좌하면 나는 우하고 네가 우하면 나는 좌하리라"라고 먼저 양보했습니다. 이같이 올해는 말씀 안에서 먼저 배려하고 겸손함으로 보듬는 해가 되었으면 합니다.

시기법이 만들어지더라도 믿음으로 사자 굴에 들어가야 합니다. 다니엘이 기도하는 것을 법으로 금하고 사자 굴의 형벌을 받게 하는 원인이 무엇인가를 생각해야 합니다. 교회의 세습을 문제로 보고 정죄하는 것은 매우 위험한 일입니다. 이미 목회를 잘하고 있음에도 문제로 삼는 것은 바람직하지 않습니다. 바른 신학과 신앙 훈련을 받은 목회자들이 사역을 이어가는 것을 금지하고 정죄하는 것은 성경의 사상과 윤리에 어긋나므로 우리 장로교회는 말씀 중심으로 교회의 본질 회복을 위해 정도로 가야 합니다.

공교회 성도들의 믿음의 양심이 여론에 의해 영향받지 않기를 바랍니다. 그리스도의 사랑으로 연합과 일치를 위해 힘쓰고 성경 말씀이 기준 되어야 합니다. 말씀으로 회복하여 세상의 빛으로 보수와 진보를 떠나 성경

안에서 한 마음, 한 신앙이 되도록 힘써야 합니다. 이단들을 분별하여 경계하며 한교단 다체제를 이루고 역사를 바르게 정립하는 해가 될 것으로 믿습니다.

분열과 다툼이 없기를 바랍니다. WCC 총회를 통해 복음을 더 깊이 깨닫게 하고 무조건적 반대보다는 WCC의 문제점을 알리고 바르게 되도록 기도해야 합니다. 또한 대회를 준비할 때 말씀 안에서 행하고 거룩한 변화가 일어나는 축제가 되도록 바른 대안을 제시하는 것이 바람직합니다.

말씀 안에서 먼저 배려하고
겸손함으로 보듬는 해가 되었으면

시대를 변화시키는 힘

6·25전쟁 63주년을 맞이하며

한국장로교총연합회 대표회장

고요한 아침의 나라, 대한민국에서는 1950년 6월 25일 주일 새벽, 북한의 남침으로 같은 민족끼리 죽고 죽이는 살육전이 시작되었습니다. 지금도 그 전쟁은 끝나지 않았고 모두 마음 아파하고 있습니다.

우리는 교육현장에서도 큰 피해를 보고 있습니다. 그토록 억울하게 당한 우리의 조상들을 북침의 전범으로 알고 있는 청소년들이 70% 가까이 된다는 사실에 탄식합니다. 피해자가 가해자로 오해받는 것은 결코 용납할 수 없습니다. 이러한 역사의식은 빙산의 일각입니다. 역사를 바로 세워야 나라의 미래가 있음을 알고 바른 우리의 역사를 국가고시, 학교의 필수과목에 바르게 기록해서 교육해야 합니다.

지금 청소년들은 정보와 지식과 가치관의 공격을 받아 선악의 분별력을 상실하고 있습니다. 우리는 북한 정권과 국민들을 분리해서 생각하여 미움보다 사랑을 가지고 기아와 인권유린, 억압에 신음하는 백성들을 안타까워하며 그들을 위해 기도합니다.

북한은 핵을 포기하고 진정한 마음으로 대화에 임하고 우리 정부는 원칙을 가지고 대화하여 공산주의 전술에 말려들지 않고 역사를 바로 세우고 안보를 굳건히 하길 바랍니다. 한국장로교회는 무늬만 크리스천인

이들이 개혁한다고 대적해 올 때 빌미를 주지 않도록 깨어있어야 할 것입니다. 한국 교회가 본질을 회복하고 말씀으로 돌아가 신적 요소를 회복하여 영적 전쟁에서 승리하고 겸손과 사랑, 나눔과 섬김으로 시대 속의 빛과 소금으로서의 사명을 잘 감당하기를 바랍니다. 우리 한국 교회는 나라를 사랑하고 통일을 위해 기도하며 대통령과 온 국민을 위해서 기도할 것입니다.

역사를 바로 세워야
나라의 미래가 있음을 알고
우리의 역사를 바르게 기록해서
교육해야 합니다

시대를 변화시키는 힘

십자가 밑에 모여

다음 달 1일 서울 잠실실내체육관에선 한국장로교총연합회(한장총) 주최
한국장로교총회 설립 100주년 기념대회가 열린다. '세상의 빛으로 통일을 준비하는
새로운 백년'이라는 주제 아래 27개 장로교단 2만여 명의 성도들이 모여 1911년
조선예수교장로회로 출범한 한국장로교회의 100년 역사성을
자축하게 된다. 한장총을 대표하는 임원들에게 대회 의미와 향후 계획을 들어봤다.

Q 장로교 설립 100주년 기념대회의 주제로 통일 이슈를 제기했습니다.
의미가 무엇인가요.

A 일제 강점기 이후 준비 없이 맞이한 해방은 한국 사회의 혼돈으로 이어졌고
한국전쟁이라는 고통스러운 결과로 나타났습니다.
마찬가지로 준비가 안 된 통일은 한반도 전체의 혼란과 고통으로 이어질 수
있습니다. 한국 교회가 세상의 빛으로서 통일을 앞두고
윤리·도덕적으로 바른 가치관을 제시할 수 있어야 한다는 생각에서
주제를 선정하게 됐습니다.

Q 한국 교회가 한국기독교총연합회·한국교회연합 분열과
세계교회협의회(WCC) 총회 논란 등으로 진통을 겪고 있습니다.

A 분열은 자기중심의 결과입니다. 십자가 앞에서 자기를 부인하지 못한
결과입니다. 다시 한번 복음에 헌신하고자 하는 자세로
십자가 밑에서 모여야 합니다.
하나님의 교회는 하나의 교회일 수밖에 없습니다.
이것을 해결하지 않고 남북통일을 말한다는 것은 앞뒤가 맞지 않습니다.
하나되어 미션스쿨 종교자유정책연구원 문제 등
대사회적 문제뿐만 아니라 선교사 파송과 신학교 난립 등의 현안을
논의해야 합니다.

Q 한장총이 교회 연합을 위해 '한교단 다체제' 헌법을 발표하는 등
연합운동의 새로운 모델을 제시하고 있습니다.

A 장로교는 모두 웨스트민스터 신앙고백(1788년)을 따르고 있습니다.
따라서 공통의 예배와 신앙고백 정치 권징이라는 헌법초안을 만들 수
있습니다. 한장총의 시도는 장로교 헌법이라는 같은 '지붕'을 만드는 것과
같습니다. 한장총의 생각은 각 교단의 헌법과 체계를 최대한 존중하면서
연방제 형태로 느슨하게 묶는 것입니다.
기념대회에서 이것을 발표할 텐데 각 교단 총회에서
충실하게 논의하길 기대하고 있습니다.

Q 연합사역에 있어서 건강한 지도력은 어디에서 나온다고 보십니까.

A 만약 장로교회가 하나될 수 있다면 저는 내년에 대표회장직을 바로 내려놓을
것입니다. 비움과 섬김 없이는 지도자의 역할을 감당할 수 없습니다.

한장총은 명예를 갖고 싸우지 않습니다.
대표가 되기 위해선 더 많이 희생해야 하고, 섬겨야 하기 때문입니다.

Q 남북 관계가 경직돼 있습니다. 교회는 이 문제를 어떻게 풀어야 합니까.

A 월남전에 참전한 경험이 있습니다. 전쟁이 나면 아이들은 들개처럼
배회하고 남자는 총알받이가 됩니다. 여자는 창녀처럼 유린당합니다.
참 비참합니다. 바른 가치관으로 남한이 먼저 단합되지 않는다면
아무리 강대국의 지원이 있다고 하더라도 밀릴 수밖에 없습니다.
현재 베트남의 상황을 보십시오.
교회가 남북통일, 사회통합의 신학적 가치를 제시할 수 있어야 합니다.
이 민족이 사는 길은 종교가 지닌 숭고한 정신문화를 활성화하는 것입니다.
한국 교회가 그 일을 제대로 감당해야 합니다.

▶ 진행자 = 이 승 한 종교국장
▶ 참석자 = 권 태 진 목사(한국장로교 100주년 기념대회 준비위원장(상임회장))
　　　　　 윤 희 구 목사(한국장로교총연합회 대표회장)
　　　　　 조 성 기 장로(한국장로교 100주년 기념대회 실행위원장)
▶ 언론사 = 국민일보

※ 전체 내용 중 상임회장 권태진 목사의 답변만 발췌했습니다.

분열은 십자가 앞에서
자기를 부인하지 못한 결과입니다
다시 한번 복음에 헌신하고자 하는 자세로
십자가 밑에서 모여야 합니다

복음 안에서 조화롭게

한국교회연합 제3대 대표회장 후보

부족한 사람이 합신 총회의 추천을 받아 사단법인 한국교회연합의 대표회
장 후보로 등록하게 된 것은 모두가 하나님의 은혜임을 알아 감사드립니
다. 저 자신만 보면 갈 수 없는 길이지만 외면하지 못한 것은 앞서가신 분
들과 동료들 뿐 아니라 저 스스로도 한국교회연합이 태동의 산고 속에 하
나되려 했던 노력과, 그 사명이 무엇인지 알기 때문입니다. 구레네 시몬이
지워진 십자가에 순종하며 걸어감 같이, 오직 하나님의 절대 주권 속에서
걷게 하시는 분을 따르기로 뜻을 정했습니다.

현재 한국 교회는 안팎으로 매우 큰 도전을 받고 있어 어느 때보다 이
사명을 감당하는 것이 중하고 어려운지 알고 있습니다. 그러나 질병 속에
서 고쳐주시고 오늘을 있게 하신 주님 앞에 제가 사는 것도, 그리스도를 위
해 죽는 것도 유익함을 고백하며 순종의 각오를 해 봅니다. 이제 한국교회
연합 대표회장 후보에 임하면서 몇 가지 다짐을 말씀드리고자 합니다.

첫째, 한국교회연합의 정신을 알아 복음 안에서 조화를 이루고 모든
교단과 기독교 단체의 다양성을 품는 그릇이 되고자 합니다. 한국 교회가
진정으로 하나되는 연합기구로서의 사명을 다하도록 할 것입니다.

둘째, 한국 교회가 세상의 빛과 소금으로 온전히 그 역할을 감당하고

사회적 책임을 다할 수 있는 환경을 만들고자 합니다. 내적으로는 교회의 물적, 인적 자원을 활용하여 지역과 사회를 위한 복지를 감당하고 외적으로는 출산 장려, 자살 방지, 생명 존중, 윤리 회복 등 사회의 평안을 위한 사명을 감당하도록 최선을 다하고자 합니다. 또한 그리스도인으로서 삶과 사역의 본을 보여 국가와 사회 앞에 당당히 나서고 기독교의 정통성을 가지고 화합하여 한목소리로 이 난국을 극복해 나갈 것입니다.

셋째, 몸집이 큰 다수, 목소리 큰 소수 어느 한쪽에도 치우치지 않도록 하고 한국 교회 전체의 뜻을 담는 연합회가 되어야 할 것입니다. 한 지붕 아래 각 교단과 단체의 뜻을 존중함으로써 한국 교회가 하나된 비전을 품도록 하고자 합니다.

넷째, 한국 교회가 바른 역사관을 가지고 초대교회의 뿌리를 찾도록 교재를 만들어 언론과 학교, 교회에 보급하는 일도 구상할 것입니다. 한국 교회의 미래를 위해 정교분리의 원칙이 존중되도록 하고, 자유민주주의의 수호 아래 통일한국의 정신적이고 영적인 역할을 감당할 수 있도록 준비하는 한해를 만들어 보겠습니다. 그뿐 아니라 사회에서 늘 문제로 제기되는 금권 선거 등 구습의 변화를 위해 기도하고 총대님들이 오직 복음적 판단을 하시도록 노력하겠습니다. 그리하여 한국교회연합 본연의 사명과, 이루어 가야 할 정책과 과제에 모든 힘을 모을 수 있도록 하고자 합니다.

지난날 예장 합신의 총회장과 한장총 대표회장의 사명을 잘 감당할 수 있었던 것은 함께 한 동역자 모두가 합력해 주시고 기도해 주신 열매였습니다. 화평으로 하나되었던 경험을 살려 오직 하나님의 역사하심을 믿으며 사명을 감당하겠습니다. 한국교회연합이 하나님과 사람에게 더욱 사랑받는 단체가 되는 실력은 총대님들의 현명한 선택에 있음을 믿고 말씀과 성령의 인도함 받아 소속 교단과 교회 성도들과 함께 수종 들며 최선을 다할 것을 다짐합니다.

시대를 변화시키는 힘

다양성을 품는 그릇 되어

한국교회연합 제3대 대표회장 후보

부족한 사람이 합신 총회의 추천으로 사단법인 한국교회연합의 대표회장 후보가 된 것은 모두가 하나님의 은혜임을 알아 감사를 드립니다. 35년간 목회를 하면서 주의 일은 하고 싶다고 하는 것도 아니고 원치 않는다고 피해갈 수 있는 것도 아님을 깨달았습니다. 한국교회연합의 대표라는 자리는 명예나 권력이 아닌 이 시대 속에서 하나님의 영광을 드러내고 한 알의 밀알이 되는 사명의 십자가임을 압니다. 순종과 겸손으로, 섬김의 리더십으로 복음 안에서 세워주시면 몇 가지 작은 소원을 가지고 한국 교회를 섬기겠습니다.

1. 한국 교회의 연합과 위상 제고를 위한 정책

예수 그리스도 중심의 연합

한국교회연합의 정신을 알아 복음 안에서 조화를 이루고 모든 교단과 기독교 단체의 다양성을 품는 그릇이 되고자 합니다. 진정 하나 됨을 위해 연합회 대표로서 먼저 추구해야 할 것은 신앙과 신학에 기초해 생명을 살리고 삶으로 행하는 것입니다. 연합과 일치를 추진할 때도 교회는 예수 그리스도의 몸이라는 중심으로 추진할 것임을 밝힙니다.

연합기구로서의 대표성 확립

한국 교회를 대변하는 기구로서의 대표성을 확립하는 일은 한국교회연합의 궁극적 사명입니다. 그 태동의 정신을 잘 알기에 몸집이 큰 다수, 목소리 큰 소수 어느 한쪽에도 치우치지 않고 한 지붕 아래 한국 교회 전체의 뜻을 담는 연합회가 되어 교계와 사회에서 대표성을 인정받는 기구가 되도록 하겠습니다.

교회 보호 기능 강화

연합기구 안에서는 틀린 것과 다른 것에 대해 분명히 해야 합니다. 틀린 것에 대해서는 분명히 결단하고 대처하며 다른 것에 대해서는 다양성을 인정해 포괄적으로 포용할 것입니다. 유언비어로 기독교를 폄하하고 은밀히 들어와 교회를 허는 이단과 불건전한 사상이 들어오는 것을 막을 수 있도록 담당 기관의 역할을 강화하여 교회를 보호하도록 할 것입니다.

2. 교회의 회복과 사회적 책임을 위한 정책

교회의 사회적 책임에 대해서는 그간의 합신 총회장과 한장총 대표회장의 사역을 감당하며 고민하고 추진해 왔던 일들을 발전시켜 나가고자 합니다. 직접 현장에서 경험한 것들을 토대로 방향을 제시하고 그간 진행되던 일들이 지속되도록 모두의 협력을 요청하는 바입니다.

건전한 사상과 역사의식의 확립

통일을 바라보면서 무신론을 전제로 한 정치환경을 견제하지 않으면 나라의 근간이 흔들릴 수 있습니다. 그러므로 연합회에서는 큰 틀에서 나라와 정치, 사회를 바로 보고 예수 그리스도를 구주로 믿는 신앙을 중심으로 뭉쳐야 합니다. 가장 중요한 것은 역사의식입니다. 기독교가 사회, 문화 영역에서 굴절되어 비치고 기독교의 역할이 저평가받고 있는 이유 중 하나는 한국 교회가 근현대사 속에 기여해 온 일들이 종교적 편견이 있는 이들의 역사관으로 다 묻혀 있기 때문입니다. 한국 교회가 바른 역사관을 가지고 초대교회의 뿌리를 찾도록 해야 할 것입니다. 근현대사에서 교회가 이룬 일들이 평가절하되지 않도록 목사와 기독교 학자들과 함께 교회의 관점에서 그 업적을 정리해서 교육할 수 있는 교재를 만들어 보급하고 알리겠습니다.

빛과 소금으로서의 사회적 책임 감당

교회가 세상의 빛과 소금의 역할을 감당할 수 있도록 인적, 물적 자원을 활용하여 개교회들이 지역과 사회를 섬길 수 있도록 지원하겠습니다. 또한 외적으로는 이슬람 세력의 침투, 사회주의와 종북세력 등에 대응할 수 있도록 교회와 교단 간 긴밀한 네트워크를 구성해 알리고 대처할 것입니다. 종교인 과세 등에 대해서는 정교분리의 원칙을 고수하며 지금까지 진행해 온 대책위원회의 활동을 확대하여 교회의 입장을 분명히 제시하고 정책에 반영되도록 할 것입니다. 나아가 정부 정책과 입법안에 대해 검토하고 소통할 수 있는 싱크 탱크로서 "정책 입법 감사 위원회"를 두고 한국 교회의 입장을 대변하겠습니다. 그리고 인권으로 무장한 동성애와 그와 관련한 차별금지법 등에 대해서도 기독교의 입장에서 재정립하고, 정부기관과 언론에 올바른 방향을 제시하겠습니다. 또한 자살과 낙태 방지, 생명 존중,

출산 장려 등 생명윤리 회복을 위해 성경 기반의 교육과 한국 교회 차원의 "생명윤리 회복 캠페인"을 실시하겠습니다.

한국 교회와 사회의 건강한 소통

지금은 한국 교회와 사회의 소통이 필요한 시점입니다. 비윤리적 문화, 왜곡된 여론, 균형을 잃은 정책 속에서 건강한 문화를 만들 수 있도록 해야 합니다. 이를 위해 한국교회연합이 기독교 언론과 협력하여 한목소리로 대안을 제시해 정책으로 연결되게 하고 사회 여론을 선도하겠습니다. 정부와 사회와의 건강한 소통을 통해 실추된 진리의 권위를 살려내고 한국 교회가 감당할 사회적 책임을 다하도록 할 것입니다.

민족 복음화와 통일한국 준비

북한의 체제 아래 보호받지 못하는 이들의 인권과 탈북자들을 위한 안타까움을 가지고 사업을 수행해 오던 일들이 있습니다. 북한을 위해서는 복음과 떡을 함께 전할 수 있도록 지속적으로 구제사업을 진행하겠습니다. 또한 북한교회 재건을 위해 기존 연구기관 및 단체의 네트워크를 구성해 연구하고 통일한국을 대비해 한국 교회가 정신적이고 영적인 역할을 감당할 수 있도록 준비하겠습니다.

시대를 변화시키는 힘

진정한 하나됨을 위해
- 한국 교회 통합 선언문 -

한국기독교연합 통합추진위원장

오늘 우리는 한국 교회를 향하신 하나님의 부르심에 응답하여 한국 교회의 진정한 하나됨을 위해 이 자리에 모였다. 우리는 과거 하나님께서 한국 교회에 부어주신 감당할 수 없는 은혜를 하나님의 영광을 드러내고, 세상에 하나님의 사랑을 증언하는데 바로 사용하지 못한 잘못을 먼저 회개한다.

민족의 희망이요 등불이었던 한국 교회가 오늘날 사회로부터 신뢰를 잃게 된 것은 전적으로 우리 모두의 자만과 불순종의 결과이며, 서로를 서로의 잣대로 재단함으로써 다툼과 분열에 이르도록 방기한 책임 또한 막중하다 할 것이다.

따라서 오늘 우리는 주님 앞에 꿇어 엎드려 분열의 죄책을 고백하고 교회 연합과 일치를 통해 그리스도 안에서 한 몸을 이룸으로써 하나님의 거룩하신 부름에 응답하고자 한다. 그리스도 안에서 한 형제 된 한국기독교연합과 한국교회총연합은 겸손한 자세로 모든 것을 내려놓고, 한 몸을 이뤄 새롭게 출발할 것을 선언하며, 한국 교회 앞에 놓인 중차대한 사명을 감당하기 위해 매진할 것을 다짐한다.

우리는 한국 교회를 새롭게 하고 건강하게 세워가는 일에 있어 어떠한 희생도 감수하고 양보와 배려의 정신을 발휘해 나갈 것이며, 공교회간에 조화와 타협, 상생으로 이 땅에 하나님 나라 실현을 위해 최선을 다할 것이다. 그리스도는 교회의 머리이시며 우리는 그 지체이다.

따라서 한국 교회는 이 땅에 참된 소망과 진리를 전파하기 위해 날마다 부단히 새로워져야 한다. 또한 우리는 주님의 부름을 받은 지체로서 대립과 갈등을 치유하고, 화해와 용서를 실천하는 평화의 사도로서 세상을 향해 나아갈 것이다.

< 한국 교회 통합 합의서 >

한국교회연합기관(한국기독교연합·한국교회총연합)은 하나님이 주신 시대적 소명을 감당하기 위해 분열의 과오를 회개하고 일치와 연합의 정신으로 성령 안에서 하나될 것을 굳게 다짐하며 다음과 같이 합의하였음을 선포한다.

1. 한국기독교연합과 한국교회총연합은 통합한다.
2. 12월 첫 주에 통합총회를 개최한다.
3. 양 기관의 역사를 존중하여 승계한다.
4. 양 기관의 회원은 모두 인정하되 공교회(교단)를 중심으로 운영한다.
5. 통합 총회의 대표회장은 3명을 공동대표로 추대하고, 이중에 1인을 이사회 대표로 추대한다.
6. 한국기독교총연합회와의 통합은 계속해서 추진한다.
7. 기타 세부사항은 별도로 정한다.

기독 대학교 매각 시도를 바라보며

한국교회연합 대표회장

기독교 건학 이념을 바탕으로 숱한 목회자를 배출해 온 안양대학교가 최근 재정난을 이유로 불교계 대순진리회 계열의 대진교육재단에 매각을 시도하고 있다. 이에 대해 본회는 기독교대학의 건학 이념에 대한 심각한 훼손일 뿐 아니라 종교 간 마찰과 분쟁의 소지가 될 이번 사태에 심각한 우려를 표하며, 매각 음모를 즉각 중단할 것을 촉구한다.

현 안양대학교는 지난 1948년 고 김치선 박사가 서울 남대문교회에서 설립한 대한신학교의 건학 이념을 계승한 기독교 대학으로 그동안 대한예수교장로회 대신 총회를 기반으로 수많은 목회자와 우수한 인재를 배출해 왔다.

그런 안양대가 대순진리회 계열의 대진성주회 관계자 3명을 이사로 받아들임으로써 사실상 재단 매각을 자행한 것은 하나님이 세우신 기독교 대학을 타 종교에 돈을 주고 팔아넘기는 후안무치한 행위로 예수님을 은 30에 팔아넘긴 가룟 유다를 연상케 하는 배교 행위나 다름없다. 더구나 현 학교법인 우일재단 이사장이 교회 장로 신분이라는 사실에 비춰 볼 때 이는 개인의 일탈을 넘어 신앙 양심으로나 도의적으로도 비난받아 마땅한 행위인 것이다.

따라서 우리는 학교법인 우일학원의 기독교 대학을 타종교에 매각 시
도를 강력히 규탄하며, 이 같은 불의한 시도를 즉각 중단할 것을 촉구한다.
아울러 교육부는 대진교육재단 측 이사 승인을 즉각 취소함으로써 종교
간 갈등과 분쟁 소지를 조기에 차단하는데 적극 협조해 줄 것을 요구한다.

만일 우일학원이 이 같은 한국 교회의 목소리를 끝내 외면하고 타 종
교에 기독교 대학을 매각하고, 교육부 또한 이를 수수방관한다면 해당 대
학 재학생과 졸업생 뿐 아니라 한국 교회 1천만 성도들이 이를 절대로 묵과
하지 않을 것이며, 뒷돈 거래로 사학을 마음대로 매매하는 불법 부당 행위
근절을 위해 국회를 통한 사학법 개정 등 총력 투쟁에 나설 것임을 분명히
밝힌다.

기독교 대학 건학 이념의 심각한 훼손과
종교간 마찰과 분쟁의 소지가 없도록

시대를 변화시키는 힘

한국 교회에 혼란을 부추기는 판결

한국교회연합 대표회장

대한예수교장로회(통합)소속 서울교회를 대상으로 고등법원이 내린 "안식년제 및 신임투표제도"와 관련한 판결에 대하여 본회는 이 판결이 대한예수교장로회 교단 소속의 모든 위임 목사들 뿐 아니라 한국 교회 전체에 미칠 해악을 우려한다. 만약 이 판결이 대법원에서 확정되어 하나의 판례로 남는다면 향후 교단 헌법과 무관한 이런 제도로 인해 속출하게 될 피해와 엄청난 후유증을 과연 누가 책임질 것인지 사법부에 묻지 않을 수 없다.

소속 교단의 헌법은 신임투표를 금지하고 있다. 따라서 위임목사의 해임 등 징계는 반드시 권징재판절차(징계절차)에 따라야 한다. 그런데 동 교회는 헌법 규정을 어기고 지교회의 신임투표 규정만 가지고 강제 해임을 하였으니 이는 명백한 무효이다. 만약 이같은 지교회 규정을 근거로 상위법인 교단 헌법을 무시한다면 상위 기관인 노회와 총회는 존재의 의미가 없어지는 것이다.

또한 권징절차와 같이 총회 헌법에 정해져 있는 엄격한 사법적 통제절차와 변론절차와 증거조사절차를 거치고 1심 판결에 대한 불복절차가 보장되지 않는 방식으로 위임목사의 직분을 마음대로 박탈할 수 있다고 한다면 위임목사의 신분과 지위를 엄격하게 보장하고자 하는 총회 헌법

규정과 근본정신은 휴지조각이 되고 말 것이다.

다시 말하지만 장로교단의 총회 헌법은 자의 사임이나 권고 사임의 규정은 있어도 (강제) 사임, 해임의 규정은 없고 권징(징계) 재판절차가 아닌 신임투표로 (강제) 해임시킬 수 없음을 명백하게 규정하고 있다. 위임목사청빙절차를 총회 헌법에서 엄격하게 규제하고 있는 것과 마찬가지로 위임목사 해임절차도 총회 헌법의 규정에 따라 엄격하게 규제하고 있는 것이다.

따라서 지교회로서는 상급치리회인 노회와 총회의 치리에 복종하여야 하고, 지교회에서 하위규범인 안식년 규정을 제정하여 신임투표와 연결한 규정은 상위 규범인 총회 헌법과 헌법시행규정을 위반한 것으로서 위법무효임은 명약관화하다.

그리하여 하급치리회인 지교회의 자율권과 상급 치리회의 자율권이 상호 충돌되는 경우 지교회로서는 총회 헌법규정에 근거한 내부적인 절차를 따라야 하고, 그래도 해결되지 않는 경우 지교회로서는 수인할 의무가 있다고 할 것이다.

만약 지교회가 상급치리회에 복종할 수 없다면 장로교단을 탈퇴하는 방식으로 지교회의 자율권을 지킬 수는 있다고 할 것이나 교단에 머물러 있는 한 통합교단의 교리와 정체성을 확립하고 위임목사의 신분과 지위를 확실하게 보장하려고 한 총회 헌법과 헌법시행규정에 복종하고 수인할 의무 또한 마땅히 감수해야 한다.

이에 본회는 서울중앙지방법원 제41민사부와 서울고등법원 제38민사부의 서울교회 안식년제와 신임투표 제도에 대한 판결이 교단 헌법을 제대로 해석하지 못한 잘못된 판결이며, 대한예수교장로회 교단의 근간을 흔드는 매우 위험한 판결임을 분명히 밝히며 상급 법원에서 바른 판결이 내려지길 바라는 마음으로 다음과 같이 우리의 입장을 천명하는 바이다.

시대를 변화시키는 힘

하나, 위임목사는 지교회의 청빙으로 노회의 위임을 받은 목사이다. 따라서 노회가 위임하여 세운 위임목사를 지교회가 임의로 해임할 수 없음을 밝힌다.

하나, 위임목사는 지교회의 치리회인 당회와 공동의회의 청빙결의와 상급 치리회인 노회의 위임목사 청빙 승인 결의를 거쳐 노회에서 주관하는 위임식을 거행함으로써 취임하는 것이고, 그 임기는 정년까지이며, 권징(징계) 재판절차에 의하지 아니하고는 본인의 의사에 반하여 강제 해임할 수 없다는 것이 교단 헌법에 명시돼 있는바 장로교 헌법상 신분과 지위가 확실하게 보장되는 직분인 위임목사를 해임하는 것은 명백한 불법이다.

하나, 6년 시무 후 1년간 의무적으로 안식년을 주는 지교회 자체의 규정 시행은 지교회의 자율권이므로 문제가 없다고 할 수 있으나, 안식년을 보낸 후 신임투표와 연결한 규정은 권징(징계) 재판절차에 의하여서만 그 시무를 정지하거나 해임, 면직하게 한다는 장로교 헌법규정과, 목사를 신임투표로 사임시킬 수 없다는 장로교 헌법시행규정에 명백하게 반하는 것으로서 이는 위법, 무효임을 밝힌다.

십자가 광채가 온 세상 밝게 비추기를

한국교회연합 대표회장

"예수께서 이르시되 나는 부활이요 생명이니 나를 믿는 자는 죽어도 살겠고 무릇 살아서 나를 믿는 자는 영원히 죽지 아니하리니 이것을 네가 믿느냐"(요11:25-26)

우리 구주 예수 그리스도의 은혜와 평강이 온 세상에 충만하기를 기원합니다. 주님께서 사망 권세 이기시고 무덤에서 부활 승리하심으로써 구원의 사명을 완성하셨습니다. 사망을 생명으로 이기고 부활하신 위대한 사랑이 이 땅에 전파된 지 135년이 되었습니다. 주님은 백성들의 어두운 눈을 밝히고 자유와 평화와 희망을 주시고 기도로 대한민국을 건국하여 자유민주주의 국가, 경제 대국이 되게 하셨습니다.

그러나 숱한 고난의 역사 속에서 하나님이 세우신 대한민국이 정치·경제·외교·안보·사회·문화·교육 전반이 흔들리고 있습니다. 반인륜적 동성애를 옹호하는 차별금지법과 하나님이 주신 태아의 생명을 함부로 해치는 낙태의 허용은 하나님의 창조질서를 무너뜨리는 악법입니다. 한국 교회는 위정자들이 하나님의 공의를 두려워하고 하나님의 음성에 귀 기울이도록 선지자로서의 사명을 게을리해서는 안 될 것입니다.

부활하신 주님은 한국 교회로 하여금 빛과 소금이 되어 세상을 변화

시대를 변화시키는 힘

시키는 한 알의 밀알이 되라고 하십니다.

갈등과 위기를 희망으로 바꾸기 위해 하나님께서 한국 교회를 예비하셨음을 우리는 결코 망각해서는 안 될 것입니다. 지난 선교 1세기 동안 민족의 등불이요 희망이었던 한국 교회가 연단의 시기를 맞고 있는 것은 장차 주님의 부활의 영광의 증인으로 더욱 크게 사용하고자 함입니다.

부활하신 주님은 우리로 하여금 희생과 섬김의 낮은 자세로 사회적 약자의 손을 잡아주고 그들의 고통에 귀 기울이라고 하십니다. 산불이 휩쓸고 간 강원도 피해주민들에게 하나님의 위로와 평강이 임하길 빌며, 한국 교회가 그들의 몸과 마음의 상처가 치유되도록 물심양면의 지원을 다해야 할 것입니다. 이웃의 아픈 상처를 싸매주고 보듬는 일이야말로 부활의 증인인 우리들이 세상에 보내진 존재의 이유입니다.

주님이 부활하신 아침에 북한이 진정 핵을 버리고 북녘 동포들이 가난과 고립에서 벗어나 하나님의 은혜 속에 회복이 되기를 기도합니다. 부활의 능력과 성령의 권세, 큰 사랑을 힘입어 다시 한번 한국 교회가 하나되고 남남의 갈등이 해소되고 남북이 자유와 평화 속에 함께 교류하며 더불어 사는 날이 속히 오기를 소원합니다.

더불어 아직도 북한에 억류되어 있는 김정욱, 김국기, 최춘길 선교사를 비롯해 수많은 전쟁 납북자들이 하루속히 가족의 품으로 돌아올 수 있도록 한국 교회가 잊지 않고 기도하면서 문제 해결을 위해 최선의 노력을 다해야 할 것입니다.

주님이 부활하신 아침에 한국 교회가 타인의 허물을 들추고 비판하기 전에 먼저 자신을 성찰하고 모든 실패와 잘못을 남에게 돌리는 멸망자의 반열에서 벗어나게 되기를 소망합니다. 소돔과 고모라의 죄보다 의인이 없어서 유황불 심판을 당한 것을 교훈 삼아 회개의 기도를 드리고, 하나님이 주신 큰 능력으로 빚진 자의 자세로 함께 일어나 주님의 몸된 교회의 본질을 회복하는 부활절이 되기를 간절히 소원합니다.

예수님의 고난과 십자가는 실패인 것 같았으나 찬란한 부활의 영광으로 이어져 믿는 이들의 산 소망이 되었습니다. 부활의 첫 열매되신 예수님의 능력을 입어 강하고 담대하게 어둠을 이기신 십자가의 광채가 온 세상을 밝게 비추기를 소원합니다.

'속리산 신(神)축제'에 대하여

한국교회연합 대표회장

충북 보은군청이 매년 축제를 개최해 오는 중에 올해는 '속리산 신(神)축제'로 명칭을 변경해서 개최한다고 한다. 그동안 보은군청은 산신제 성격의 축제를 주최해 지역 교회들과 기독연합회 등으로부터 거센 반발을 샀는데 올해부터는 아예 귀신 축제를 개최하겠다고 나선 것이다.

해당 군청은 "세계 유산과 전통문화를 기반으로 한 속리산 신(神)축제를 통해 군의 대외적 인지도 향상 및 관광산업 육성 등 지역경제 활성화를 도모하겠다"고 밝혔는데 무속인들이 벌이는 굿잔치가 군의 대외적 인지도 향상에 어떤 기여를 할 수 있으며, 지역경제 활성화에 무슨 도움이 된다는 것인지 도무지 이해할 수도, 납득할 수도 없다.

더구나 군청이 주최하는 지역축제가 군민 어느 누구의 동의도 없이 공청회나 설명회 한번 없이 밀실에서 추진해 일방적으로 공지되었다고 하니 더욱 심각한 문제가 아닐 수 없다. 군민의 세금으로 운영되는 군청이 풀뿌리 지방자치제의 근간인 주민 자치를 완전히 무시하고 일방통행식 행정으로 일관한다면 그 끝은 불 보듯 뻔한 일이다.

21세기에, 관 주도로 무속인 굿잔치를 벌이며 이를 전통문화라 포장하는 것은 전근대적 사고로밖에 보이지 않는다. 미풍양속을 해치지 않는 범위 안에서 고유한 전통문화를 축제의 소재로 삼는다면 누가 뭐라 하겠는가. 문제는 군청이 허무맹랑한 무속신앙을 축제란 이름으로 앞장서서 널리 퍼뜨리려 하는 점이다.

본 회는 지난 2016년에 국회에서 여당의원의 주도로 국운을 비는 굿판이 벌어졌을 때 "무속 행위를 국회에까지 끌어들여 버젓이 굿판을 벌이는 국회의원의 의식 수준이 한심하고 개탄스럽다"는 성명을 발표하며 강력히 비판한 바 있다.

보은군청의 신축제는 한 마디로 금도를 넘은 것이다. 길흉화복 등의 인간의 운명을 조절해 달라고 비는 원시적인 종교 의식을 축제라는 이름을 빌어 아무 생각 없이 개최하려는 보은군청은 각성하고, 군민 뿐 아니라 지역, 종교 간 갈등을 야기했다는 더 큰 비판과 저항에 직면하기 전에 우매한 시도를 즉각 중단할 것을 강력히 촉구한다.

미풍양속을 해치지 않는 범위 내에서
축제의 소재를 찾기를

시대를 변화시키는 힘

나라를 위한 기도는 멈춤이 없다

한국교회연합 대표회장

대한민국과 대통령, 국가지도자를 위해 하나님께 기도하기 위한 목적으로 매년 개최되는 대한민국 국가조찬기도회가 올해로 제51회를 맞이했다. 그런데 금번 국가조찬기도회에 문재인 대통령이 참석하지 않은 것을 두고 교계 일각에서 바람직하지 않은 반응들이 감지되고 있다. 이에 본 한국교회연합은 나라와 위정자를 위해 기도해 온 국가조찬기도회의 비정치적이고 순수한 기도회의 근본정신과 목적을 망각하거나 훼손하지 않기를 바라는 마음에서 다음과 같이 입장을 밝힌다.

첫째, 국가조찬기도회는 대한민국의 안녕과 국가지도자들을 위해 하나님께 기도하는 것이 목적이다. 예배와 기도회의 주체는 하나님이시지 사람이 아니다. 따라서 대통령이 참석하지 않았다고 하여 "기독교 패싱"이니 "물 먹이기" 등 감정적으로 반응하는 것은 결코 옳은 일이 아니다. 금번 국가조찬기도회는 대통령의 불참으로 주인 없는 가정을 심방하는 모양새가 되었으나 국무총리가 대행했으므로 은혜스럽게 마쳤다고 본다. 한국교회가 대통령이 주어진 직분을 잘 감당하기를 바라는 마음으로 기도할 때 하나님께서는 그 기도를 들으실 것이다. 대통령의 참석 여부를 정치적으로 확대 해석하여 감정적으로 대응하는 것은 국가조찬기도회의 정신을 잘 알지 못하는 것이다.

둘째, 그러나 국가지도자를 위한 기도회에 대통령이 참석하지 않은 것을 안타깝게 생각한다. 국가조찬기도회는 1948년 5월 제헌국회 임시의장을 맡은 이승만 전 대통령의 제안으로 모든 의원들이 자리에서 일어나 나라를 위해 기도한 것이 시초가 되었다. 그동안 대통령의 탄핵 등 불가피한 중대사를 제외하고 현직 대통령이 불참한 전례가 없다. 그런데 이제 와서 다른 종교와의 형평성과 대통령의 휴가 등이 불참 이유로 거론되는 자체를 안타깝게 생각한다. 이는 국가조찬기도회의 역사와 전통, 전례에 비추어 볼 때 매우 적절치 않다고 본다.

셋째, 한국 교회는 이 땅에 복음이 전래된 이후 나라와 민족을 위한 기도를 단 하루도 쉰 적이 없다. 한국 교회는 보수, 진보를 떠나 나라와 위정자를 위해 매주 강단에서 기도를 쉬지 않는 것을 사명으로 안다. 국가조찬기도회도 이 같은 한국 교회의 특별한 애국애족 정신의 기초 위에 시작된 것이다. 대통령이 금번 국가조찬기도회에 참석하지 않은 것을 두고 더 이상 연연하거나 문제 삼지 않기를 바란다. 본질이 아닌 문제를 가지고 분별 없이 하는 비판이 자칫 나라의 발전과 국민의 행복에 부정적인 요소가 될 수 있음을 명심해야 한다.

넷째, 최근 한국 교회 전체를 정치적 편향집단으로 매도하는 시도는 즉각 중단되어야 한다. 한기총 대표회장이 시국선언문을 발표한 후 언론을 비롯해 우리 사회 도처에서 기독교에 대한 편 가르기, 일방적 매도, 적폐세력 규정 등의 시도가 빈번히 벌어지고 있다. 그러나 먼저 포용 사회를 지향하는 정부라면 비판이나 반대하는 목소리 안에 국민의 뜻도 있음을 알아 고칠 것이 있는지 살펴야 할 것이다. 성직자 뿐 아니라 누구나 진보 또는 보수를 지향하는 것은 개인의 기본권 차원에서 존중되어야 한다. 그러나 우리는 정치적 목적으로 편향된 행동을 하는 것을 결코 지지하지 않

시대를 변화시키는 힘

는다. 이를 빌미로 한국 교회 전체를 소위 청산해야 할 적폐집단으로 모는 것은 더 큰 불행한 사태의 불씨가 될 수도 있음을 경고한다. 덧붙여 금번 대통령의 국가조찬기도회 불참을 구실로 한국 교회 전체에 현 정부에 대한 부정적 여론을 확산하려는 그 어떤 시도 또한 순수한 기도회를 세속정치화로 전락시키는 부끄러운 행동이기에 자중자애하길 당부 드린다.

다섯째, 나라와 민족을 위한 순수한 기도회의 전통은 존중되어야 하며, 한국 교회는 국가위정자를 위한 기도를 멈추지 않을 것이다. 국가조찬기도회는 기독교의 위세를 세상에 과시하거나 정치에 개입해 이익을 취하고자 하는 목적이 아니다. 일부 편향되고 부정적인 시각이 안타깝기는 하나 그런 비판의 목소리까지도 한국 교회는 넓은 가슴으로 품어야 할 것이다.

본 한국교회연합은 나라와 민족, 국가지도자를 위한 순수한 기도와 뜨거운 복음적 열정이 후대까지 아름답게 계승되기를 바라며 6월 비상 특별기도회를 통해 한국 교회의 본질 회복과 세상에 빛과 소금의 사명을 위해 기도하고 있다. 또한 대통령과 정부가 나라와 국민을 위한 바른 정책과 역사관, 바른 외교와 인사를 통해 온 국민을 행복하게 하는 존경받는 대통령, 성공한 정부가 되기를 기도할 것이다.

끝으로 대한민국이 정치·경제·문화·사회 등 모든 방면에서 발전하고 여·야, 보수와 진보, 모든 종파가 조화를 이루는 행복한 자유 민주 사회가 이루어지기를 바라며 복음 평화 통일이 속히 오기를 기도한다.

그날을 기억하며

한국교회연합 대표회장

6·25 한국전쟁 69주년을 맞았다. 6·25는 우리에게 단지 과거의 기억이 아니다. 동족상잔의 상처와 아픔은 아직 끝나지 않았다. 비극적 전쟁의 포성이 멈춘 것 같지만 북한의 계속되는 핵 보유와 미사일 실험은 더 큰 전쟁의 고통을 잉태하고 있다.

69년 전 그날 북한군은 중국과 소련의 지원을 받아 조용한 주일 아침의 평화를 깨고 남침했다. 3년여 간의 전쟁은 전 국토를 잿더미로 만들었고 약 200만 명 이상이 사망 또는 실종되는 인명피해를 비롯하여 모든 국민에게 엄청난 재앙을 안겨주었다. 갑작스러운 침공에 나라를 지키기 위해 목숨을 바친 국군장병들과 자유와 평화를 사랑하는 미국과 유엔 참전용사들의 희생으로 이 땅에 평화를 지킬 수 있었고, 오늘의 선진 대한민국이 되었다. 우리 민족이 입은 사랑과 은혜는 너무 큰 것이었다. 그러나 사회 일각에서 역사를 부정하고 남침 자체를 왜곡하려는 시도가 계속되고 있다. 사랑을 미움으로 갚는 행위가 6·25의 상흔을 간직한 이들에게는 더욱 큰 고통을 안겨주고 있다. 이는 절대로 용인할 수 없는 역사의 왜곡이자 대한민국의 정통성을 스스로 부정하는 행위이다.

과거 우리 민족이 겪었던 외세 침략과 국난은 정치와 국론의 분열이

시대를 변화시키는 힘

가장 큰 원인이었다. 지금은 과거와 비교할 수 없이 국력이 신장되었으나 한편 더 큰 국가적 위기를 내포하고 있다. 이러한 상황에서 여야, 보수와 진보는 서로의 진영논리에서 벗어나 국익 앞에서 한마음이 되어야 한다.

이젠 이 땅에 다시는 6·25와 같은 전쟁이 일어나지 않기를 바란다. 다시 전쟁이 발발한다면 승자와 패자의 구분없이 민족 전체가 파멸하고 말 것이다. 전쟁의 억지를 위해서는 정부와 국민이 먼저 하나되어 전쟁에 대비하고 힘을 키우는 것이 원칙이다. 힘이 없으면 자유와 평화에 대한 선택권이 없고 전쟁을 두려워하면 평화를 선택할 기회가 없다.

무기를 사용하지 않고 대화와 타협을 통한 신뢰를 구축해 평화의 대로를 열 수 있다면 그보다 더 좋을 수는 없다. 그러나 세계 어느 역사에도 약자에 의해 평화가 온 적은 없다. 그리고 상대는 핵이라는 무기를 앞세워 전쟁도 불사하겠다는 호전적인 자세에 변함이 없다. 전쟁을 일으킨 자들이 변하지 않았는데 평화와 통일을 위해 무장을 해제한다면 국민은 안보불안에 잠을 이룰 수 없을 것이다. 따라서 철저한 안보의식으로 무장하고 한미동맹을 더욱 강화해야 할 것이다.

한국 교회는 전후의 폐허 속에서 정치, 경제, 사회, 문화 모든 면에서 자유민주주의 발전에 기여해왔다. 이제 한국 교회는 자유민주주의를 지키고 동성애와 편향적 인권 문제 등을 시정하기 위해 바른 교육과 바른 역사관을 가지고 노력해야 한다. 또한 세계와 경쟁하여 우뚝 서는 인재를 양성하는데 더욱 힘써야 할 것이며, 남과 북이 총부리를 겨누고 있는 냉전적 현실을 극복하기 위해 예수 그리스도의 정신으로 화해와 중보적 역할을 감당해 나갈 것이다. 혼란과 분열, 미움과 분쟁 뒤에는 악한 영의 역사가 있음을 알아 영적 싸움에서 승리하고, 6·25와 같은 비극이 다시 일어나지 않도록 한국 교회는 복음으로 하나되어 깨어 기도하고 복음 안에서 자유 평화 통일의 시대적 사명을 완수하기를 소망한다.

네 눈의 들보를 보라

한국교회연합 대표회장

한국기독교총연합회 대표회장 전광훈 목사가 지난 10월 청와대 앞 집회 중에 "하나님 까불면 죽어, 하나님과 친해" 등 애국운동을 하는 과정에서 생각 없이 쏟아낸 발언이 알려지면서 신성모독과 이단성 논란이 벌어지고 있다. 전 목사가 어떤 의도에서 이런 발언을 했든 이 발언은 목회자로서 도저히 해서는 안되는 금도를 넘은 것으로 회개하고 근신하고 자중하기를 촉구한다.

전 목사는 자유대한민국을 수호하겠다는 일념으로 경제 안보 및 국가의 안위를 걱정하며 애국의 충정에서 선구적인 운동을 전개하는 것에 대하여서 본회는 공감하고 지지한다.

하지만 평소의 화법이나 교만하게 보이는 언행은 자제하고 겸손함으로 초심을 잃지 않기를 바란다.

전 목사가 수 개월간 광화문 집회 등을 주도하며 보여준 그의 시국관과 현 정권에 대한 정치적 소신은 개인의 신앙 양심의 자유에 속한 행동이기에 가타부타 언급할 필요가 없다. 그러나 한국 교회 지도적 위치에 있는 목회자로서 한국 교회 전체의 위신과 품격을 떨어뜨리는 언행은 반드시 자중하고 또 삼가야 할 것이다.

　　우리는 이번 논란이 전적으로 전 목사가 자초한 일이기에 전 목사의 자중과 지도자로서의 책임 있는 언행을 보여주기를 바라며 주위의 원로들과, 함께 한 이들의 사랑의 교도가 필요하다. 한편으로는 애국과 애정없는 인신공격과 좌편향적 적개심, 노골적인 증오감의 표출은 나라나 교회에 유익이 없으므로 우려하고 경계하지 않을 수 없다.

　　정치·외교·안보·경제 등 전반의 위기상황을 인식하고 광화문 광장에 모여 영하의 날씨에도 차가운 아스팔트 위에 텐트를 치고 철야를 이어가는 이들의 심정을 생각하고, 대한민국의 미래를 염려하는 이들이 많은 지금 모든 국민이 하나되어야 한다.

　　자기 성찰 없이 상대의 잘못을 찾는 전체주의적 진영논리에 사로잡혀 상대를 함부로 매도하고 폄훼하며 마치 이것이 진리요, 선인 양 집단최면에 빠지는 것이야말로 국론을 분열시키고 우리 사회를 더 큰 위기로 몰아넣는 죄악임을 명심해야 할 것이다.

　　"남의 눈에 티를 보기 전에 네 눈의 들보를 보라"(마7:5), "너희 중에 죄 없는 자가 먼저 돌로 치라"(요8:1) 하신 주님 앞에 겸손히 머리를 조아리는 우리 모두가 되어야 할 것이다.

부활의 능력, 큰 사랑을 힘입어

한국교회연합 대표회장

"예수께서 이르시되 나는 부활이요 생명이니 나를 믿는 자는 죽어도 살겠고 무릇 살아서 나를 믿는 자는 영원히 죽지 아니하리니 이것을 네가 믿느냐"(요11:25-26)

믿는 자의 죄를 대속하시고 사망을 이기신 예수님, 그리고 부활케 하신 하나님을 찬양하며 기쁨으로 구원의 하나님께 영광을 돌립니다. 인간의 죄의 대가로 오는 고난과 아픔, 저주와 사망을 이기고 우리의 죄를 대속하시기 위해 죄인이 받는 정죄와 배신, 징계를 받으시고 흉악범이 달리는 십자가 형틀에 달리신 예수님, 사람이 도저히 넘지 못하는 사망의 강을 건너서 부활 낙원의 영광을 누리게 하시는 은혜와 사랑을 감사합니다.

십자가에 달리신 고통 가운데도 자신을 박해하고 조롱하고 죽이는 이들을 향해 "아버지 저들을 사하여 주옵소서 자기들이 하는 것을 알지 못함이니이다"(눅23:34)라며 용서와 이해의 기도를 올리는 그 큰 사랑에 감동합니다.

부활의 위대한 사랑이 이 땅에 전파된 지 136년이 되었습니다. 자유와 평화와 희망을 주시고, 기도로 대한민국을 건국하여 일하는 즐거움을 주셨고 자유민주주의 국가, 경제 대국이 되게 하셨습니다. 그럼에도 불의한

시대를 변화시키는 힘

이들에게 선동당한 군중은 여전히 예수님 대신 살인자 바라바를 선택하는 죄를 버리지 못하고 있습니다.

부활의 능력과 성령의 권세로 다시 한번 한국 교회가 그리스도의 몸으로 진리 안에서 코로나바이러스를 이겨내고 남남 갈등 해소와 함께 남과 북이 자유와 평화, 생명 존중의 정신 아래 더불어 잘사는 날이 속히 오기를 희망합니다. 북한이 가난과 고립에서 벗어나 하나님의 축복 속에 회복되고, 인권을 존엄히 여기는 나라가 되기를 소원합니다.

이젠 죄를 나무라기 전에 자신에게 의가 있는지를 성찰하고 모든 실패와 잘못을 남에게 돌리는 세속의 요소와 멸망자의 반열에서 벗어나는 한국 교회가 되길 소망합니다. 소돔과 고모라의 죄보다 의인이 없어서 유황불 심판을 당한 것을 교훈 삼아 회개의 기도를 드리고, 하나님이 주신 거룩한 분별력을 가지고 빚진 자의 자세로 함께 일어나 주님의 몸된 교회의 본질을 회복하는 부활절이 되기를 소원합니다.

21대 국회의원 선거에서 바른 분별력으로 애국, 애족, 자유, 진리를 품은 좋은 일꾼을 뽑아 이 땅에 대립과 분쟁이 종식되고 대한민국이 자유와 평화로 번영하는 가운데 민족 복음화가 이루어지길 기도합시다.

사망의 권세를 이기신 우리 구주 예수 그리스도의 능력을 힘입어 불신앙과 코로나바이러스를 이기고 어둠을 이겨 십자가 빛으로 세상을 밝히 비추는 지구상의 모든 교회와 성도들이 되기를 소원합니다. 행동하는 믿음, 살아 역사하는 믿음으로 진정과 신령의 예배를 드리는 행복한 부활절이 되기를 간절히 소원합니다.

시대의 별이 되어주셨던 조용기 목사님

한국기독인총연합회 대표회장

열매가 곳간으로 향하는 가을, 추석을 앞두고 하나님의 종 바울처럼 오직 복음을 위하여, 세계와 고국의 구원을 위하여 열심히 달려오신 조용기 목사님의 소천을 가슴 깊이 애도합니다.

"나는 선한 싸움을 싸우고 나의 달려갈 길을 마치고 믿음을 지켰으니 이제 후로는 나를 위하여 의의 면류관이 예비되었으므로 주 곧 의로우신 재판장이 그 날에 내게 주실 것이며 내게만 아니라 주의 나타나심을 사모하는 모든 자에게도니라"(딤후4:7-8)

하나님 나라의 상급과 준비된 면류관을 받으실 존경하는 조용기 목사님. 이제 눈물, 근심, 배신, 연약 없는 천국에서 영원히 행복한 누림이 있기를 소원합니다.

조용기 목사님은 1958년 서울 은평구 대조동에서 천막교회를 시작하시고 4차원의 영성을 바탕으로 '희망의 신학'을 외치며 여의도순복음교회를 세계 최대의 교회로 성장시키셨습니다. 6·25전쟁으로 실의에 빠져있던 사람들에게 예수님의 십자가 부활 신앙을 전하며 희망을 심어주었고 세계 교회의 오순절 성령운동을 주도한 위대한 복음전도자이셨습니다. 사회 구원과 민족복음화 운동을 위해서도 헌신하신 족적이 한국 사회 곳곳에 남

시대를 변화시키는 힘

아있습니다.

1988년 국민일보를 설립했고 엘림복지타운, 선한사람들을 설립해 국내 및 해외의 인권, 환경, 보건, 아동복지 증진에 누구보다 앞장섰습니다.

조용기 목사님은 암울한 시대에 우리에게 별이 되어주셨고 폭풍우를 만나 힘들어하던 때 긍정의 등대가 되어주셨습니다.

아버지와 어머니를 보낸 유가족과 순복음교회 성도들, 또 조용기 목사님을 사랑하는 모든 성도들은 이 땅에서 더이상 목사님의 신령한 말씀을 들을 수 없다는 사실에 더욱 사별의 아픔을 실감하고 있습니다. 그러나 조 목사님께서 남기신 아름다운 업적은 자손 만대에 유업으로 남아 새 시대를 살아가는 원동력이 될 것입니다.

이제 영원한 천국, 새 하늘과 새 땅이 펼쳐진 그곳에서 먼저 가신 사모님과 선배들 만나 주님께 사랑받으시고 혼란한 대한민국과 교계를 위하여 기도해주시기를 바랍니다. 86년의 짧지 않은 날 동안 복음과 사회를 위하여 수고 많으셨습니다. 우리들도 이 땅에서 목사님이 남기신 선한 족적을 따라 이루지 못한 일들까지 다 이루고 그 나라에 함께 가게 될 것입니다.

故 조용기 목사님께 영원한 누림이 함께하기를 기원하며 다시 한번 유가족과 여의도순복음교회 성도 모두에게 하나님의 위로와 평강이 넘치기를 기도합니다.

하늘 보좌를 움직이는 기도의 함성

한국기독인총연합회 대표회장

1919년 3월 1일은 한국 역사에 자유대한민국의 씨를 심은 날입니다.

103년 전 민족대표 33인이 탑골공원에 모여 나라의 독립을 세계만방에 선언했습니다. 비폭력 평화시위로 태극기를 들고 만세 운동을 전개한 역사적인 날이었습니다. 1919년 4월 11일, 우리나라는 3·1 운동의 정신을 이어받아 미국 윌슨 대통령의 민족자결주의에 기초한 대한민국 임시정부를 만들었고 이것은 대한민국 자유민주주의의 기초가 되었습니다.

먼 훗날을 내다본 빛과 소금의 기독교 지도자들은 도탄에 빠진 나라를 구하기 위해 2.8 독립 선언과 3·1 운동을 주도했습니다.

가난과 문맹, 당파 싸움과 샤머니즘에 빠져 무질서와 억눌림 속에서 살던 우리 민족이 고난 중에도 소망을 잃지 않고, 일제의 무자비한 탄압에도 굴하지 않았던 것은 진리에 기초한 불굴의 신앙이 있었기 때문입니다.

일본은 한 나라의 주권과 인권을 말살하고 탄압했으나, 기독인들의 기도운동, 성결운동, 섬김은 계속되었고 정의로운 애국의 열정은 총칼로도 막을 수 없었습니다. 당시 기독인들은 전체 인구의 2%에 불과했지만, 3·1만세운동에 연루돼 검거된 기독인은 17.6%였습니다. 이를 통해 선교사들이 세운 기독학교 교육의 능력을 알 수 있습니다.

시대를 변화시키는 힘

한국의 독립과 근대화와 발전은 역사 속에 살아 숨 쉰 기독인의 발자취를 빼고는 논할 수 없습니다. 우리는 지난 103년을 돌아보며 조상들의 피와 땀이 헛되지 않도록 각오하고 오늘의 누림에 감사해야 합니다. 복음의 본질과 거룩한 야성을 잃어버린 죄를 철저히 회개하고 3·1 운동의 야성으로 새로운 자유대한민국을 위해 일어나야 합니다.

백여 년 전 일제 치하의 권력을 이용해 민족에게 고통을 주고 교회를 박해한 공중의 권세 잡은 악령들이 지금도 역사에 한 폭을 붙잡고 있습니다. 하나님을 부정하는 공산주의자들은 하나님의 형상으로 창조된 인간을 짐승처럼 대우하는 죄를 저지르면서도 죄인 줄 모르고 있습니다.

지금 기독인의 탈을 쓴 이들은 순수한 성도들을 미혹하고, 거룩한 강단을 인문학 강의 장소로 사용하고 있습니다. 성도의 신분을 잊은 채 세속 권력을 교회로 끌어들이는 가룟 유다와 같은 이들이 많습니다. 큰 별이 샘물에 떨어져 쑥물을 내고, 그 물을 마시는 이들이 죽임을 당하는 말세의 현상을 목도하고 있습니다. 그러나 한국 교회가 일어나면 하늘의 천사들이 동원될 것입니다. 은밀히 숨어든 이단들이 물러나고, 예배가 회복되고 성령의 역사가 있으면 코로나19로 위축된 정서도 활기를 띨 것입니다.

우리의 형편은 전 세계 유일한 분단국가입니다. 한쪽은 자유가 보장되나, 한쪽은 자유를 구하면 죽임을 당하는 극단에 서 있습니다. 자유를 사랑하는 우리는 전쟁 없이 평화를 원하고 전쟁 없이 승리하고자 하나, 힘없는 자에게 일부러 져주는 강자는 없습니다. 전쟁 없이 평화를 이루려면 항복하고 강자의 종이 되는 방법 밖에는 없습니다. 이는 용납할 수 없는 일입니다. 전쟁을 막는 길은 힘의 우위를 가졌을 때 가능하며, 단합된 힘이 있어야 역사를 바르게 세워 갈 수 있습니다.

우리는 삼일절이 되면 주권, 영토, 민족정신과 문화까지 수탈당했던 때를 기억합니다. 지금도 그 전쟁은 경제·외교·안보·정보·체제 등 여러

분야에서 계속되고 있습니다. 그러므로 이제는 전선을 재정비하고 더 나은 내일을 위하여 새로운 세계 질서를 정립해야 합니다. 하나님이 세워준 자유대한민국을 지켜내고, 혈맹으로 맺어진 한미관계를 유지해야 합니다. 무엇을 받으려는 마음보다는 주기 위해 노력하고, 누군가 먼저 애국하기를 바라지 말고 자신이 먼저 애국해야 합니다. 3·1만세운동에 나온 이들은 남녀노소 모두가 자발적으로 참여했습니다.

지금 우리나라와 사회는 그때 못지않게 혼란스럽습니다. 어떠한 곳도 나누어지지 않은 데가 없고, 교회도 분열되고 예배마저 감시당하고 있습니다. 3·1 운동의 정신으로, 자유대한민국을 지키기 위해 투표장으로 가십시오. 성령의 인도를 받는 성령의 사람이 선택한 지도자가 분명히 자유대한민국을 인도하게 될 것입니다.

종교의 자유가 지켜지고 예배가 회복되면 이 민족은 복음 통일을 이루고, 세계의 으뜸이 될 것입니다. 3·1 운동의 함성이 민족의 마음을 세계에 알렸듯, 삼일절 기도운동이 하늘의 보좌를 움직여 행복한 나라, 자유대한민국이 되기를 소원합니다.

주의 날을 거룩히 지키라

한국기독인총연합회 대표회장

공당인 국민의 힘이 기독교의 최대 명절인 부활 주일, 온 교회와 기독인이 예배와 미사를 드리는 날 지방선거에 나오는 공직 후보자 기초자격평가 시험을 치른다고 공고했다. 이러한 여당의 행태에 경악을 금치 못하는 바이다.

기독인이 상당한 숫자임에도 신앙의 동질로 하나되지 못하고 있는 것을 자인한다. 그러나 많은 기독인들은 신앙의 자유와 자유민주주의를 위해 윤석열 대통령을 선택했고, 국민의힘을 지지한다. 그런데 기독인의 최대 명절이자 주일에 공직 후보자 기초자격평가 시험을 행하는 것은 종교인에 대한 배려와 존중이 없는 것이고, 소수의 국민 정서를 알지 못하고 자신들의 편리주의에 빠진 것이며 오만하든지, 의도가 있든지, 무지하다고 볼 수 밖에 없다.

기초자격평가를 주일이 아닌 다른 날로 정하여 지방선거에 출마한 기독인들이 모두에게 박수를 받도록 하는 것이 공당이 해야 할 일이다. 대통령 선거의 승리에 취해 소수의 기독인을 외면해서는 안된다.

새로운 정부의 자유민주주의, 작은 정부, 한미연합, 시장경제, 안보 등의 정책은 환영하지만, 여당인 국민의힘 대표와 공천위원장이 무례히 행한 것은 용납하기 어렵다.

　교만은 패망의 선봉이며, 넘어짐의 앞잡이라는 솔로몬 왕의 말처럼 겸손하고 듣는 귀를 열어 주일의 정신을 보존하길 바란다.

　크리스천들은 애국자다. 기독인의 정당한 요구가 반 정부투쟁의 도구로 악용되지 않기를 바란다. 한국 교회는 새롭게 시작된 정부가 안정되기를 함께 기도할 것이다.

하늘과 같이 모두를 품는 연합의 정신으로

한국장로교총연합회(이하 한장총)는 11일 오전 11시 경기도 군포제일교회에서 신임 대표회장 권태진 목사의 취임 감사예배를 드렸다. 한국장로교총연합회 신임 대표회장 권태진 목사는 한국 교회의 숙원인 연합과 일치, 그리고 이웃을 섬기는 교회 본연의 모습을 회복하는 데 총력을 쏟겠다고 밝혔다.
다음은 권태진 목사와의 일문일답이다.

Q 한국장로교총연합회 대표회장이 되신 소감을 듣고 싶습니다.

A 부족한 저를 대표회장으로 수종들 수 있는 기회를 주신 하나님께 감사와 영광을 돌립니다. 교파를 초월하여 모든 교회는 오직 주님을 바라보며 거룩성과 공의를 유지하기 위해 헌신하고 진리를 세워나가야 합니다. 그리고 분열의 악순환을 벗어나 이제는 하나가 되어야 한다는 생각이 제 가슴 속에 있습니다. 무엇보다 분별력과 신앙의 절개가 필요한 해, 국가와 교계에 중요한 때에 세워주신 하나님의 섭리에 순종하겠습니다. 그리고 교계의 연합과 일치, 섬김과 나눔을 위해 온유와 겸손으로 잘 섬기겠습니다.

Q 한국 교계의 현실과 한국기독교의 역할에 대해 한 말씀 부탁드립니다.

A 한국은 60년대의 수원국에서 30여 년 만에 공여국으로 경제 어려움을
딛고 올라선 세계 유일한 국가입니다. 이것은 기독교의 역할이 컸습니다.
사회복지를 시작하여 정착시켰고 문맹 퇴치, 우상 타파, 의료, 교육,
애국독립운동 등에 앞장섰습니다.
이제 지난날을 돌아보고 현재를 점검하고 미래를 설계해야 할 때입니다.
장로교회뿐 아니라 한국 교계는 명분 없는 분쟁과 분열을 일으켰고
지금도 그 영향 아래에 있습니다.
이 모든 것을 철저히 회개하고 처음 사랑을 회복해야 합니다.
한국 교계는 그 어느 때보다 다양한 세속문화와 이단의 공격을 받고 있습니다.
온 교회가 하나되어 바른 분별력을 가지고 이들의 공격에 대처해야 합니다.
지금까지 영적, 문화적으로 국가와 사회를 이끌고 왔지만
민족과 국가를 위해 더 높은 차원의 빛과 소금의 사명을 요구받고 있습니다.
이제는 적극적인 복음 전파와 더불어 전문적인 복지 사역을 통하여 삶 속으로
파고 들어가야 합니다. 나아가 전 세계의 복지와 구호 활동에 중심이 되어
예수 그리스도의 사랑으로 그 힘을 펼쳐야 합니다. 우리는 말씀으로 하나되어
장로교회의 본질 회복과 일치에 밑거름이 되기를 소원합니다.
또한 미혹하는 간교한 이단세력으로부터 성도를 보호해야 합니다.
이 일을 위해 한국장로교총연합회가 앞장서 하나되기를 힘쓰고
세상의 빛과 소금의 역할을 감당하기를 소망합니다.

Q 한국장로교총연합회의 앞으로의 계획과 비전을 나누어 주신다면요?

A 한국장로교총연합회는 1912년에 조직되었습니다. 선교사의 영향력에서
벗어나 민족 교회로써 독립적인 새 출발을 시작했습니다.
100년의 역사 속에서 장로교회는 병원과 학교를 설립하고,

국민 계몽운동에 힘썼으며 이로 인해 정치와 경제, 사회 문화 등 우리
근현대사에 큰 역할을 감당했습니다.
현재 한국장로교회들은 비록 교단이 갈라져 있으나 서로의 차이점 보다는
공통점이 훨씬 많다는 인식을 공유하고 있으며 그 뿌리가 하나라는 사실
확인과 의식이 지금의 결속을 가능하게 하였습니다.
그리고 2001년에 '정체성회복위원회'를 설치하고 10년 동안 장로교단의
결집을 위해 부단히 노력해 왔습니다. 그리고 지난 100주년 기념대회를 통해
역사 속에 보호하심을 감사하며 새로운 100년을 기대하고 다짐하는 시간을
가졌습니다. 한교단 다체제 헌법을 공포함으로써 공통의 예배와 신앙고백,
정치, 권징의 장로교 헌법을 제정하여 하나가 되는 기틀을 마련하였습니다.
이제는 각 교단의 헌법과 체계를 최대한 존중하면서 연방제 형태로 한
장로교회, 분열 전의 상태로 돌아가고자 합니다. 현재는 대사회적으로
단합하고 공공의 적은 복음을 중심으로 대적해 나가야 합니다.
복음을 바탕으로 별들의 전쟁이 있는 곳에서 하늘과 같이 모두를 품는
연합의 정신을 가지고 한국장로교회의 통합을 이뤄나갈 것입니다.
한국장로교회의 바른 신학과 좋은 제도가 잘 나타나도록,
한국장로교 300개 교회 선정과 역사박물관을 통한 역사의 정리,
신학연구와 학술대회 등을 통해 정체성을 회복하고 교회가 맡은 교육, 선교,
봉사의 역할을 잘 감당하여 세상의 빛이 되도록 노력할 것입니다.
즉, 장로교회의 일치와 교계의 하나됨, 남남연합과 남북통일을
복음으로 행할 수 있도록 노력하겠습니다.
또한 소외된 이들과 북한이탈주민을 위한 선교사역을 통해 잘 적응하도록
하며, 주님의 뜻이 이 땅에 임하도록 할 것입니다.

Q 목사님의 개인적인 비전과 계획도 여쭙고 싶습니다.

A 1978년 천막으로 개척 후 35년 간 보호하신 하나님께 영광을 돌립니다.
맡겨주신 신령한 가족들과 복음전파를 하고 사랑을 실천해 하나님께서
기뻐하시는 일을 계속적으로 할 것입니다.
새롭게 건축한 예배당을 통하여 지역사회 속에서 문화와 복음으로 교회의
역할을 잘 감당하며 일꾼 양성에도 힘쓸 것입니다. 또한 명예로운 퇴임을
위해 사욕과 사심을 버리고 기도로 준비할 것입니다. 지금까지 달려온
목회와 복지에 더욱 힘을 기울여 모두가 행복한 신앙생활을 할 수 있도록 할
것입니다. 무엇보다도 말씀으로 하나되어 세상의 빛과 소금이 되어 섬김과
나눔, 연합과 일치를 이룰 수 있는 제도적 기틀을 마련하고자 합니다.

Q 마지막으로 한국 교회와 성도들에게 한 말씀 부탁드립니다.

A 기독교의 선행의 역사가 많이 매몰되어 있습니다. 자유와 경제 성장의
주역들이 역사 속에 묻히고 그릇된 역사관을 심어 교묘하게 퍼져나가는 것을
바로잡아야 합니다. 우리 후손들에게 세계 유일의 분단 상황인 우리나라의
역사에 대한 바른 인식을 가르쳐 주는 것이 매우 중요합니다.
왜곡된 역사관을 바로 세우고 바른 교회관과 바른 기독교관을 갖도록 하여
하나님 보시기에 좋은 세계를 만들고 싶습니다. 또한 하나님의 말씀을
그대로 믿는 믿음이 필요합니다. 시대와 국가, 교회적으로 중요한 2013년에
한국장로교총연합회 대표회장의 중임을 맡겨주셨는데 바쁜 일보다 중요한
일을, 사람을 사랑하고 하나님을 기쁘시게 하는 일을 찾고 온 교회가 하나되는
일에 최선을 다하겠습니다.

▶ 진행자 · 언론사 = 국민일보, CBS, 코람데오닷컴, 미주크리스천신문

L O V E

2

사

모든 것을 이기는 능력

랑

부모님은 기다려 주지 않는다

군포제일교회 당회장

오월을 계절의 여왕이라 부르고 동시에 가정의 달이다. 5월 5일은 어린이날, 5월 8일은 어버이날이다. 가정은 약한 자가 가장 크고 큰 자가 가장 작아지는 세계이며, 아버지의 왕국이며 어머니의 세계이자, 아이들의 낙원이다. 인간의 허물과 실패를 달콤한 사랑 속에 숨겨주는 곳이다. 5월은 이 가정을 더욱 귀하게 여기며 가정을 세운 하나님께 감사한다.

매년 어버이날이 되면 바쁜 일손을 멈추고 부모님의 은혜를 생각하며 빨간 카네이션 한 송이를 가슴에 달아 드린다. 부모가 작고하신 분들은 지난날을 생각하며 후회로 괴로워하기도 한다.

나의 경험으로 부모님은 기다려 주시지 않는다는 것을 깨달았다. 나에게 차가 준비되면 어머니를 고향과 좋은 곳에 한 번 모시려 했는데 준비된 후 어머니는 중풍병으로 문밖출입을 못 하셨다. 너무 안타까울 뿐이었다. 이제 우리나라가 발전하고 생활이 좀 나아져 고기를 사드릴 정도가 되니 어머니의 치아가 모두 빠져 고기도 못 드시게 되었다. 휠체어를 사서라도 효도하려 했더니 이제는 휠체어마저 타실 수 없게 됐다.

차남으로 태어나 어머니를 직접 모시지는 못하나 어머니를 모시는 형님과 형수에게 감사하고 죄송한 마음을 가진다. 일 년에 몇 번 우리 집에 모시지만 개인 주택이 아닌 교회에 붙어있는 사택이라 편안히 모실 수가 없다. 조용한 주택을 마련해 안정되게 어머니를 모실 형편이 될 때까지 기다려 주시지 않을 것이라는 생각이 들어, 어려운 지금이 바로 모시고 효도할 때임을 재인식한다. 자녀의 효도는 자랑할 것이 아무것도 없다. 빚 준 사람이 빚 받는 것은 당연하다.

또 노인을 통해 얻는 교훈이 너무 크다. 황혼의 빛은 어떤 빛보다 아름다운 것처럼 노인들을 만남으로 얻는 지혜와 지식은 놀라울 정도로 많다. 나의 어머니는 나에게 많은 것을 배우게 하셨다. 노인학교를 세워 노인들과 함께하도록 자극을 주신 분이다. 교회가 안정되고 넓은 공간이 있을 때 노인학교 하는 것보다 지금 바로 이 시간이 적기라 생각하여 5년 전에 설립하여 온 성도와 함께 여러 노인 졸업생을 배출했다.

부모님이 계신 가정은 아름다운 가정으로 형제가 우애하며 만날 수 있어 유익하다. 자녀에게 부모님을 대하는 태도를 가르치고 보여줄 수 있는 시청각 자료이기도 하다. 어릴 때 80세의 할아버지에게서 황혼의 빛을 본 것이 지금도 기억에 생생하다. 당신의 아내와 아들을 먼저 보내시고 쓸쓸히 혼자 남으신 할아버지께 어머니가 시장에 다녀오셔서는 김 몇 장을 구워 식사를 드리고 시장에서 팔리는 고춧값, 마늘 값을 일러드리고 약장사가 원숭이를 데리고 왔다는 이야기를 들려드릴 때 할아버지께서 수염을 쓰다듬으면서 만족해하시는 모습은 아주 아름다운 기억으로 남았다.

사랑하는 젊은이들과 자녀에게 노인들의 겸비된 지식과 경험에서 오는 여유를 보여주는 5월이 되었으면 한다. 예수님께서는 효도하는 자에게 큰 축복을 약속하셨다. 부모님은 영원한 천국의 소망을 갖고, 자녀들은 황혼빛의 아름다움을 보는 기회가 되었으면 한다. 나무는 잠잠해지려 해도 바람이 멎지를 않고 자식은 섬기려 하여도 어버이가 기다리지 않는다.

모든 것을 이기는 능력

역사 속에 살려내자
- 일본군 위안부 할머니 돕기 광복 68주년 및 건국 65주년 기념예배-

한국장로교총연합회 대표회장

흑암에 속한 민족에게

복음의 전령 토마스 선교사 보내 믿음의 씨 뿌려진 곳

아름다운 조선의 딸 곱고 순결한 여인들 나라님은 보호 못해

수치와 치욕의 환경의 탄식

긍휼히 여기신 님께 해방의 날 선물 받은지 68년

건국의 가슴에 얼굴 묻고

검은 머리 하얗게 바랜 할머니,

사랑하고 죄송합니다

건국의 씨 심어지니 심술궂은 전쟁의 귀신

6·25 고통 몰고 와 대한의 싹 죽이려고 해도

무궁한 꽃의 생명만큼 질긴 민족성

독수리 날개로 폐허의 땅 경제 성장

새마을 운동 정신 불어넣으니

보릿고개 허기진 길 지나게 한 하나님

"일하기 싫어하는 자 먹지도 말게 하라"는 성경의 정신
이 땅에 심겨져 한강의 기적 이루었구나

이젠 눈물로 씨 뿌린 이들 역사 속에 살려내자
건국의 장한 정신 후손에게 계승하자
세상의 빛 되어 어둠에게 미움 받아도
세상의 소금되어 썩은 이에게 박해받아도
그 사역의 정신 퇴보 말고 저 바위처럼 파도를 이겨가자

세속의 불보다
성령의 불에 변화되는
원칙 있는 애국애족으로
먼 훗날 바라보며 진리 안에서 살게하자
남북통일 운운하며 남남 화합도 못하는 이들
한걸음이 천리되는 기본 상식 외면한 이들
통일의 그날 위해 회개를 촉구하자

대한민국을 사랑하자
이웃 사랑의 시작은 자신이라면
통일은 나라 사랑의 기본 위에 이루어지리라

"이웃을 내 몸같이 사랑하라"는 님의 음성을 들어보자
연합과 일치로 교회가 하나되고
민족을 하나로 만들자

모든 것을 이기는 능력

이젠 위선의 가면을 벗어보자
그리고 진실을 말해보자
오늘을 기점으로 내 눈에 들보를 뽑자
반석 위에서 굳건히 흔들리지 말자

택자들이여!
강도만난 자의 이웃으로
주님 닮은 삶으로
십자가의 정신으로
아름다운 조국 만들어보자.

세월호 1주기를 맞이하며

한국교회봉사단 공동대표

세월이 참 빨리 간다. 온 국민을 슬픔과 절망에 빠지게 했던 진도 앞바다의 여객선 침몰로 피지 못한 꽃봉오리 같은 아이들과 일반인 등 총 304명의 희생자들이 생긴지도 벌써 1주년이 되었다. 생명은 돈으로 살 수 없는데 그동안 가족과 자녀를 잃은 슬픔으로 인해 고통당한 분들께 그 무엇으로 보상할 수 있겠는가! 특별히 시신 수습을 하지 못한 실종자의 유가족들에게 전능자의 위로가 있기를 기원한다.

얼마 전 세월호 실종자 가족과의 면담에서 자승 스님이 "세월호 인양을 위해 노력하겠다"는 뜻을 밝혔다는 기사를 보았다. 이는 교계 원로들의 뜻이기도 하며 국민 대부분이 원하는 것이라 믿는다. 하루 빨리 선체를 인양하여 온 국민이 함께 장례식을 치루고 갈등의 소지를 없애야 한다는 여론이 대다수이다. 이젠 아픔을 먼저 치료하고 희망을 말해야 한다. 더 이상의 희생을 막기 위해서라도 유가족과 온 국민 모두가 하루빨리 매듭짓고 행복한 내일을 위해 같은 일이 없도록 환경을 점검해야 할 것이다.

1주기가 되는 16일, 팽목항 현장에서는 3대 종파가 나름대로 그들을 위로하는 예배, 미사, 법회를 연다고 한다. 한편 감사한 일이다. 그뿐 아니라 각각의 이념과 동기를 가진 단체들이 여러가지 행사를 주최한다는 소식도

모든 것을 이기는 능력

들려온다. 조금 걱정스러운 부분이 아닐 수 없다. 먼저 그들이 세상을 떠난 아이들을 얼마나 사랑하는가 묻고 싶다. 다른 사람의 아픔의 현장에서 자신들의 목적과 동기를 드러내는 것은 소모적이며 국민들의 삶의 질을 떨어트리는 원인을 제공한다. 어떤 일이 있어도 세월호 사건은 국가나 정치권, 시민단체, 종교단체의 유익이나 공격의 도구로 활용돼서는 안된다. 더 이상 유가족들의 마음에 상처를 주는 일이 없기를 바랄 뿐이다.

정부는 그동안 유족들과 국민들에게 약속한 것을 충실히 이행하되 유족을 선동하여 정치적 이득을 취하는 이들이 있다면 철저히 배격해야 한다. 정부를 향한 여론에 민감하게 반응하기보다, 일관성 있게 국민 편에서 정책을 펼치면 분명히 진실은 승리한다.

선체를 조속한 시일 내에 인양해야 한다. 그리고 시신이 수습되지 못한 실종자들을 위해서 사고 지역에서 가깝고 풍광 좋은 곳에 기념비를 세워 유가족들을 위로해야 한다. 제2차 세계대전 당시 일본군의 비행기가 진주만을 공격했을 때 항구에 있던 함선들이 침몰해 2,403명의 군인이 생명을 잃었다. 그때 1,177명의 희생자가 있었던 애리조나호는 인양하지 않고 그 배 위에 추모관을 만들었고 지금도 운영하고 있다. 추모의 공간은 이제 땅이 될 수도 있고 바다가 될 수도 있다.

세월호 참사 1주기를 맞이하여 다시 한번 유가족들을 위로하며, 세월호 참사를 빌미로 국론을 분열시켜 국민의 평안과 행복에까지 차질을 주는 단체가 있다면 자제하기를 촉구한다. 정부는 침묵을 지키는 다수의 의견을 경청해야 한다. 그리고 표면적으로 알 권리와 인권을 부르짖는 이들 가운데 숨은 계략이 있지는 않은지 면밀히 검토하는 고도의 분별력과 지혜를 가져야 할 것이다.

한 가지 더 부탁은 제2의 중동의 봄을 기대하며 경제적 유익을 추구할 때 그 뒤에 붙어오는 문화와 종교가 우리의 후손들에게 미칠 영향에 대해 재고해보길 바란다. 한 국가가 지원하고 있는 종교와 문화의 유입을 정부가 분별없이 용인한다면 이는 종교 문제를 넘어 외교의 문제가 될 수 있으므로 이 사안에 대해서도 지도자들의 특별한 연구가 필요하다. 나라의 안팎으로 문제를 대비하고 국민이 하나되는 해결책을 모색해서 숨막히는 국제 경쟁에서도 선전하는 나라가 되기를 기대한다.

이젠 아픔을 먼저 치료하고 희망을 말해야 한다

모든 것을 이기는 능력

다시는 일어나지 않아야 할 비극

한국기독교연합 대표회장

세월호 유가족의 동향을 조사하도록 지시한 혐의로 검찰 수사를 받아온 전 기무사령관이 스스로 투신해 숨진 사건을 접하고 안타까운 심정을 금할 수 없다.

이 전 사령관은 5년 전 기무사 내에 '세월호 TF'를 만들어 유가족의 동향을 사찰하라고 지시한 혐의로 검찰에 조사를 받아왔으며, 검찰은 이 전 사령관에 대해 구속영장을 청구했으나 법원은 "구속할 사유나 필요성, 상당성이 없다"며 기각했다.

그런데 영장이 기각된 지 4일 만에 투신해 스스로 삶을 마감했다고 한다. 그가 남긴 유서에는 '세월호 사고 때 기무사와 기무부대원들은 헌신적으로 최선을 다했다. 5년이 다 지나가는 지금, 그때의 일을 사찰해 단죄한다니 정말 안타깝다. 내가 모든 것을 안고 가는 것으로 하고, 모두에게 관대한 처분을 바란다'는 내용이 담겼다고 한다.

그러나 아무리 억울해도 목숨을 스스로 끊어서는 안 된다. 죄가 있다면 응당한 처벌을 받아야 하고, 결백하다면 끝까지 소명해 무죄를 밝혀야지 자살은 본인은 물론 가족에게 돌이킬 수 없는 불행을 안겨주며, 자살을 방조한 사회 또한 죄를 범하게 되는 것이다.

기무사령관의 투신자살 사건으로 과연 검찰 수사가 적절했는지, 혹 강압수사가 있었던 것은 아닌지를 두고 논란이 일고 있으나 국민들은 알 길이 없다. 다만 전 정권과 관련해 소위 '적폐 수사'를 받다가 스스로 극단적인 선택을 한 사람이 벌써 세 번째라는 사실은 분명 심각한 일이다. 그 어떤 이유로도 표적수사나 강압수사가 있어서는 안 된다.

검찰은 범죄를 수사하고 국가를 대리하여 공소를 제기하고 재판을 진행하는 공무원이다. 따라서 국민으로부터 권한을 부여받았고, 수사의 대상도 국민이라는 사실을 명심해 단 한 사람도 억울한 누명을 쓰게 해서는 안 될 것이다. 그런데 범죄가 입증되기 전에 죄인 취급을 받고 억울해 스스로 목숨을 끊는 국민이 잇따라 나온다면 적법하게 수사했다는 것을 믿어줄 국민이 얼마나 되겠는가.

문재인 대통령은 지난 국회 시정연설에서 "국민 단 한 명도 차별받지 않는 나라가 되어야 한다. 배제하지 않는 포용이 우리 사회의 가치와 철학이 될 때 우리는 함께 잘 살게 될 것이다"라고 강조한 바 있다. 그런데 대통령의 이런 소신과 철학과는 달리 적폐 청산이란 그늘 아래 또 다른 갈등과 분열을 야기하고 있지는 않는지 한번쯤 되짚어봐야 할 것이다.

국민 모두가 함께 잘사는 나라가 되려면 보수와 진보를 포용하는 사회, 내 편 네 편이 없는 공평한 사회, 소수 인권에 역차별 당하는 국민이 없는 진정한 인권 사회가 조성되어야 한다.

전 기무사령관의 투신자살 사건을 계기로 다시는 이 같은 비극이 되풀이되지 않기를 바라며, 국민 누구도 억울함에 스스로 극단적인 선택을 하지 않는 '함께 잘 사는 나라'가 되기를 간절히 소망한다.

모든 것을 이기는 능력

오직 사랑으로 오신 예수님

한국기독교연합 대표회장

아기 예수님이 탄생하신 복된 성탄절에 주님의 은혜와 복이 충만하시기를 기원합니다. 성탄절은 하나님께서 친히 인간의 모습으로 오신 날을 기념하고 축하하는 절기입니다. 어두운 이 땅에 빛으로 보내심을 받은 예수님, 우리는 그분으로 인해 구원을 받습니다.

하나님이 사랑하는 아들 예수님을 이 땅에 보내신 것은 오직 사랑의 동기입니다. 예수님께서는 낮고 천한 베들레헴의 한 말구유에 태어나심으로 가난하고 어려운 환경은 결코 인간에게 내린 징계가 아니며, 하나님의 자녀 된 백성에게는 아무런 문제가 되지 않음을 몸소 보여주셨습니다.

예수님은 이 땅에서 많은 사람들에게 배척을 당하셨으나 가장 위대한 분인 것처럼, 오늘날 한국 교회는 많은 사람에게 질시와 냉대를 받아도 의를 위한 박해라면 기뻐하고 감사해야 합니다. 연단을 받고 있는 한국 교회는 기도의 열정과 첫사랑을 회복해서 말구유에 오신 예수님을 온전히 닮아가며 세상의 빛과 소금의 역할을 감당해야 할 것입니다.

성탄절이 우리의 따뜻한 손길과 위로가 절실히 필요한 사람들에게 진정 주님의 사랑과 자비를 실천하는 절기가 되기를 바라며, 가난하고 병들고 억압받는 이웃들과, 특히 자유와 인권을 박탈당하고 기아에 신음하는 북한 동포들에게 아기 예수님의 은총과 평강이 임하기를 간절히 기도합니다.

또한 전쟁과 테러, 반인륜적 폭력, 기근과 병마에 시달리는 지구촌에 주님의 평안이 임하기를 바라며, 특별히 전쟁의 포성이 멈춘 지 65년, 아직도 분단 상태에 있는 한반도에 핵무기가 사라지고 진정한 자유 평화 통일의 날이 속히 임하기를 간절히 기도합니다.

모든 것을 이기는 능력

한국 교회, 가장 먼저 달려가 도울 것

한국교회연합 대표회장

지난 4일 발생한 강원도 고성·속초 대형 산불로 1명이 숨지고 11명이 부상을 당했으며, 산림 250ha와 건물 140여 채가 전소하는 등 막대한 피해를 보았다.

먼저 이번 화재로 안타깝게 목숨을 잃은 희생자 가족에게 애도를 표한다. 아울러 집과 삶의 터전을 잃고 망연자실할 강원도 고성, 속초, 양양, 강릉 주민 모두에게 하나님의 크신 위로와 평강이 임하기를 빌며, 조속히 산불이 완전히 진화되어 대피 중인 주민 모두가 무사히 집으로 돌아가게 되기를 바란다. 또한 밤을 새워 화마를 진압하느라 애쓴 모든 소방대원과 국군 장병들, 자원봉사자들의 수고에 경의를 표하며, 하나님께서 이들을 화재 현장의 각종 안전사고로부터 끝까지 지켜주시기를 간절히 기도드린다.

이번 대형 산불로 서울 여의도 면적에 맞먹는 산림이 잿더미로 변했다. 또한 민가 140여 채가 전소되는 등 막대한 피해가 발생했다. 식목일을 앞두고 갑작스럽게 닥친 대형 화재 소식은 직간접적으로 피해를 입은 강원도민뿐 아니라, 온 국민의 마음을 아프게 했다.

이번 화재는 갑자기 불어닥친 태풍급 바람의 영향이라고는 하나 기상

예보가 있었음에도 화재에 더욱 철저히 대비하지 못한 인재의 성격도 크다. 그러나 지금은 국가적 재난 상황에서 누구를 탓하기보다 잿더미로 변한 산림과 전소된 삶의 터전을 복구하는데 모두가 한마음이 되어야 할 때이다.

한국 교회는 지난 2007년 충남 태안 앞바다 기름유출사고 등 국내외 크고 작은 재난이 발생할 때마다 그 상처를 치유하고 복구하는데 팔을 걷어붙이고 현장에 뛰어들어 뜨거운 국민적 단합과 이웃 사랑을 실천해 왔다. 이번 강원도 대형 화재도 불길이 잡히고 나면 한국 교회가 가장 먼저 재해 현장으로 달려가 '강도 만난 이웃'(눅10:30-36)을 도울 것이다.

또한 사순절 다섯째 주일인 4월 7일 주일에는 전국 교회가 강원도민들을 위해 기도할 것과 화재 피해민 돕기 헌금에 자발적으로 참여해 뜨거운 이웃 사랑을 실천해 주실 것을 간절히 호소드린다.

하나님께서 이들을
화재 현장의 각종 안전사고로부터
끝까지 지켜주시기를 간절히 기도드린다

모든 것을 이기는 능력

스리랑카 연쇄 테러 희생자를 애도하며

한국교회연합 대표회장

부활절인 지난 4월 21일 주일 아침에 스리랑카에서 발생한 연쇄 폭발 테러로 무고하게 숨진 260여 명의 희생자와 비탄에 잠겨있을 희생자 가족들에게 깊은 애도를 표하며, 450여 명의 부상자들이 속히 쾌유하기를 주님께 간절히 기도드린다.

스리랑카에서 교회와 성당 등 기독교공동체를 대상으로 동시다발적으로 발생한 이번 테러는 종교 극단주의 세력이 기독교인을 겨냥해 저지른 잔인무도한 폭력이며 만행이다. 한국 교회는 부활절 아침에 전해진 천인공노할 살상행위를 규탄하며, 이 엄청난 비극이 주님의 부활을 축하하고 기뻐해야 할 부활절 아침에 벌어졌다는 점에서 끓어오르는 분노와 슬픔을 억누른 채 "생명의 주요, 또 온전케 하시는 이인 예수를 바라보는"(히 12:2) 믿음으로 그리스도인들이 평화의 사도로서 세상에서 감당해야 할 그 무거운 책무를 다시 한번 엄중히 깨닫는다.

이번 테러의 소행이 누구에 의해 저질러진 것인지 지금으로서는 단언키 어려우나 우리는 이런 천인공노할 만행이 종교 분쟁을 겪고 있는 전 세계 지역과 국가에서 무수히 벌어지고 있음을 비춰볼 때, 이번에도 종교적 극단주의 세력에 의해 주도면밀하게 계획되고 실행에 옮겨졌으리라는 것을 쉽게 유추할 수 있다.

어느 종교든 타인을 죽여서라도 자기들의 교리의 진리와 정당성을 인정받고자 한다면 이는 더 이상 종교라 할 수 없다. IS 등 이슬람 과격 테러 분자들이 전 세계 인류가 박멸해야 할 세균 취급을 받는 것도 이 때문이다. 그 어떤 종교든 살인, 폭력, 집단 살상, 방화 등 잔혹한 테러 행위를 서슴없이 자행하는 극단주의 세력과 결합해 자기들의 뜻을 이루려 할지라도 생명으로 오신 주님이 결코 용서치 않을 것이며, 그 끝은 하나님의 심판뿐이다.

우리는 이번 스리랑카 연쇄 테러 사태를 보면서 이슬람 등 과격 종교 집단은 마음만 먹으면 언제 어디서든 이런 끔찍한 테러를 감행할 수 있으며, 우리나라도 결코 테러 안전지대가 아님을 명심해야 한다. 또한 정부와 국회가 테러방지법 등 관련 법령을 더욱 치밀하게 강화함으로써 국민을 보호하는데 만전을 기해줄 것과, 그 어떤 폭력이나 테러도 이 땅에서 일어나지 않도록 모든 국민이 철저한 경각심으로 경계하고 무장할 것을 강력히 촉구하는 바이다.

모든 것을 이기는 능력

자유의 집, 문을 열다

한국교회연합 대표회장

트럼프 미국 대통령과 김정은 북한 국무위원장이 한반도 분단의 상징인 판문점에서 만난 것은 그 자체만으로도 매우 고무적이며 역사적인 사건으로 평가한다. 이는 6·25 한국전쟁 휴전협정 이후 66년 만에 미국 현직 대통령으로서 최초로 군사분계선을 넘음으로써 한반도 분단 현실을 알리고 평화에 대한 소중한 가치를 전 세계에 전파하는 의미가 크다고 봐 환영한다.

이로써 트럼프 미국 대통령은 지난 2월 하노이 북·미회담 무산 이후 경색에 빠질 수도 있었던 한반도의 평화를 위한 대화의 물꼬를 새롭게 트는 동시에, 북한의 완전한 비핵화를 목표로 미·북 당국자 간의 실질적인 협상 진전을 위한 새로운 전기를 마련했다고 본다.

하노이 미·북 정상회담 결렬 이후 북한은 또다시 미사일 실험을 재개하는 등 한반도의 평화를 위협하는 호전성을 드러냈다. 그러나 미국을 비롯한 국제사회가 북한의 완전한 비핵화만이 한반도의 평화와 더 나아가 세계 평화 유지에 유일한 길이라는 한 치의 흐트러짐 없는 단호한 태도를 보여줌으로써 북한에 더 이상의 전쟁 불장난이 통하지 않는다는 사실을 확실히 심어주었다.

이번 '자유의 집'에서의 미·북 두 정상 간의 대화는 분명 전 세계를 깜

짝 놀라게 만든 사건임이 틀림없다. 그러나 이번 일이 단지 전 세계의 이목을 집중시킨 일회성 이벤트로 그치지 않고 훗날 세계 역사에 기록될 빛나는 유산으로 남으려면 무엇보다 향후 제3차 미·북 정상회담에서 북한의 완전한 비핵화와 대량살상무기 폐기 및 인권에 대한 가시적인 합의가 반드시 도출되어야 한다고 본다.

우리는 하노이 미·북 정상회담 결렬 이후 북한의 미사일 발사 재개와 남북 관계를 둘러싼 정리되지 못한 해법으로 국론이 분열되는 와중에 6·25 69주년을 맞았고, 호국보훈의 달 마지막 날인 6월30일 주일에 미국 트럼프 대통령이 방한해 미국 현직 대통령으로서 66년 만에 처음으로 판문점 군사분계선을 넘는 역사적 사건이 기도의 응답으로 하나님의 역사하심과 섭리 하에 이뤄진 것임을 믿어 의심치 않는다. 우리는 이러한 때에 다시 한번 과거를 용서하되 절대 잊어선 안 된다는 교훈을 마음 깊이 되새겨야 한다. 6·25는 우리에게 단지 잊혀진 과거가 아닌 또다시 이 땅에 전쟁이 일어나서는 안 된다는 살아있는 뼈저린 교훈이며, 핵무기는 남북 모두를 회생 불가한 파멸의 구렁텅이로 몰아넣게 될 것이라는 것을 말이다.

따라서 한반도의 자유와 평화를 위해서는 그 어떤 희생을 치르더라도 북핵이 완전히 폐기되어야 한다. 남북 관계 정상화를 위해 무엇보다 한미 간의 긴밀한 협력을 바탕으로 물샐틈없는 한미동맹 관계를 통한 힘의 우위와, 자유 평화 통일의 목표 아래 국제사회와의 공조, 온 국민의 단합이 필수적이라는 것을 정부와 국회, 국민 모두가 다시 한번 명심하는 계기가 되길 바란다.

한국 교회는 이러한 때에 비상한 각오로 나라와 민족을 위한 특별기도회를 열어 북한의 자유와 인권, 복음 통일을 위해서 기도하며 우리나라의 안보와 경제와 신앙의 자유를 위해, 악법이 만들어지지 않는 거룩한 나라가 되기 위해 하나되어 기도할 것이다.

모든 것을 이기는 능력

한마음으로 화합의 길을 걷기를

한국교회연합 대표회장

일제 강제 노역 배상 판결에서 비롯된 한일 간의 외교 갈등이 일본의 경제 보복으로 이어지면서 경제 파국에 이를 수 있다는 국민적 위기감이 고조되고 있습니다. 일본은 과거 우리나라를 무력으로 강점할 때처럼 치밀하고도 주도면밀한 경제 전쟁을 시작했습니다. 문제는 일본의 이 같은 선전포고에 우리 정부와 모든 국민이 제대로 대응해 우리 경제를 한 치의 흔들림 없이 지켜내야 한다는 것입니다.

일본의 이번 경제 보복 조치는 그들이 얼마나 오래전부터 치밀하게 준비해 왔는지 알 수 있습니다. 일본은 과거 일제가 조선을 송두리째 집어삼켰던 그때처럼 우리의 약점을 간파하고 일격을 가한 것으로 보입니다. 100년 전 구한말에 사색당파로 나뉘어 국론이 분열되고 스스로 세계열강의 먹잇감으로 전락했던 그때처럼 속수무책으로 당하지 않으려면 정부가 국민이 신뢰할 만한 힘과 외교 전략으로 맞서야 할 것입니다. 부모는 가족이 어려움에 처했을 때 무엇보다 내 자식에게 피해가 오지 않도록 하는 게 최우선입니다. 그처럼 나라와 국민을 사랑하는 위정자는 국민의 안정과 행복을 최우선으로 생각하고 행동해야 합니다.

6·25전쟁 이후 잿더미 속에서 '한강의 기적'을 일군 대한민국이 세계

10위권의 경제 대국으로 도약하기까지 지리적으로 가까운 일본의 경제 발전 모델이 우리의 경제 발전에 큰 도전과 자극이 된 것은 부인할 수 없는 사실입니다. 자원이 없는 나라가 살 길은 교육을 통해 인재를 길러내고, 근면과 성실로 땀 흘려 일해 수출로 외화를 벌어들이는 길밖에 없었습니다. 가난에서 벗어나고 국민이 행복한 나라가 되기 위해서는 유일한 길이었습니다. 그런데 21세기 글로벌 경제 시대에 일본과 경제 전쟁이 벌어진다면 우리가 일본의 기세를 꺾고 100년 전 나라 잃은 국민으로서 겪어야 했던 고통과 모멸감까지 되갚아 줄 충분한 대비책이 있는지 고심해봐야 합니다.

만일 우리 정부가 일본의 보복 조치에 제때, 제대로 대응하지 못해 그 피해와 고통이 고스란히 국가와 국민에게 돌아온다면 사태를 키운 정부의 외교 실패에 대한 책임은 국민적 원성이라는 부메랑으로 돌아올 것입니다. 그러나 무조건 지도자를 나무라며 정죄하는 것은 미래를 위한 대안이 될 수 없습니다.

이제는 정부와 여야 정치권, 재계, 국민, 한국 교회 모두가 한마음이 되어 이 어려움을 극복해야 합니다. 대립과 반목으로 벌인 전쟁은 승자와 패자 모두에게 상처와 피해를 안겨줄 뿐입니다. 따라서 정부와 여야 정치권, 재계, 국민, 한국 교회에 다음과 같이 호소합니다.

첫째, 정부는 더 늦기 전에 일본의 경제 보복 조치가 경제 전쟁으로 확전되지 않도록 가능한 모든 정치 외교적 수단을 강구해 화합의 길을 마련하기를 바랍니다. 기업과 국민들이 안심하고 생업에 종사할 수 있도록 최선의 노력을 기울여 주기 바랍니다. 이런 위급한 때에 총리는 동남아로, 외교부 장관은 아프리카로 순방을 떠나는 모습을 보며 국민들의 마음이 어떨지 헤아려 보시기 바랍니다. 대통령과 정부는 희생의 자세로 회담과 협상에 임하고, 무능한 대일 외교 라인을 교체해 국민적 신뢰를 회복하기를

     모든 것을 이기는 능력

바랍니다. 반일 감정을 등에 업고 중국, 북한과의 관계만을 도모한다면 이는 민족과 역사 앞에 죄를 짓는 것임을 알아야 합니다.

둘째, 국회와 여야 정치권은 지금 시국이 정쟁을 일삼을 때인지 가슴에 손을 얹고 냉정하게 판단해 보기 바랍니다. 100년 전 사색당파로 나뉘어 싸우는 바람에 국론이 분열되고 나라를 빼앗겨 국민의 고통은 이루 말할 수 없었습니다. 먼저 하나되어 국가와 국민의 미래를 위해 초당적 협치의 길을 보여주기를 촉구합니다. 그런 점에서 제1 야당 대표가 청와대 회담 제안에 조건 없이 응한 것을 환영하며, 대통령과 야당 대표들이 국가적 위기 앞에서 한마음으로 단결하는 모습을 국민에게 반드시 보여주길 기대합니다.

셋째, 경제계도 노사가 협력하여 난국을 극복해야 합니다. 한강의 기적은 절대로 우연히 저절로 이루어진 것이 아닙니다. 파독 광부와 간호사, 베트남 파병, 중동에서 땀 흘린 근로자들의 희생과 헌신은 나라와 민족을 사랑하는 마음에 비롯되었습니다. 따라서 노사가 서로 한 발짝씩 양보하고 하나되어 슬기롭게 이 난국을 헤쳐 나가기를 바랍니다.

넷째, 우리 국민은 과거 IMF 국가 부도 사태와 글로벌 경제 위기가 닥쳤을 때 금 모으기와 같은 자발적 애국 운동으로 국가적 위기를 슬기롭게 극복한 자랑스러운 국민입니다. 그런 점에서 이번 일본의 경제 도발은 우리 국민의 나라 사랑과 위기 극복 정신을 흔들어 깨우는 기회라 믿습니다. 정부는 이런 자랑스러운 국민을 믿고 정부가 주도하는 정책만 고집할 것이 아니라 자유시장 활성화에 역점을 두어 경제 체질을 건강하게 바꾸는 데 더욱 주안점을 둬야 할 것입니다. 그래야 이런 경제위기도 잘 넘길 수 있습니다. 지금은 국민 모두가 감정적인 흥분을 가라앉히고 냉정하게 각자의 자리에서 제 몫을 감당하는 게 중요합니다. 국민이 똘똘 뭉치면 일본이 시작한 경제전쟁에서 승리할 수 있습니다.

끝으로 한국 교회에 호소합니다. 한국 교회는 나라와 민족이 위기에 처할 때마다 희망의 등불을 밝히고 사회와 국민을 통합하는 정신적 지주 역할을 해왔습니다. 그것이 하나님이 이 시대에 우리에게 주신 거룩한 소명이라 믿습니다.

아직 늦지 않았습니다. 지금은 자다가 깰 때(롬13:11)이며, 깨어 기도할 때(눅21:36)라고 주님은 말씀하셨습니다. 우리 모두가 주님의 부르심에 응답하여 영적으로 무장하고 깨어 기도하는 길만이 대한민국과 한국 교회가 살 길입니다.

지금은 한국 교회가 교회로서의 본질 회복을 위해, 국가와 민족을 위해 재를 뒤집어쓰고 회개하며 기도할 때입니다. "모세가 손을 들면 이스라엘이 이기고 손을 내리면 아말렉이 이기더니"(출17:11) 하신 말씀처럼 하나님의 권세가 이 땅에 임하여 어둠의 권세를 몰아내고 공중의 권세 잡은 악의 영들과 싸워 승리하기 위해 기도의 손을 높이 들 것을 간곡히 호소드립니다.

모든 것을 이기는 능력

안보 무감각증에 빠진 사회

한국교회연합 대표회장

북한이 연일 한반도 전역을 사정거리에 둔 탄도미사일을 발사하고 있음에도 불구하고 별 대수롭지 않게 여기는 안보 무감각증과, 무기력증에 빠진 듯한 우리 사회의 안보 위기의식에 우려하지 않을 수 없다. 그동안 정부는 연일 계속되는 북한의 미사일 발사가 한미연합훈련에 대한 반발 때문이며, 훈련이 끝나면 미사일 시험 발사를 중지하고 대화의 장으로 나아올 것이라고 했다. 그러나 북한은 한미연합훈련이 끝난 지 나흘 만에 또다시 초대형 방사포를 발사함으로써 정부의 대응이 얼마나 안일했는지 그대로 보여주고 말았다.

6·25전쟁이 끝난 이후 지금까지 북한은 끊임없이 호전적인 도발을 감행해 왔다. 이를 막아내고 한반도의 평화를 수호할 수 있었던 것은 굳건한 한미동맹 덕분이었다. 한미동맹은 한반도에서 전쟁 재발을 억지하는 가장 강력한 힘이었다.

그런데 최근 들어 한미동맹에 균열의 조짐이 보이기 시작하면서 국민이 체감하는 안보 위기에 대한 불안감도 심각한 수준에 도달했다. 지난 8월 25일 프랑스에서 열린 G7 정상회의에서 트럼프 미국 대통령은 아베 일본 총리를 만난 자리에서 "북한의 단거리미사일 발사가 유엔 결의 위반이 아니며, 아무 문제가 되지 않는다"고 말했다. 또한 "한미연합훈련은 필요치 않으며 돈 낭비"라고 말했다.

북한의 미사일이 미국 본토를 겨냥하지 않는 한 아무 문제가 없다는 트럼프 미국 대통령의 이 같은 인식은 동맹국인 대한민국의 안보에 큰 위기를 몰고 올 수 있다. 북한이 오판할 수 있는 빌미를 줄 수 있을 뿐 아니라 일본의 재무장에 대한 명분과 구실을 줌으로써 동북아 평화에 심대한 악영향을 끼칠 수 있기 때문이다.

미·북 정상의 판문점 만남 이후 트럼프 대통령을 전략적으로 교묘히 이용하고 있는 북한 김정은의 목적은 한 가지뿐이다. 겉으로는 비핵화 및 평화에 대한 의지를 내비치지만, 속내는 한미동맹을 흔들어 주한미군을 철수시킴으로 한반도에서의 전쟁 억지력을 현저히 약화시키고, 핵무기 개발을 완성해 선대의 유지인 한반도 적화통일을 이루고자 하는 것이다.

김정은이 고삐 풀린 듯 단거리 탄도미사일을 마구 쏘아대고, 대놓고 문재인 대통령과 정부 당국자를 직접 겨냥해 저급한 욕설과 조롱하는 막말을 마구 쏟아내고 있는데도 이에 대한 정부의 대응은 어떤가. 마치 무슨 큰 잘못이라도 저지른 양 북한에 끌려다니는 듯한 무기력한 모습에 온 국민의 마음속은 시커멓게 타들어 가고 있다.

또한 이런 긴박한 안보 위기 상황에서 청와대는 지난 8월 22일 한미일 3각 안보 공조를 목적으로 체결한 일본과의 지소미아(군사정보보호협정) 종료 결정을 내렸다. 일본의 경제보복에 대한 맞대응 카드라고는 하나 역사문제를 경제 보복으로 끌고 간 일본을 WTO에 제소하고 경제문제를 안보문제로 확대시켜 맞대응한 정부의 이번 결정이 과연 안보와 국익을 고려한 최선의 선택이라고 말할 수 있겠는가.

더구나 지소미아는 미국의 요청으로 일본과 맺은 군사 안보 정보 협약인데 이를 우리 정부가 일방적으로 끝낼 경우 그것이 일본에 줄 타격 보

모든 것을 이기는 능력

다 우리 국익에 입힐 손해가 더 크다. 어떻게 할 것인가. 이번 지소미아 종료로 북한과 중국, 러시아에는 득이 되고 한일 양국 모두가 패자가 되지 않기를 바랄 뿐이다.

국민들은 거듭된 외교 실패와 무기력한 국방 대응 능력을 보며 과연 대한민국에 외교부와 국방부가 있는지, 걱정과 비판을 쏟아내고 있다. 정부는 무능한 외교·국방 라인을 조속히 일신하고 한미동맹을 더욱 굳건히 함으로써 물샐틈없는 안보 태세로 국민의 불안감을 해소해 줄 것을 촉구한다.

작금의 위기 상황에서 한미동맹마저 흔들릴 경우 대한민국은 고립무원에 빠지게 될 것이다. 정부와 여야 정치권은 지금 대한민국이 처한 위기 상황을 냉철하게 직시하고 한미동맹과 일본 등 주변국과의 관계에 있어 과연 진정한 국익이 무엇인지, 국민을 위해 무엇이 옳은 길인지 바르게 판단하고 시행해 주기를 바란다.

이와 함께 지금 온 국민의 이목이 집중된 법무부 장관 후보자 문제도 국민의 눈높이에서 보고 판단해야 할 것이다. “모든 권력은 국민에게서 나온다”는 민주주의 기본 원칙을 무시하면 호미로 막을 것을 가래로도 못 막게 될 수도 있음을 명심해야 할 것이다.

한국 교회는 위기의 시대에 나라와 민족을 밝히는 등불이 되어 영적 싸움과 본질 회복을 위해 오늘도 계속 기도할 것이다. 1천만 성도들이 나라와 민족을 위해, 한국 교회 본질 회복을 위한 기도에 동참해 시대 속에 빛과 소금의 역할을 감당할 때 하나님의 은혜로 생명과 자유, 평화가 이 땅에 임할 것을 믿는다.

2019년 11월 14일

강제 북송, 말씀을 벗어난 비인도적 행위

한국교회연합 대표회장

정부가 북한에서 배를 타고 귀순한 선원 2명을 닷새 만에 비밀리에 강제 북송 조치한 것을 강력히 규탄한다. 한국 교회는 생명을 천하보다 귀하게 여기시는 하나님의 말씀에서 벗어난 행위를 결단코 용납할 수 없음을 밝힌다.

통일부 장관은 지난 8일 국회에서 "(북 선원들이) 죽더라도 돌아가겠다고 해서 북송했다"고 답변했다. 이는 정황상 앞뒤가 맞지 않는 진술이라고 본다. 만일 정부가 목숨을 걸고 대한민국으로 귀순한 탈북민을 사지(死地)나 다름없는 북한으로 강제 북송한 것이라면 이는 도저히 묵과할 수 없는 반인권적이고 반인륜적 폭거이며, 앞으로 국정조사를 통해 명백한 사실 규명과 함께 반드시 책임자 처벌이 뒤따라야 할 것이다.

국민이 이번 통일부의 발표에 대해 강한 불신을 하는 이유는 다음과 같다. 첫째, 탈북 선원들은 자기들이 타고 온 어선이 NLL을 넘어올 때 여러 차례 우리 군이 경고했음에도 불구하고 기수를 무조건 남으로 돌려 탈북했다. 그런데 무슨 이유로 스스로 북으로 돌아가는 길을 택했겠느냐는 것이다. 둘째는 왜 정부 당국이 이런 사실을 철저히 숨긴 채 신속하게 이들을 북한에 넘겨주었나 하는 점이다.

모든 것을 이기는 능력

북한의 주장대로 정말 그들이 16명을 살해한 흉악범들이라면 북에 돌아갈 경우 사형당할 게 뻔한 데 자발적으로 돌아가겠다고 했을 리가 없다. 설령 조사 결과 그들이 흉악범이라 하더라도 그들은 헌법상 엄연한 우리 국민이다. 제 발로 우리 영토에 들어온 북한 주민을 경찰특공대가 포박해 눈을 가린 채 북한 군인에게 인계한 행위가 정당했다고 어느 누가 인정하겠는가. 이는 국민을 보호해야 하는 국가의 기본 의무를 저버린 중대한 위법 행위일 뿐 아니라 스스로 사법주권을 포기한 비인도적 행위로 지탄받아 마땅할 것이다.

우리는 정부의 관련 부처가 왜 이런 중대한 사안을 그토록 쉬쉬하며 신속하게 처리해야만 했는지 강한 의문을 품지 않을 수 없다. 또한 정부가 근거로 제시한 난민법이나 북한이탈주민보호법 등 그 어떤 관련 법률 조항에도 자발적 귀순자 강제 추방에 대한 조항이 없다는 점에서 분명히 책임을 져야 할 것이다. 만일 이것이 최근의 남북관계를 의식한 조치라면 이는 북한에 대한 맹목적인 굴종, 저자세에 지나지 않으며 향후 남북관계 개선에 대한 더 큰 국민적 불신으로 돌아오게 될 것이다.

정부의 이번 조치는 문명국가에서 절대로 행해서는 안 될 비인도적 행위이다. 향후 국제인권기구들로부터 한국의 인권 수준에 대한 부정적인 인식이 초래할 결과를 우려하지 않을 수 없다. 또한 3만여 탈북민들이 느낄 정서적 불안과 공포감에서 그치지 않고 자유와 인권을 위해 목숨을 걸고 탈북을 감행할 수많은 북한 동포의 정신적 혼란과 부정적 인식에까지 악영향을 미쳐 대한민국이 국제사회로부터 반인권 국가라는 낙인이 찍히지 않을까 지극히 우려되는 바이다.

다시 말하지만 이번 사건은 절대로 그냥 넘길 사안이 아니다. 헌법을 위반하면서까지 탈북민을 강제 북송한 조치가 앞으로 더욱 나쁜 선례가 될 수도 있기 때문이다. 북한이 사사건건 그 어떤 탈북민도 흉악범이니 돌려보내라 하면 어떻게 할 것인가. 따라서 이런 비인도적인 강제 북송행위가 재발하지 않고, 국민이 납득할 만한 철저한 조사와 관련자 처벌, 제도적인 장치를 마련할 것을 강력히 촉구한다.

한국 교회는 애국 충정의 마음으로 이번 사건의 결과를 지켜볼 것이며, 대한민국이 인권 신장국가로서의 국제사회 앞에 그 위상이 손상되지 않고, 나아가 남과 북이 상호 신뢰의 토대 위에 평화를 지켜나가기를 기대한다.

생명을 천하보다 귀하게 여기시는 하나님의
말씀에서 벗어난 행위를 결단코 용납할 수 없음을

모든 것을 이기는 능력

자유롭게 일하며
세계를 무대로 뛸 수 있도록

권태진 목사(군포제일교회)가 지난 3일 열린 제9회 총회에서
한국교회연합 대표회장에 추대되며, 지난 2012년 한교연 창립 후 첫 '연임'
대표회장이 됐다. 안팎으로 어려운 상황에 있는 한국 교회에서,
그는 과연 어떤 리더십을 발휘할까. 최근 권 대표회장을 만나
각종 현안에 대해 물었다. 아래는 일문일답.

Q 대표회장을 연임한 소감 먼저 부탁합니다.

A 연임 자체에 특별한 의미는 두지 않았습니다. 그저 하나님께서 귀한 사명을
맡기셨으니, 두려운 마음으로 끝까지 잘 감당해야겠다는 각오뿐입니다.

Q 지난 회기 가장 아쉬웠던 것, 그리고 가장 보람됐던 것은 무엇입니까?

A 한국 교회가 하나되지 못했던 것이 가장 아쉽습니다.
보람됐던 것이라면, 비상 특별기도회를 개최한 것입니다.
부족했지만 한국 교회에 기도운동이 일어난 것 같아서 감사합니다.
또 지난 한 회기 동안 종로에서 많은 분들을 만나면서

한국 교회를 더욱 잘 이해할 수 있었습니다.

Q 앞으로 한 회기 동안 어떤 점에 가장 중점을 둘 것입니까?

A 교회의 연합입니다. 교회는 그리스도의 몸이기 때문입니다.
예수님께서 이 땅에 오셔서 교회를 세우신 목적을 늘 잊지 않겠습니다.
아울러 대정부 관계에도 중점을 두겠습니다.

Q 한국기독교총연합회(한기총)와 한국교회총연합(한교총)과의 관계
설정은 어떻게 할 것입니까?

A 서로 간에 삼합(화합, 연합, 통합) 하는 것이 중요합니다. 그렇지 않으면
갈등할 수밖에 없기 때문입니다. 동거보다는 동행이 중요합니다.
당장 기구통합은 하지 않더라도 말씀 안에서 성경적 원리에 따라
얼마든지 동행할 수 있습니다. 그럴 때 자연스레 동거도 가능합니다.
결국엔 세 기구가 다 하나되는 것을 꿈꾸고 있습니다.

Q 광화문 집회를 이끌고 있는 전광훈 목사는 어떻게 보십니까?

A 그 사람을 어떻게 보는지는 중요한 문제가 아닙니다. 중요한 것은 그가 무슨
말을 하느냐입니다.

Q 전 목사는 문재인 대통령이 우리나라를 공산주의로 만들려 한다며 그의
하야를 주장하고 있습니다.

A 문재인 대통령이 정말 공산주의자라면, 하야하는 게 당연합니다.
대한민국은 자유민주주의 헌법을 갖고 있고, 대통령은 그 헌법을 준수해야

하는 까닭에서입니다.

그러므로 우리는 전 목사를 마냥 비판만 할 것이 아니라,

그의 말이 정말 사실인지, 혹 문 대통령이나 정부가 반성해야 할 것은 없는지
따져보아야 합니다.

Q 문 정부가 정말 자유민주주의를 지향하는지 의문을 가진 국민들이
있습니다.

A 좋은 가정의 부모는 그 자신보다 언제나 자녀의 행복을 먼저 바랍니다.

그처럼 지도자는 늘 백성을 주인으로 생각하며 그들이 자유롭게 일하면서
세계를 무대로 뛸 수 있게 해야 합니다. 그런 나라가 좋은 나라입니다.
한 마디로 작은 정부가 되어야 한다는 것입니다.
이것이 또한 대한민국이 추구하는 자유민주주의 국가입니다.
이런 점에서 지금 정부가 잘한다고 볼 수만은 없습니다.
따라서 대통령과 정부도 그런 우려의 목소리에 귀를 기울여야 합니다.

Q 교회는 왜 자유민주주의를 지지해야 합니까?

A 생존의 문제이기 때문입니다. 자유가 사라질 때 가장 먼저 퇴출되는 게 바로
종교입니다. 만약 우리나라가 공산화된다면, 공산당은 마치 마약을 단속하듯
기독교가 뿌리내릴 수 없도록 단속할 것입니다.
공산주의와 기독교는 절대 공존할 수 없습니다.
이것이 기독교인들이 반공에 생명을 거는 이유입니다.

Q 얼마 전 우리 정부가 북한 선원 2명을 북한으로 추방했습니다.

A 교회뿐 아니라 세계 모든 이들이 이해 못할 사건입니다.

어떻게 자유를 찾아온 사람들을 그들이 탈출한 나라로 다시 보낼 수 있습니까.
정말 말하기조차 부끄럽습니다. 그야말로 대한민국의 수치라 생각됩니다.
우리가 공산주의를 싫어하는 또 하나의 이유는
오직 물질에만 가치를 두기 때문입니다. 거기엔 진정한 인권이 없습니다.
이번 북송 사건은 우리 민족사의 대수치라 아니할 수 없습니다.

Q 정부의 대북 정책과 관련해 주문하고 싶은 게 있다면 무엇입니까?

A 일단 자유민주주의 대한민국에 자부심을 가지라고 말하고 싶습니다.
그리고 문 대통령은, 대한민국을 대표하는 지도자답게
북한에 좀 더 당당했으면 합니다. 또 북한 정권도 정권이지만
그 주민 전체를 봐주었으면 좋겠습니다. 가난과 압제에 시달리는 그들의
해방과 자유를 위해 노력하는 모습을 보고 싶습니다.

Q 아직 제정되진 않았지만, 동성애까지 포함하는 이른바 '포괄적
차별금지법'도 많은 기독교인들이 우려하는 것 중 하나입니다.

A 동성애는 단지 교회만의 문제가 아닙니다.
우리나라의 미래가 달린 문제이기도 합니다.
동성끼리는 결코 아기를 출산할 수 없기에, 만약 동성애가 합법화되면 종족과
인류의 미래는 불 보듯 뻔합니다. 교회가 동성애를 반대하는 이유는
하나님의 창조 질서에 어긋나기 때문이고, 이처럼 인류의 미래를 어둡게
만드는 까닭입니다. 그런데 만약 포괄적 차별금지법이 제정되면
동성애에 대한 반대를 표현할 수 있는 자유가 침해받을 수 있습니다.
따라서 이 법은 제정되어선 안 됩니다.

Q　오늘날 한국 교회에 주어진 절실한 과제는 무엇이라고 생각하십니까?

A　한국 교회 안에 물질을 추구하는 세속주의라는 누룩이 너무 많이 들어와
있습니다. 그래서 복음의 절대성이 희미해졌습니다.
하루빨리 복음의 본질을 회복해야 합니다. 또 하나 지적하고 싶은 건,
한국 교회에 미래 청사진이 없다는 점입니다. 선교 초기, 한국 교회엔
미션스쿨 설립, 군 복음화 등 매우 구체적인 비전이 있었습니다.
그런데 지금은 그런 꿈을 잘 꾸지 않는 것 같아 안타깝습니다.

Q　끝으로 더 하고 싶은 말이 있다면 무엇입니까?

A　은과 금보다는 우리에게 주신 소중한 예수의 정신,
곧 복음을 전하는 한교연이 되도록, 대표회장으로서 최선을 다하겠습니다.

▶ 진행자 = 김 진 영 기자
▶ 언론사 = 크리스천투데이

가장 중요한 것은 교회의 연합입니다
교회는 그리스도의 몸이기 때문입니다
예수님께서 이 땅에 오셔서
교회를 세우신 목적을 늘 잊지 않겠습니다

대한민국의 미래를 위해 바른 결단할 때

한국교회연합 대표회장

한·일 군사정보보호협정(GSOMIA·지소미아) 종료를 앞두고 미국이 우리 정부에 강력한 제고를 요구하고, 방위비 인상 문제와 연계해 파상적 압박을 가하는 등 심각한 상황이 전개되고 있다. 만일 정부가 미국의 강력한 권고에도 불구하고 끝내 지소미아를 종료할 경우 한미동맹 관계에 심각한 균열과 함께 향후 한반도를 둘러싼 최악의 지각변동이 우려되는 상황이다. 이에 따라 대통령과 정부의 대승적 결단을, 미국에는 혈맹에 대한 예의와 존중을 촉구한다.

미국이 지소미아 문제를 이토록 중대하고 심각하게 여기는 이유는 너무나 자명하다. 지소미아가 종료될 경우 지금까지 유지된 한미일 삼각 안보체제가 붕괴되고 결국 이것이 북한과 중국, 러시아를 이롭게 한다고 보기 때문이다.

정부는 일본이 과거사 문제를 무역 보복 조치로 연계해 발생한 문제이므로 일본의 무역 규제가 선결되어야 한다는 입장을 고수하고 있다. 문제는 일본의 자세가 조금도 변하지 않는 상태에서 미국마저 중재의 의지를 보이지 않는다는 점이다.

이제 공은 우리 정부에게 넘어갔다. 정부의 결단만이 남아있다. 만일 정부가 일본에 대한 압박 실효성이 거의 없는 지소미아 종료를 끝까지 밀어붙인다면 그 결과는 온전히 우리 정부와 국민이 짊어져야 할 것이다. 미국이 천문학적인 방위비 인상 카드로 압박하는 것도 이것이 지소미아 파기를 막을 최후의 압력 수단이기 때문이다. 지금은 정부가 굳건한 한미동맹과 한반도 안보 위기 해결을 위해 모든 정책과 결정을 집중해야 한다.

국회는 지금이라도 여야가 힘을 합해 지소미아 종료로 파생될 더 큰 위기 상황에 대해 보다 냉철한 인식을 공유하기를 바라며, 대통령과 정부가 대한민국의 현실과 미래를 위해 바른 정책 결정을 하도록 힘을 실어 주기를 바란다. 우리가 미국의 우려를 충분히 불식시키는 선행적 조치를 취할 경우, 방위비 인상문제도 국민이 납득할 만한 수준으로 협상이 타결될 것이며, 향후 한미동맹관계가 더욱 돈독해지는 계기가 될 것이다.

일본의 무역 보복문제는 앞으로 정부와 기업, 국민이 혼연일치가 되어 극복해 나가는 모습을 보여주면 일본 스스로 잘못을 돌이키는 날이 반드시 올 것이다. 그러나 일본의 무역 보복문제를 미국까지 연계된 안보협정 파기로 맞대응할 경우 한미 간의 동맹관계 균열과 상호 신뢰관계 손상은 돌이킬 수 없는 파국으로 치달을 수 있다. 만약 한미 두 나라의 신뢰관계가 깨지면 한반도의 안보는 한 치 앞을 내다볼 수 없는 최악의 상황에 빠지며, 오히려 안보 대척점에 있고 6·25전쟁을 일으킨 북한, 중국, 러시아를 도와주는 꼴이 될 수도 있음을 명심해야 한다.

한국 교회는 지소미아 문제를 오직 대한민국의 미래를 위해 바르게 결정해 줄 것을 대통령과 정부, 국회에 요청한다. 부모와 같은 심정으로 국민의 안전을 최우선으로 생각하여 후대까지 반드시 평화가 지켜지도록 힘의 균형 차원에서 대승적 결단을 내리기를 촉구한다. 이로써 한미일 3국이 비가 온 뒤에 땅이 굳어지는 든든한 안보 협력관계로 자유민주주의를 굳건히 하고 국민의 전폭적인 신뢰를 받는 정부가 되기를 희망한다.

모든 것을 이기는 능력

지소미아 유예 결정을 환영한다

한국교회연합 대표회장

한·일 군사정보보호협정(지소미아)이 종료 직전 유예 결정이 내려짐으로써 한미일 안보 협력관계의 파국을 면하게 됨을 안도하며 환영한다.

그동안 정부는 일본이 수출 규제 조치를 선행적으로 철회하지 않으면 지소미아는 종료될 것이라고 공언해 왔다. 그러나 그럴 경우 실익은 없고 오히려 안보 측면에서 북한과 중국만 유리하게 할 뿐이라는 미국의 계속된 우려와 설득을 받아들인 것으로 평가한다.

지소미아 파기는 애당초 국익에 별 도움이 되지 않는 잘못된 정책 판단이었다. 일본은 우리에게 무역 보복을 하고 나서는데 우리가 일본과 맺은 안보협력 관계를 파기한다고 해서 그 피해가 일본에게 돌아갈 리 만무하다. 이런 국민적 우려에도 불구하고 정부가 이를 외교적 지렛대로 사용하려다 결과적으로 한미 간 동맹관계에 균열과 상처만 남게 됐다.

일본은 우리 대법원의 강제징용 배상 판결에 대한 보복 조치로 수출 규제를 들고나왔다. 이에 대해 우리 정부는 미국의 요청으로 일본과 맺은 지소미아 파기로 응수하게 된 것이다. 이는 결과적으로 국민에게 반일 감정은 불러일으켰을지 몰라도 냉정하게 볼 때 국익에는 마이너스였다. 결국 이번에 정부가 지소미아 종료 유예와 함께 일본의 수출 보복에 대한

WTO 제소까지 취하하기로 함으로써 혹 떼려다 혹 붙이는 꼴이 되고 만 것이다.

한반도에서 전쟁을 억지하고 튼튼한 안보를 유지하려면 미국과 일본의 협력이 반드시 필요하다. 지금 북한은 핵무기를 개발하고 연일 미사일 실험으로 전쟁 위협을 하고 있다. 중국 또한 우리 영공 수호를 위한 사드 배치까지 문제 삼아 엄청난 경제적·인적 보복과 압력을 가해 오고 있다.

이런 상황에서 우리 정부가 끝내 북한과 중국을 유리하게 하는 결정을 내렸다면 어느 국민이 지지하고 동의했겠는가. 우리 스스로 미국과 일본의 협력 없이도 한반도의 평화를 지킬 힘과 자신이 있다면 모를까, 다시는 이런 위험한 도박으로 국가 위기를 자초해서는 안 될 것이다.

극적인 지소미아 연장으로 더 큰 파국을 막게 된 것은 천만다행이지만 사태를 이 지경까지 끌고 간 외교·안보 책임자에 대해서는 반드시 책임 있는 조치가 필요하다. 한미동맹 관계에 엄청난 균열과 상처를 남기고 국민 분열로 나라를 혼란케 한 이들에 대해 쇄신을 단행함으로써 문재인 대통령의 집권 후반기에는 국민 통합이 이루어지고 정치·외교·경제·교육 등 모든 분야에 안정적인 번영을 이루는 대한민국이 되기를 희망한다.

남북연락사무소 폭파, 평화에 대한 도발

한국교회연합 대표회장

북한이 어제(6월 16일) 개성 남북공동연락사무소 건물을 폭파했다. 김정은의 여동생인 김여정 노동당 제1부부장이 지난 13일 담화에서 밝힌 것을 그대로 행동에 옮긴 것이다. 비록 이 건물이 개성에 위치해 있더라도 이를 북이 마음대로 파괴한 것은 남북한 7500만 민족의 염원인 한반도 평화에 대한 명백한 도발 행위이다.

남북공동연락사무소는 현 정부 들어 남북관계 발전과 한반도 긴장 완화를 위한 상징적인 장소였으며, 우리나라가 180억 원의 건설비를 부담했다. 그런 건물을 북한이 한순간에 마음대로 폭파해 버렸다는 것은 첫째, 저들이 한반도의 평화에는 아무 관심이 없다는 것이며 둘째, 저들에게 정상 간의 합의니, 약속이니 하는 것은 휴지조각에 불과하다는 것을 여실히 보여준 사건이다.

북한은 탈북민 단체가 주관해 온 전단 살포에 대해 맹비난하며 군사 행동에 나서겠다고 우리 정부를 협박하고 있다. 이것이 정상적인가. 저들의 체제는 전단 몇 장과 쌀 한 줌에 이토록 벌벌 떨고 과민한 반응을 보일 정도로 허약한가. 오로지 핵무기 개발에 골몰하며 다른 것은 보지 않는 호전적인 체제를 상대로 언제까지 한반도 평화 통일이라는 장밋빛 꿈을 꾸어야 한단 말인가.

　그동안 정부는 남북관계에서 북한이 욕설에 가까운 막말을 쏟아내는 등 비상식적인 자세로 일관해도 당당히 맞서지 않고 오히려 저자세로 굴복적 태도로 일관해 국민을 실망시켜 왔다. 이번에도 저들이 '군사행동' 운운하며 연일 도발성 협박을 하는데도 통일부 장관과 일부 여당 국회의원들은 "북한이 저럴 줄 알았다", "북한이 저러는 것은 다 미국과 한국 정부 때문이다"라고 하고 있으니 이들은 도대체 어느 나라 사람이란 말인가.

　9·19 남북군사합의를 제멋대로 파기하고 군사행동을 감행하겠다고 협박하는 자들을 대상으로 "앞으로 탈북민단체의 대북 전단 살포를 엄중히 단속하겠다"는 것이 과연 그 수준에 맞는 우리 정부의 대응전략인지 묻고자 한다. 북한이 대북 전단 살포를 핑계로 강경 전략으로 전환한 것에 대해 우리 정부가 제대로 된 대응 전략도 없이 무조건 굴욕적인 저자세로 일관한다면 국가 안보는 위태로워지고, 국민 불안이 가중될 것이며, 한반도의 평화도 물거품이 되고 말 것이다.

　청와대는 어제 국가안전보장회의(NSC) 상임위 회의를 소집해 "북한의 위협에 강력 대응하겠다"고 천명했다. 이번에는 그 말을 반드시 지키기 바란다. 그래야 최소한 국민들이 불안에 떨지 않을 수 있다.

　곧 6·25전쟁 70주년이다. 역사를 잊은 민족에게 미래는 없다는 격언을 결코 잊어선 안 된다. 북한의 호전적 도발에 온 국민과 정부가 유비무환의 자세로 똘똘 뭉쳐 굳건한 한미동맹과 물샐틈없는 안보태세로 대응해 나갈 것을 촉구한다.

모든 것을 이기는 능력

교회 강제 철거는 답이 아니다

한국교회연합 대표회장

대한민국은 법으로 사유 재산이 보호되는 민주국가이다. 그런데 전국 곳곳에서 신도시, 뉴타운, 재개발 등의 목적으로 교회가 마구 헐리고 철거되는 사건이 비일비재하게 일어나고 있다.

특정 종교는 국가가 세금을 들여 문화재로 보호하고 문화재 관람료까지 징수하는 마당에 기독교 교회는 아무런 대책도 없이 무조건 내몰고 내쫓겨도 되는가. 얼마 전에는 신도시 개발을 명목으로 교회를 철거당한 목회자가 백방으로 억울함을 호소하고 다니다 급환으로 사망하는 사건까지 벌어졌다.

그런데도 한국 교회는 이런 안타까운 현실을 언제까지 강 건너 불구경하듯 할 것인가. 나만 아니면 된다는 식으로 외면하다가는 언제 그 불이 내 발등에 떨어질지 모른다.

서울 장위동의 사랑제일교회는 담임인 전광훈 목사가 한기총 대표회장에 취임한 후 반정부활동을 하다 선거법 위반 혐의로 구속되는 등 그 와중에 교회마저 재개발 명도 집행을 구실로 강제 철거될 처지에 놓여 있다. 그 교회는 전 목사가 구속된 이후 코로나19 확진자가 단 한 명도 나오지 않았음에도 불구하고 매 주일 경찰 수백 명이 교회당 안팎을 에워싸며 공권력에 의한 예배 방해와 신앙의 자유까지 침해당했다.

지역 재개발조합이 법적 소송 끝에 법원으로부터 명도 집행을 허가받았다고는 하나 예배당을 무조건 허물고 교회를 내쫓겠다고 하는 것은 명백한 사유재산권 침해요 종교탄압이다. 이런 식으로 교회를 내쫓는다면 앞으로 남아날 교회가 몇이나 되겠는가. 그런데도 나 몰라라 외면하고 침묵하는 것은 이웃에 대한 직무 유기이다.

교회가 보상비로 터무니없는 액수를 요구한다, 돈방석에 앉으려 한다는 식의 과장된 허위 비방이 난무하고 있다. 이는 문제 해결을 더욱 요원하게 만들 뿐이다. 이제라도 강제 명도를 즉각 중단하고 서울시와 재개발 조합, 해당 교회가 진지하게 머리를 맞대어 대화와 타협으로 문제를 원만하게 해결하기를 촉구한다.

모든 것을 이기는 능력

북한 인권운동에 대한 탄압을 중단하라

한국교회연합 대표회장

정부가 대북 전단을 살포한 북한 인권단체 두 곳의 법인 자격을 전격 취소한 데 이어 25개 단체에 대해 강력한 사무감사를 추진하며 압박을 가하고 있다. 이에 대해 우리는 이것이 민간에서 추진하는 북한 인권운동에 대한 정치적 탄압으로 규정하며 즉각 철회할 것을 촉구한다.

민간 대북인권단체들에 대한 정부의 이 같은 조치는 김여정 북한 제1부부장이 지난 6월 4일 담화에서 대북 전단 살포와 관련해 "이대로 그냥 간다면 그 대가를 남조선당국이 혹독하게 치르게 될 것"이라고 겁박하고, 같은 달 16일 개성에 있는 남북연락사무소 건물을 전격 폭파하자 마치 기다렸다는 듯이 바로 시행에 들어갔다.

그런데 정부는 누가 봐도 대남 협박이자 판문점 남북 정상회담에 대한 일방적 파기선언과 같은 북한의 비이성적 폭거에 당당히 맞서기보다 그 책임을 대북 전단을 배포하는 북한 인권단체에 돌리고 있다. 이는 우리 국민의 정서에 반하는 북한에 대한 맹목적인 굴종이며, 자유를 찾아 탈북한 우리 국민에 대한 반인권적 억압행위이다.

이들이 무슨 잘못을 했기에 이런 반민주적이고 반인권적인 탄압을 받아야 하는가. 북에서 태어나 인간으로서 기본권을 박탈당한 채 살다가 목숨을 걸고 탈북해 자유 대한의 품에 안긴 이들이다. 그들이 자기가 살았던 고향 친지에게 대한민국의 소식을 전하는 것이 법인을 취소하고 특별감사를 당할 만큼 큰 죄인가. 동포들을 향한 사랑의 동기에서 행하는 일을 압제하는 것은 남북 화해의 차원에서도 옳지 않다.

이들이 총포류와 무기, 마약류를 밀반출한 것도 아니다. 이들이 보낸 것은 쌀 한줌과 달러와 성경, 그리고 남한의 실상을 소상히 알리는 전단 뿐이다. 이것이 무슨 대역죄라고 허가해 준 법인을 취소해 가며 억압하는가. 대한민국이 자유민주국가가 맞는지 의구심이 든다.

민간인은 민간인대로 표현의 자유가 보장되어야 한다. 지금 정부의 처사는 민주 시민의 권리를 침해하고 있다. 대한민국은 세계 속에서 함께 호흡하며 더불어 살아가야 하는데 자칫 인권 탄압 국가로 낙인이 찍힐 수 있다. 한국 교회는 이 정부가 잘못된 판단을 받길 원하지 않는다.

우리는 국제인권단체들이 통일부의 국내 북한인권 단체들에 대한 사무감사가 '마녀사냥'식으로 진행되고 있으며, 과도한 억제와 탄압을 중지하라고 촉구한 것에 주목한다. 따라서 이 문제가 유엔 인권문제로 전 세계에 공론화되기 전에 정부가 도를 넘는 처사를 자제하고 결자해지의 자세로 문제를 원만히 해결함으로써 역사에 길이 남는 성공적인 정부가 되기를 충정의 마음으로 조언하는 바이다.

모든 것을 이기는 능력

자유대한민국의 자랑스러운 역사

한국교회연합 대표회장

8월 15일은 우리 민족이 일본 제국주의의 사슬에 결박되었다가 나라를 되찾은 지 75주년이 되는 날입니다. 또한 대한민국이 건국된 지 72주년이 되는 날입니다. 하나님의 전적인 은혜로 흑암의 권세를 깨치고 자유와 평화의 빛을 선물로 받음으로 오늘의 대한민국이 탄생하고 유지되고 발전했습니다.

8·15는 하나님께서 우리 민족에게 주신 전적인 은혜의 선물입니다. 하나님께서 한국 교회로 하여금 민족의 등불이 되어 독립, 자주, 국권 회복운동에 앞장서도록 하심도 이때를 위함이었습니다. 믿음 안에서 수많은 선교사, 순교자들이 나라와 민족, 복음의 진리를 위해 아낌없이 목숨을 바쳤습니다. 그분들의 거룩한 희생이 있기에 오늘이 있습니다.

8·15 광복 75주년과 건국 72주년을 맞은 오늘 우리는 이 나라가 다시는 제국주의와 패권주의의 희생제물이 되지 않도록 깨어 기도하며 애국애족의 정신으로 새롭게 거듭나야 할 것입니다.

오늘 한반도는 강대국의 전략 요충지에 위치하고 있어 이 평화가 언제 깨질지 알 수 없습니다. 더구나 북한은 핵무기를 완성하고 한반도와 세계의 평화를 위협하고 있습니다. 하나님께서 지켜주시지 않으면 언제 또

다시 전쟁의 광풍이 몰아칠지 모르는 위태로운 상황입니다.

그러나 우리는 그 어떤 역경과 고난도 슬기롭게 극복해 온 지혜와 근성이 있는 민족입니다. 하나님께서 함께하시니 희망이 있습니다. 전쟁의 폐허 위에 '한강의 기적'을 꽃피운 자랑스러운 역사를 길이 후세에 물려주기 위해 우리는 오늘의 위기를 또 다른 기회로 만들어 나가야 합니다.

안보가 무너지면 그동안 피땀 흘려 이룩한 모든 것을 한꺼번에 잃게 됩니다. 또다시 전쟁의 잿더미 위에 나앉지 않으려면 유비무환의 철저한 안보의식으로 무장해야 합니다. 또한 지금 코로나19와 함께 무너진 경제와 정책 부재로 고통당하는 서민과 경제적 약자들의 삶이 깊은 좌절의 수렁에 빠지지 않도록 한국 교회가 나눔과 섬김을 실천하는 데 앞장서야 할 것입니다.

한국 교회 1천만 성도 여러분, 지금 국회에서는 포괄적 차별금지법을 제정하기 위해 준비를 마쳤습니다. 차별금지법은 말은 약자를 차별해서는 안 된다는 것처럼 포장하고 있으나 실제 핵심은 동성애를 조장하는 악법이자 망국 법입니다. 이 법이 제정되면 "동성애는 죄"라는 말을 하는 것조차 제한을 받게 됩니다.

하나님의 창조질서를 훼손하고 하나님이 가증하다고 하신 추악한 죄에 대해 입을 완전히 봉하려는 것은 헌법이 규정한 신앙의 자유를 억압하는 종교탄압이요, 역차별입니다. 따라서 한국 교회는 순교를 각오하고 모든 힘과 역량을 다해 포괄적 차별금지법의 제정을 막아내야 할 것입니다. 만약 차별금지법이 제정되면 한국 교회는 정치권에 전적인 책임을 물어 정권퇴진운동이라도 불사할 것입니다.

대한민국은 하루아침에 저절로 생겨난 나라가 아닙니다. 신앙의 선배들이 목숨 바쳐 이룩한 이 나라가 음란도성 소돔과 고모라같이 한순간에 흔적 없이 사라지는 징벌을 받지 않으려면 우리가 먼저 깨어 기도해야 합

모든 것을 이기는 능력

니다. 거듭된 분열과 복음의 본질에서 이탈한 죄과를 회개하고, 믿음의 주요 또 온전케 하시는 예수만 바라보며 나가야 할 것입니다. 한국 교회와 모든 믿음의 지체들이 일치와 연합으로 주님과 한 몸을 이룸으로써 시대 앞에 선지자적 소임을 다해야 할 것입니다.

광복 75주년, 건국 72주년을 맞아 하나님께서 지켜주신 자랑스러운 대한민국이 자유와 평화로 번영하는 나라가 되기를 바라며, 독버섯처럼 우후죽순 만들어지는 악법으로 인해 민주주의가 훼손되는 지금, 깨어있어 나라를 구하고자 하는 이들에게 주님의 은혜와 평강이 이 땅 위에 넘치기를 간절히 기도합니다.

생명을 아끼지 않는 북한의 만행

한국교회연합 대표회장

북한이 북측 해역에서 발견된 우리 국민에게 총격을 가해 살해하고 시신을 불태우는 끔찍한 만행을 저질렀다. 북한의 이 같은 천인공노할 만행에 대해 한국 교회 천만 성도의 이름으로 강력히 규탄한다.

북한의 우리 민간인에 대한 총격 살해는 2008년 금강산 관광 도중 북한군의 총격으로 살해당한 박왕자 씨에 이어 두 번째이다. 북한이 이 같은 패악한 만행을 저지르는데도 우리 군은 6시간 동안 눈뜨고 아무 대응도 못했다니 참으로 통탄할 노릇이다.

서해 최북단 소연평도 해역에서 어업지도선을 타고 꽃게잡이 불법어업 단속을 하던 중 실종된 우리 국민은 공무원 신분이다. 무장한 군인이 아닌 민간인이다. 그런 그를 총격을 가해 무참히 사살한 북한은 뒤로는 핵무기를 개발하며 앞에서는 한반도 평화를 운운하며 가면을 쓴 호전적 집단, 그 이상도 이하도 아니다.

그런데도 문재인 대통령은 지난 23일 유엔총회 기조연설에서 '한반도 종전 선언'을 위해 유엔과 국제사회가 힘을 모아달라고 호소했다. 종전 선언을 안 해서 북한이 우리 국민을 상대로 저토록 끔찍한 만행을 계속하고 있다는 것인가.

모든 것을 이기는 능력

　북한은 우리 정부의 평화와 대화 노력에도 불구하고 현 정부 출범 이후 26차례나 미사일을 발사했다. 그런데도 정부는 18개의 대북 지원사업을 시행했다. 은혜를 원수로 갚는다는 말이 이런 때 쓰는 말이 아닌가 싶다.

　우리 국민들은 이번 사건을 접하고 과연 대한민국이 국민의 생명과 안전을 지키고 보호할 힘과 의지가 있는 나라인가 절규하며 통탄해 마지 않고 있다. 우리 국민이 북한군에 의해 살해당했는데 정부는 그가 월북을 시도했느니 안 했느니 따지고 있으니 참으로 기가 막힐 노릇이다. 그가 설령 자진 월북을 했다 하더라도 제 발로 찾아온 민간인까지 무참히 살해할 정도로 비이성적이고 비인도적인 북한의 만행에 대해 주권 국가로서 확실한 대응의지를 밝히는 것이 급선무 아닌가.

　국가와 국민을 보호하고 지킬 힘을 수반하지 못한 평화는 한낱 헛된 구호일 뿐이다. 상대는 6·25 남침 이후 한반도 적화 야욕을 포기한 적 없는 호전 집단이다. 그들에게 관념적 평화란 조소의 대상일 뿐이라는 것을 이번 사건이 똑똑히 보여주었다.

　정부는 북한의 잔인무도한 만행에 대한 철저한 진상조사를 통해 북에 책임자 처벌 등 상응하는 조치를 취할 것과, 국제사법 재판소를 통해 북이 저지른 죄과에 대한 응분의 처벌과 재발방지대책을 조속히 강구할 것을 강력히 촉구한다.

건국을 기념하고 해방에 감사하자

한국기독인총연합회 대표회장

사람이 태어나면 생일이 있고, 건축물이 지어지면 준공 날짜가 있듯 자유 대한민국은 건국절이 있다. 자유대한민국은 건국 이래 73년 동안 세계 속에 하나의 독립된 국가로 존재해 왔다. 그간 19대 대통령까지 세워졌고 G7 정상회의에 참여할 정도로 선진국 대열에 들어섰다.

　1948년 8월 15일은 실질적, 역사적으로 세계가 인정하는 대한민국 건국일이다. 그러나 어떤 이들은 1919년 4월 설립된 상해임시정부가 대한민국의 기원이라며 역사를 왜곡하기도 한다. 그러나 이러한 주장은 동의하기 어렵다. 그 당시 임시정부는 국가의 3요소를 갖추지 못했으므로 건국을 잉태한 때라 볼 수는 있으나 탄생일은 아니다. 역사와 진실은 다수나 권력자가 주장한다고 바뀌는 것이 아니다. 왜곡될 뿐이다. 잘못된 권력은 역사를 왜곡시키는 죄를 범함으로 역사 속에 나라의 역적이 되는 법이다.

　1946년 2월에 이미 북에서는 북조선임시인민위원회가 설립되었고 중앙정권체제를 갖추었다. 사회주의와 민주주의는 함께 갈 수 없다는 것을 깨달은 이승만 대통령은 1948년 8월 15일 대한민국을 건국했다. 1948년 12월 12일, 자유대한민국은 소련의 방해를 극복하고 UN 총회에서 국민·영토·주권을 가진 나라로 승인을 받았다.

모든 것을 이기는 능력

그런데도 73년이 지난 지금까지 건국일과 자유대한민국의 존재를 애써 부인하고 북한에 정통성을 두려고 하는 이들이 있다. 그들은 그때 남한에 세우지 못한 조선민주주의인민공화국을 아직도 염두에 두고 있는 게 아닌지 의심하지 않을 수 없다.

이제 더 이상 자유대한민국을 부정하는 이들의 역사관에 동조하거나 방관할 수 없다. 통일된 건국이념과 건국일조차 갖지 못한다면 계속 남남갈등의 원인만 제공할 뿐이다. 생일과 자신의 근본을 모르고 사는 사람이 불행한 것 같이 자신이 살고있는 나라의 건국이념과 건국일을 모른다면 얼마나 부끄러운 일인가. 이로 인해 모두가 불행해지지 않도록 늦은 감이 있지만 지금이라도 건국절을 제정하고 기념해야 한다.

지난 역사의 진실은 바꿀 수 없다. 우리만 주장한다고 역사적 사실이 되는 것이 아니다. 세계 모든 나라가 공통으로 인정해야 한다.

1919년 3·1 운동을 건국일이라 할 수 있는가? 1919년 4월 11일 상해임시정부 수립일이 건국일인가? 그 당시 국가의 3요소인 국민, 영토, 주권이 갖추어져 있었는가? 이 세 요소가 완성된 때는 이승만 대통령이 건국한 1948년 8월 15일뿐이다. 이승만 대통령이 1대 대통령이었고 지금 현 대통령이 19대 대통령이 아닌가. 건국을 부정하면 현 대통령 자신의 정통성과 모든 국가의 역사적 기록을 부정하는 것이다.

역사는 그때의 상황을 헤아리며 보아야 한다. 지금의 시각으로 그때의 기록, 노래, 문화 등을 평가하고 바꾸려 해서는 안 된다.

자유대한민국의 정통성을 훼손하지 말고 바른 역사 인식을 가지자. 우리나라가 해방을 맞이할 때는 미국이 일본을 항복시킴으로 해방되었다. 건국은 우리 조상들이 자유민주주의를 선택한 결과이다. 우리는 해방을 안겨준 미국에 감사하고 자유민주주의를 선택한 조상의 수고에 감사해야 한다.

이 시대는 우리의 선택을 요구하고 있다. 자유대한민국과 사회주의 중 어떤 가치를 따를 것인가. 국가와 개인을 모두 가난하게 하고 인권과 진실이 유린당하는 사상을 따를 것인가. 아니면 건국 당시의 자유민주주의의 가치를 계승할 것인가. 지켜야 할 것을 지키는 데 실패하면 비참해진다. 비단 정치뿐 아니라 한국 교회도 하나님의 말씀과 헌법이 보장하는 예배의 자유, 종교의 자유를 지키지 못한다면 나라도 지킬 수 없다.

해방과 건국은 한 날이다. 자유대한민국의 국민들은 8·15를 건국의 날로 지키고 해방절, 건국절을 함께 기념해야 한다. 나라의 건국일을 찾아 교육하고 기념하고 감사하는 8·15가 되게 하자. 자유대한민국의 생일을 축하하며, 온 교회는 건국 기념 예배와 행사를 개최하고, 잃어버린 생일날을 찾는 기쁨이 교회마다, 지역마다 일어나기를 바란다. 에벤에셀의 하나님께 감사하고 찬양하는 8월이 되기를 소망한다.

"사무엘이 돌을 취하여 미스바와 센 사이에 세워 이르되 여호와께서 여기까지 우리를 도우셨다 하고 그 이름을 에벤에셀이라 하니라"(삼상7:12)

모든 것을 이기는 능력

지난날 슬픔을 위로하는 한마디

한국기독인총연합회 대표회장

현충일을 맞아 윤석열 대통령께 감사를 표한다. 2022년 6월 6일 하늘이 슬픔을 표하는 비 오는 현충일에 윤석열 대통령의 추념사를 듣고 지난날의 아픈 가슴이 위로를 받고 평안을 얻었다.

필자는 20대에 월남전에 참전하여 전쟁의 잔혹함과 베트남이 공산화되는 과정을 몸소 경험했다. 국력이 없으면 평화와 자유는 그림의 떡이요, 자유의 소중함을 보고, 듣고, 알아도 누릴 수 없다는 것을 깨달았다. 우리나라의 대통령이 바뀔 때마다 혹여나 한미동맹을 경시하고 조약을 깰까 봐 가슴 졸였던 것은, 미군 철수로부터 베트남의 공산화가 시작되는 현장을 경험한 나의 트라우마 때문이다.

나는 맹호 1연대 소속의 참전 유공자라 국립묘지의 비석이 전우로 보인다. 삼사십 대에는 현충원에 가면 소복을 입은 전우들의 어머니와 아내들의 모습을 볼 수 있었는데 일흔이 넘은 지금은 이들조차 볼 수 없고, 갈 수도 없는 현실이 되었다.

올해는 집에서 현충일 추념식 행사를 지켜보며 안도의 눈물을 흘렸다. 대통령이 자유, 평화의 소중함을 알고 멸공 세대의 희망 사항을 기억하는 지도자라는 생각이 들어, 영령이 되어 빛바랜 돌 비석 명찰을 지닌 전우와 함께 눈물지었다.

추념식 순서 중에 6·25전쟁 때 전사한 할아버지께 보내는 손녀의 편지도 큰 감명을 주었다. 더불어 살고, 자유롭고 평화롭게 서로의 행복을 위해 열심히 삶을 살며 자유와 민주주의와 인권을 사랑하는 사람의 눈물을 닦아주는 추념사였다.

그동안 햇빛 아닌 것을 햇빛이라며 국민을 속이고, 평화가 아닌 평화를 추구하는 모습을 보고 불안해하는 애국자의 가슴에 내린 서리를 따뜻한 말씀으로 녹여주었다.

월남전에 참전을 위해 강원도 오음리에서 훈련을 받고, 기차를 타고 도착한 부산항 부두에서 자유를 위해 싸우러 간 병사는 약 32만 명이다. 그중에 월남에서 전사한 5,099명이 현충원에 잠들어 있다. 지금 고엽제 후유증으로 투병 생활하는 전우도 있다.

우리 전우들은 6·25전쟁 이후 공산당의 잔인성을 알고 자유의 소중함을 체험한 세대이기 때문에 명예나 물질보다 먼저 자유대한민국의 번영을 위해 지금까지 인내했다.

참전용사들은 전쟁의 트라우마와 가난에 시달리면서도 지난날의 보릿고개와 비교하면 턱없이 감사한 환경이라 여기며 살았다. 그러나 몇 년 전부터 나라를 위해 헌신한 이들을 멸시천대하고, 6·25전쟁 참전자들과 월남 참전자를 민간인 학살자들처럼 폄훼하는 이들도 있어 서운함의 눈물이 앞을 가린 적이 한두 번이 아니었다.

그러나 오늘 현충일 추념사 통해서 보훈 유공자와 가족들은 지난날에 대한 보람을 느끼며, 대통령께서 추념사에서 말씀하신 대로 실현하실 분임을 확신하고 있다. 편견 없는 보훈정책을 펼치고 자유와 정의, 인권을 존중하며 작은 정부 큰 국민, 시장 경제, 한미동맹, 국가 안보를 추구해 나가는 대통령을 응원한다.

모든 것을 이기는 능력

또 멸공 세대의 나라 사랑 정신을 받들어 바른 역사 교육에도 힘써 주시기를 바란다.

제2의 건국 정신으로 용산 시대를 열고 평화 통일이 되어 더불어 잘 사는 민족, 대한민국을 만드는 위대한 윤석열 대통령이 되길 바라며 하나님의 은총이 함께 하시길 기도한다.

6·25의 정신으로 자유를 지켜내자

한국기독인총연합회 대표회장

쉼 없이 흐르는 세월 속 6·25 동족상잔의 비극이 발발한 지 72년, 자유와 평화를 위해 산화한 이들의 공로는 묻혔으나 그들이 심은 씨앗은 무성해져 세계 속 자유대한민국의 권위가 살아나고 있다.

건물이 지어지면 기초는 보이지 않고 건물만 보인다. 미련한 사람은 건물만 보지만, 지혜로운 자는 기초석의 소중함을 알 듯, 6월은 애국을 위해 목숨을 바친 순국선열의 헌신을 기억하는 달이다. 대한민국이 세계 10대 경제 대국이 되고 선진국의 반열에 오르기까지 조상들의 피땀 어린 헌신, 파독 광부와 간호사의 헌신, 월남 파병, 한미동맹, 시장경제, 선교사의 역할과 크리스천들의 교육열이 큰 역할을 감당했다.

6·25전쟁에 참여한 용사들은 나라와 부모와 가족을 지키기 위해 싸웠기에 그 전쟁이 부끄럽지 않다. 인공기를 앞세운 중공군의 인해전술에도 끝내 이 땅의 자유를 지켜낼 수 있었던 것은 미군을 중심으로 한 유엔 연합군의 지원과 자유대한민국을 수호하고자 했던 조상들의 애국심의 결과다. 비록 나라는 분단되었지만, 자유의 씨앗은 보존됐다.

6·25의 포성은 끝난 것이 아니라 잠시 멈추어 있다. 세계의 패권을 쥔 미군이 한미상호방호조약 아래 대한민국에 주둔함으로 공산주의자들이

모든 것을 이기는 능력

침략할 수 없도록 했으나, 지금도 포성 없는 전쟁은 계속되고 있다. 사상의 공격으로 국민의 마음을 갈라놓고, 기관들의 단합을 깨고 있다. 공산주의 사상이 교육계, 노동계, 정계에 침투하여 적화통일을 위해 거짓으로 여론을 선동하고 시위하여 국민을 불안하게 하고 나라를 어지럽히고 있다.

72년 전에는 폐허가 된 나라에서 가난과 육체적 고통으로 힘들었다면 현재는 사상, 가치관, 정보의 불신으로 정신적 폐허 속에 희망이 파괴되었다. 과거에는 산천이 신음했으나, 지금은 마음이 신음하고 있다.

6·25전쟁 당시에는 낙동강 전선을 지킨 다부동 전투 등의 승리로 부산을 지켰고, 인천상륙작전이 성공함으로 서울을 수복한 것 같이 지금도 경제, 정보, 안보의 전투에서 승리를 쟁취해야 한다. 대성산 봉우리와 철원평야를 지켰듯, 지금은 경제와 사상, 안보, 기술의 고지를 지켜야 한다.

안락한 청와대를 나와 제2의 건국의 자세로 자유, 정의, 인권을 수호하고 세계 공조를 통해 굳건한 나라를 세우려 각오하는 지도자에게 지지와 동의를 보낸다. 호국보훈의 달 6월에는 사회주의와 공산주의에 가까워진 수많은 정책과 제도들을 다시 자유민주주의 정신에 입각해 고쳐야 한다.

일하기 싫어하는 자는 먹지도 말게 하고, 나라를 사랑하지 않는 불성실한 자는 나라의 살림을 맡지 않도록 국민 모두가 깨어 있어야 한다. 어려울 때일수록 모든 사람이 자기 위치에서 그 소임을 감당하기를 바란다. 특별히 세상의 빛과 소금의 사명을 가진 크리스천은 "사랑하는 자여 네 영혼이 잘됨 같이 네가 범사에 잘되고 강건하기를 내가 간구하노라"(요삼1:2)는 말씀을 믿기를 바란다.

그동안 세상과 타협하고 환경에 지배되어 살았던 것, 진리를 떠났던 모든 과거를 회개하고 성령을 선물로 받아 기도 운동을 회복해야 한다.

골리앗같이 다가오는 어둠의 세력을 빛된 삶으로 막아내고, 진리와 공의가 강물처럼 흐르는 나라를 만들어야 할 사명이 우리에게 있다.

나라를 생각하지 않는 불의한 이들에게 밀려서는 안 된다. 지금도 사상적 패잔병은 호시탐탐 우리의 약한 부분을 노린다. 자유, 평화, 정의, 사랑, 헌법의 정신을 지켜 미래를 향해 굳게 서야 한다.

아울러 생육하고 번성하라는 창조주의 섭리에 순응하여 출산을 장려하고, 온 나라가 약한 자를 먼저 돌보는 가정의 원리를 따라 강자와 가진 자가 약한 사람을 먼저 돕는 성숙한 사회가 되기를 바란다.

6·25전쟁을 생각하면서 그때의 정신으로 자유를 지켜내자. 불의와 싸우자. 경제, 안보, 정보를 지키자. 온 국민이 단합하여 영육의 승리를 위해 은사대로 싸워서 평화를 후손들에게 물려주는 첫 단추를 끼우는 6월이 되게 하자.

건국일이 없는 나라는 없다

한국기독인총연합회 대표회장

기독교 기관과 단체들이 8월 15일을 맞이하며 발표한 성명을 보면 주로 해방만을 언급하고 있다. 과연 건국이 없는 나라가 자긍심을 가질 수 있는지 의구심이 든다. 또 어떤 기관들은 해방을 도와주고 자유를 지키는 데 도움을 준 나라에 대해서는 감사함 없이 일본만을 규탄하고 있다.

내가 어릴 적에는 해방과 건국을 함께 배웠는데 언제부터인가 교육에서 해방만을 강조하고 건국의 날짜까지 혼란스럽게 하고 있다. 역사의식이 있고 진리를 따르며 자유를 존중한다는 교계 지도자들까지 건국에 대하여 함구하는 모습을 보니 개탄스럽다.

해방은 우리 민족이 은혜로 얻은 것이고, 건국은 바른 선택과 피나는 노력의 결과다. 사람이 태어나면 생일이 있고, 건물에도 준공 날짜가 있다. 그런데 선진국이 된 대한민국에 건국일이 없다.

건국되지 않은 나라에 국회나 대통령은 무슨 의미가 있는가? 자신이 속해 살고 있는 나라의 건국 자체를 부인하는 모순된 행동을 하면서도 대한민국의 국민이요, 나라의 지도자라고 착각에 빠진 모습을 보면 통탄스럽기만 하다.

이대로라면 북한의 하수인으로 전락할 뿐이다. 자유통일을 하려고 해도 나라가 없고 실체가 없으니 자연스럽게 정통성은 건국일을 가진 북한에 있다고 인정하는 과오를 범하게 될 것이다.

1948년 8월 15일 대한민국의 건국은 그 과정과 날짜가 확실한 역사적인 사실이다. 1948년 12월 12일 유엔에서 국가로 인정했으며, 이승만을 초대 대통령으로 세워 국민, 영토, 주권이 있는 온전한 나라로 건국되었다. 그럼에도 건국일을 제정하지 않고 건국에 대해 말하지 않는 것은 북한과 그 사상의 영향을 받고 있기 때문이라는 의견이 상당하다. 좌 편향된 이들의 국가관이야 그렇다 하더라도, 교계까지 영향을 받아서는 안 된다. 만약 그런 거짓 주장에 수긍한다면 그야말로 안타까운 일이다.

건국일이 없는 나라는 없다. 이제는 해방일보다 건국일을 더욱 귀히 보고 기념하며 우리나라 대한민국 중심의 역사의식을 가져야 한다.

8월 15일을 광복절과 건국절로 함께 기념하고, 제헌국회에서 기도로 시작한 나라의 번영을 기억하고 감사하고 영광을 돌려야 한다. 이제라도 건국절을 제정해 역사를 바로 세우기 위한 첫 단추를 끼워보자.

   모든 것을 이기는 능력

아픔을 딛고 더 나은 내일을 위해

한국기독인총연합회 대표회장

이태원 핼러윈 축제 압사 사고 희생자 유족에게 하나님의 특별하신 위로가 있기를 바란다.

우리나라에 미래의 꿈과 희망을 주는 문화가 없어 젊은이들이 방황하고 있다. 애국정신과 일하는 즐거움, 거룩한 비전 등 과거 우리나라를 일으켰던 기독교 바탕의 문화가 사회에 뿌리내리지 못한 것에 대하여 목회자의 한 사람으로서 깊이 회개한다. 대한민국은 지금 무신론과 불신, 타락, 그리고 내로남불의 사고가 정치권과 언론에 난무하여 순진한 국민들이 혼란스러워하고 있다.

이번 압사 사고는 인명 경시 현상이 사고로 연결된 것이다. 이 사건을 두고 정치권은 정부를 공격하고, 정치적 이해관계를 계산하여 발언하고, 국민에게 정부를 불신하도록 선동하고 있다. 이것은 우리나라 국민다운 자세가 아니다. 국민의 아픔을 자신들의 이익추구와 단합의 기회로 이용하려는 사고는 절대로 용납할 수도 없고, 해서도 안 된다.

우리 크리스천은 모든 불행한 사건 뒤에는 악령의 역사가 있는 것을 안다. 명예, 돈, 권력, 편견에 붙잡힌 사람들은 악한 영에 결박되어 양심에 화인 맞은 자이므로, 크리스천은 그들이 악한 영에서 해방될 수 있도록 사랑으로 기도해 주어야 한다. 예수님은 공생애 기간에 거라사 지방을 지나시며 군대 귀신이 들린 사람을 고치셨다. 그는 무덤 사이에 거하고 심히 사나워 아무도 그 길로 지나갈 수도 없었고 자기 자신도 심히 괴로워하고 있었는데 예수님은 그에게서 귀신을 쫓아내 주시고 온전하게 하셨다.

우리는 이 시대에 일어나는 사건 뒤에 숨어서 역사하는 악령을 물리치기 위해 회개하고 성령으로 무장하도록 기도해야 한다.

한국 교회 크리스천은 신앙과 애국으로 무장하여 이번의 아픔을 딛고 일어나 더 나은 내일이 오기 위해 기도하고 행동하자. 어려운 일을 당한 이들을 위로하고 그들을 위해 기도하는 세상의 빛과 소금이 되기를 바란다.

어려운 일을 당한 이들을 위로하고
그들을 위해 기도하는 빛과 소금이 되기를 바란다

모든 것을 이기는 능력

적을 알고 나를 알라

한국기독인총연합회 대표회장

윤석열 대통령의 해외 순방이 우리나라 외교와 경제에 유익한 성과를 거둔 것을 보며 국민의 한 사람으로 칭찬을 아끼지 않는 바이다.

그러나 아크부대 방문 시 윤 대통령의 장병 격려 발언에 대해 "외교 참사", "말실수"라 폄훼하는 야당과 부정적인 언론 기사들을 보며 매우 안타까운 심정이다.

대통령이 군 통수권자로서 파병 받은 병사들에게 사명감을 가지도록 주적에 대해 객관적 사실을 주지시킨 것은 전혀 문제 삼을 일이 아니다. 오히려 분명하게 주적을 짚은 것은 당연한 처사이다. 군이 정치 외교를 위해 타국의 눈치를 살필 필요는 없다.

순방 성과를 폄훼하려는 의도로 외교 참사를 주장하는 이들이 있듯, 과거에도 월남참전용사가 민간인을 학살했다고 주장하는 공산주의자들의 심리전으로 인해 32만 명의 월남참전용사들을 분노하게 한 일이 있다. 월남참전용사들의 기념행사조차 베트남 정부의 눈치를 보며 개최를 꺼려했던 지도자도 있었다.

바라기는 국민을 위해 의정활동을 하는 이들이나 군인들은 더 이상 타국의 입장을 대변하지 않기를 바란다. 주적인 북한을 돕고 자유민주주

의가 용납할 수 없는 행위를 하는 이란에 대해 군 통수권자로서 한 발언을
문제삼아서는 안 된다. 윤 대통령이 이 사안에 대해 사과하거나 위축될 필
요 역시 없다고 생각한다. 군대는 국방과 안보를 위해 주적을 명확히 하고
힘을 키우는 것이 최선의 방어이자 공격이다.

대통령은 여론에 연연하지 않고 진정 국가를 위한 법치를 행하길 바
란다. 거짓 뉴스가 있는 한, 좋은 평가를 위해 타협한다면 곧바로 여론의
희생양이 되고 말 것이다. 대통령은 공약대로 자유대한민국을 바로 세우
는 데 최선을 다하기를 바란다. 전쟁의 참상을 체험한 국민의 한 사람으로
서 부탁하는 바이다.

모든 것을 이기는 능력

복음이 도전받는 시대,
복음의 진리를 외치라

들소리신문은 1977년 4월 3일 출발, 올해로 37주년을 맞았습니다. 당시는 경제
사회적으로 암울한 시대였고 민주화의 열망이 좌절을 거듭하던 시절이었습니다.
들소리는 문서를 통해 직업청소년 계층을 위한 전도와 봉사에 주력하며 야학, 통신
강의록을 통한 교육을 병행하기도 했고, 교도소와 군부대에도 문서를 통해 복음을
전파했습니다. 1988년 신문 정기간행물 자유화가 이뤄져 정식으로 신문으로
등록하고, 하나님 나라의 모형으로 이 땅에 세우신 교회의 완성과 예수 그리스도의
몸 된 교회 원형의 회복을 위해 변화를 촉구하는 한편 비판과 함께
근본적인 대안을 제시하며 한국 교회와 함께 걸어왔습니다.

Q 창간 37주년을 맞는 들소리신문에 대해 우선 한 말씀 부탁드립니다.

A 37년 전에 창립됐다면 바른 소리를 내기 어려운 때, 시대적 흐름에서 볼 때
야성의 역할을 해왔을 것입니다. 그때와 지금은 많이 달라졌습니다.
창간의 정신을 가지고 있되, 예수님의 입이 되어 현실을 재조명해 나가는 데
힘써야 할 것이라 생각합니다.
37년의 연륜을 갖고 있는 들소리는 처음부터도 그랬겠지만 지금 역시도
세상의 관점이 아닌 하나님의 관점에서 역할을 할 수 있길 바랍니다.
성경적 관점에서 세상을 보고 고민을 하면서

교회의 역할을 독려하는 신문이 되길 바랍니다.
또한 예수를 모르는 이들에게 전하고,
무지한 자에게 청정한 하늘 소리를 전해야 할 것입니다.
교회가 세상에서 진정한 빛과 소금의 역할을 하기 위해서는
하나님의 말씀을 온전히 믿고 의지해야 하는데 그것의 전후가 바뀌어
예수 그리스도의 정신과 복음보다 착한 일이 우선시 되지 않아야 합니다.
그리고 그렇게 되지 않도록 언론이 그 방향을 함께 잡아가야 한다고 봅니다.
성경적 관점이 아니라 세상의 인정과 칭찬에 초점이 맞춰지면
변질될 수 있습니다. 회개의 복음을 전하려면 죽음도 초월할 수 있는 성령의
사람이 되어야 합니다. 스데반과 세례 요한도 회개의 복음을 전하고는
순교했습니다. 이처럼 예수 그리스도 안의 진리를 전할 때는 교회도,
언론도 순교의 각오가 있어야 진리를 전할 수 있습니다.
예수 그리스도 안에서 진실로 바른 삶을 살고 그다음에
세상의 빛과 소금의 역할을 감당해서 세상에 양보하지 않도록 해야 할
것입니다. 그럴 때 한국 교회의 본질 회복을 위한 쓴소리,
교회와 세상을 향해서 쏟아내는 많은 애통하는 마음이
결실을 맺을 수 있을 것입니다.

Q 한국기독교계의 신문은 크게 두 가지로 분류됩니다. 교단에서 발행하는
교단지와 그것을 뛰어넘어 발행하는 초교파지입니다. 정식으로 등록을
거친 오프라인 신문은 20여 종이 넘을 것으로 압니다. 기독교 언론의
현재를 어떻게 보고 계십니까.

A 교단신문은 교단의 정책안에서 다양한 소식을 공유하고 알리며,
초교파신문은 정통 교단들을 모두 감싸 안으면서 한국 교회 전체가 하나된
모습으로 갈 수 있도록 선도해야 합니다.

초교파지는 특정한 교단을 대변하지 않고 각각 교단들의 특성을
그대로 알리면서 하나로 갈 수 있는 부분에서는
과감히 선도해 나갈 수 있어서 좋다고 생각합니다.
한 가지 바람이 있다면 많은 어려움이 있겠지만 언론의 기능을 가지고
발행을 하고 있는 내용들 속에 현재의 상황을 성경적으로 해석하고
제시하는 부분이 강화되었으면 좋겠습니다.
교회가 하고 있는 좋은 이야기들을 소개하고 이와 더불어 비판의 현실을 딛고
발전적으로 가려면 어떻게 해야 하는지에 대한 구체적인 대안이
더 풍부하게 제시되었으면 좋겠습니다.
들소리신문의 새로운 시도들은 긍정적인 평가를 많이 받고 있는 것으로
압니다. 쟁점이 되는 중요한 사안들에 대해서 투명하게 조명할 수 있는 기회를
갖는 것은 모두에게 좋을 것입니다. 언론들은 어느 곳에도 치우치지 않고
한국 교회의 공기(公器)로서 성장할 수 있도록 각기 노력을 배가해야 하고,
한국 교회의 뜻있는 이들이 한마음으로 지원하고 협력하고,
기도하는 것이 절실하다고 생각합니다.

Q 신문이나 방송을 향해 적지 않은 분들이 기독교계 매체이니 좋지 않은
내용은 삼가길 바라고, 자신이 속한 교회나 단체가 비판의 대상이
되는 것을 받아들이기 힘들어하는 부분이 있어서 종사자들이 곤욕을
치르기도 합니다.

A 언론이 대중의 알 권리를 충족시키는 것은 당연하고 진실이라면 알려져야
할 것입니다. 다만 그 비판의 소리가 다른 사람으로 하여금 물들지 않게 하기
위한 사랑의 동기에서 이루어지면 좋으나 미움의 동기에서 시작되어 사람을
망가뜨리거나 교회를 힘들게 하는 일이 되어서는 안 됩니다. 교회다운 교회가
인정받고 한국 교회 안에 자부심을 가지고 속하도록 긍정적인 소식들이 잘

알려지기를 바랍니다. 그래서 언론들이 한국 교회의 미래에 비전과 희망을
심어주고 선한 여론을 조성하도록 하는 역할을 감당하기를 소원합니다.

Q 최근 목사님이 상임대표로 계신 정교분리와 윤리회복을 위한 한국
교회시국대책위원회에서는 일반 중앙지에 '종교인 과세에 대한
한국 교회의 입장'을 한국 교회 주요 55교단 총회장 연명으로
발표하셨습니다. 정부의 종교 담당관이나 일반 언론들과도
대화하시면서 그들의 한국 교회를 향한 시각을 보셨으리라 생각합니다.

A 과세문제는 기독교계 입장을 정리해서 정부에 넘겼습니다. 세금을 내지
않으려고 하는 것처럼 잘못 비춰지지 않도록 입장을 잘 정리해 알렸습니다.
이것은 돈에 관한 문제가 아닙니다. 세상 법의 기준을 교회에 적용하면
정교분리의 원칙이 훼손되고 종교계와 나라의 관계 속에 혼란이 올 수
있습니다. 단순히 세금을 내지 않으려 한다는 오해들이 불식되기를 바라며
입장을 밝혔습니다.
정부 관계자들을 초청하여 교회와 사역을 소개하고 이야기를 나누어 보니,
한국 교회 전체의 사역과 보이지 않는 헌신에 대해 채 알지 못하는 부분이
있었습니다. 많은 언론의 질타와 대중의 편견 속에 가려져 보지 못하고 있던
부분을 보게 되었습니다. 대화를 통해 교회가 사회에 하는 여러 가지 사역을
직접 확인하고 난 후 교회에 대한 시각과 과세 문제에 접근하는 관점이
변화하는 것을 느꼈습니다.

Q 한국 교회가 많은 비판과 질타를 받고 있는 상황 속에서 기독교계
언론으로서 책임을 통감합니다. 이런 속에서 하나님의 교회와 신자,
그리고 더 나아가 이 백성을 선도해 나가기 위한 교회와 언론의 역할에
대해 말씀해 주십시오.

A 한국 교회가 비판받는 것은 한 편에 지니고 있는 문제들이 있는 것을
인정합니다. 그러나 세상이 교회를 보는 관점도 많이 굴절돼 있습니다.
예수님이 이 땅에 오셔서 세상에서 인정을 받으셨는지를 생각해 보면,
의가 있는 곳에 박해가 있는 것은 너무나 당연하기도 합니다.
한국 교회가 사회로부터 비판을 받는 것은 교회가 말씀대로 살아있다는
반증이 된다는 긍정적 평가도 있습니다.
그러므로 너무 사회의 쓴소리를 의식하여 위축되어서는 안 될 것 같습니다.
옥합을 깬 마리아는 제자들에게도 칭찬받지 못했고, 성난 군중은 예수님
대신에 강도인 바라바에게 관용했습니다.
다만, 세상의 소리를 마음에 두고 말씀으로 돌아가서 세상에서의 교회의
역할을 묵묵히 감당하는 것으로 본분을 다하여야 할 것입니다.
기독 언론 역시 이를 위해 독려하고 길을 제시해야 합니다.
윤리와 도덕이 복음 위에 있지 않도록 하되 세상의 평가에 연연하지 않고
교회가 제자리에서 제 역할, 목소리를 낼 수 있도록 기독 언론이 선도해
나가면 좋겠습니다.

Q 목사님께서도 한교연 선거를 치르시면서 한국 교회 정치 한복판이라는
종로5가권의 현실을 보셨으리라 생각합니다. 한국 교회가 제대로 된
역할을 하기 위해서는 어떤 부분부터 풀어나가야 한다고 보십니까.

A 연합회의 리더에게는 말씀 안에 바른 철학이 필요합니다. 리더가
오케스트라의 지휘자가 되면 불협화음을 고치려 들고
소외계층이 생기기 마련입니다.
리더는 모두를 어우를 수 있는 그릇이 되어야 합니다.
조정하려고 하지 말고 그저 모두를 담을 수 있는 그릇이 되어
독초만 아니라면 함께 어우러져 비빔밥을 만들어 낼 수 있도록

복음과 겸손과 사랑을 겸비하여야 한다고 봅니다.

저는 합신 총회장을 거쳐 장로교단들의 연합체인 한국장로교총연합회의
대표회장직을 맡으며 2년을 종로에 몸담았는데 참 좋은 사람들을 많이
만났습니다. 많이 깨달았습니다.

모두 말씀 안에 깨어 말씀을 배운 대로 따르려 몸부림치고, 성령의 은총
속에서 살아갈 수 있는 그릇을 저마다 준비하고 계십니다. 좋은 분들이
계시기에 한국 교회는 희망이 있습니다. 목회자들에게는 여러 난관이
있겠지만 더 깊이 주님 앞에 겸손히 엎드려 맡겨진 영혼들을 말씀으로 잘
먹이고 살찌우게 하는 데 더욱 박차를 가하면 하나님을 영화롭게 하는
진정한 사명을 감당할 수 있을 거라 믿습니다.

Q 끝으로 들소리신문 독자들을 향해 한 말씀 부탁드립니다.

A 들소리신문이 초교파 신문 중에 양심적으로 하고 있다고 생각합니다.
많은 사람들이 들소리신문이 바르게 가고 있고 지도자 여론조사 등
한발 앞서고 있는 부분에 대해 도전을 받고 있다는 것을 압니다.
칭찬에 연연하거나 대적을 두려워하지 말고 성경을 근거해서 주님의
사상으로 바른 목소리를 내면 하나님은 분명 들소리신문을 크고 바르게
사용하실 것입니다. 창간 37주년을 축하드리고
한국 교회의 미래를 위해 큰일을 감당해 주실 것을 확신합니다.
무궁한 발전이 있기를 독자들과 함께 소망합니다.

▶ 진행자 = 양 승 록 국장
▶ 언론사 = 들소리신문

L I B E R T Y

3

자

말씀 안에서 누리는 행복

유

종교의 자유를 역행하는 종교차별실태조사

종교편향대책위원회, 한국장로교총연합회 상임회장

종교의 자유는 헌법에서 보장한 인간의 기본 권리이다. 종교의 자유는 다양성이 인정될 때 실현된다. 민족에 따라, 개개인에 따라 믿음과 경배의 대상은 다양하다. 그것을 어떤 특정한 단체의 자의적인 판단에 의해 평가한다면 과연 공정한 일일까.

현재 국가인권위원회가 종교자유정책연구원을 통해 진행하고 있는 종교차별실태조사 연구 용역은 종교의 자유에 대한 연구를 표방하며 종교를 탄압을 하는 형국이 되고 말았다. 종자연은 특정 종교를 옹호하며, 기독교사학의 이념에 반하는 질문으로 설문을 구성했다. 이와 같은 행위는 국익에 도움이 되지 않을 뿐 아니라 결국에는 그들 자신까지 악한 단체로 정죄될 수밖에 없다고 본다.

종립학교의 종교교육권과 학생 개인의 종교 자유의 충돌은, 학생 스스로가 선택하여 종립학교를 배제할 수 있도록 선지원 후추첨 제도를 실시하여 순리로 풀어야 한다. 학생이 학교를 선택하도록 하고 종립학교에 대해서는 설립이념이 보존되도록 해야 양쪽 모두의 종교의 자유를 지키는 길이다.

기독교의 정신과 사상은 한국 사회를 일으킨 바탕이 되었다. 기독교가 세운 많은 NGO와 복지 단체는 북한뿐 아니라 세계인을 품어 복지를 실천하고 있으며 민간기관의 사회복지 부분 70% 이상을 담당하고 있다. 또한 기독교는 우리나라가 자유민주주의 위에 세워지는 데 중점적인 역할을 했다. 3·1운동의 33인 중 16인이 기독교인이었다.

이제 서로를 주관적인 관점에서 판단할 것이 아니라 상대의 교리나 철학을 존중하면서 각각의 믿음의 정신을 유지해야 서로 행복해질 수 있다. 종자연이 종립학교에 대한 편향된 연구를 계속하고 의도된 설문조사를 통해 종교차별의 결론을 내린다는 것은 연구윤리에도 어긋나는 것이다.

불신을 가진 형제의 주장은 끝도 없는 평행선이다. 현재 국가인권위원회와 수행하고 있는 종자연의 연구는 편향적인 시각에서 시작되어 서로에게 유익하지 않고 사회에 혼란만을 가중시킬 것이다. 종립학교에 대한 종교차별 실태 연구가 진행되어야 한다면 제3의 연구단체가 맡아야 공정할 것이다.

종교의 자유는 헌법에서 보장한 기본 권리이며
다양성이 인정될 때 실현된다

종교인 납세에 관하여

한국장로교총연합회 대표회장 권태진 목사 ·회원 교단 일동

한국장로교총연합회는 납세에 대해 "가이사의 것은 가이사에게, 하나님의 것은 하나님께 바치라"(마22:21)는 성경에 근거한 신성한 의무로서 종교인도 예외일 수 없다는 것을 기본 입장으로 지난 8월 8일 기획재정부에서 발표한 2013년 세법 개정안 종교인 납세와 관련하여 아래와 같이 입장을 밝히는 바입니다.

1. 종교인 납세를 '근로소득'이 아닌 '기타소득'으로 분류하여 성직자는 근로자가 아니라는 것을 반영하고 있다는 점을 평가합니다. 다만 기타소득으로 분류하였을 때, 근로소득세에 비하여 지나치게 낮은 조세징수율에 대하여 '종교인 세금 면죄부', '여전한 종교인 특권' 등의 사회적 반감의 문제를 보완 발전시켜야 할 것입니다.

2. 기독교의 경우 목회자가 80% 이상이 근로소득 상 면세점 이하의 저소득계층입니다. 그럼에도 불구하고 근로소득자에 비하여, 저소득 근로장려세나 저소득 자녀장려세 등의 혜택에서 제외되는 것은 납세의무만 지고 복지혜택에서 벗어나는 것으로 또 다른 형평을 저해하게 됩니다. 이에 대

한 보완이 우선적으로 필요할 것입니다.

　3. 교회는 오른손이 하는 것을 왼손이 모르게 복지활동, 교육활동, 문화활동에 크게 기여하였음을 부인할 수 없을 것입니다. 종교인 및 종교기관 납세나 감사는 정부가 종교를 감독하는 사회주의에서 볼 수 있는 현상이며 정교분리의 원칙에 어긋나는 부분입니다. 관할청의 감독선상에 있게 된다면 교회 나름의 자율적인 재정에 의한 사회 기여활동이 위축될 수 있을 것입니다. 더 나아가서 종교탄압의 수단으로 이용될 수 있음도 우려합니다.

　이 의무조항은 종교탄압을 위한 전초전으로 보는 여론이 있으므로 서로 신뢰가 구축될 때까지 기다려 국론 분열이 일어나지 않도록 해야 할 것입니다.

　4. 그동안 성직자 납세를 자율적으로 시행하여 온 부분을 발전시켜야 할 것입니다. 지금까지 종교인 납세에 관한 교단적인 공감대가 폭넓게 확산되고 있는바 좀 더 시간을 두고 자진 납세를 권장하고 80% 이상의 저소득계층 목회자를 보호할 수 있는 발전적인 연구를 통해 국민조세의식을 선도할 수 있게 되기를 희망합니다.

성직의 특성에 대한 존중이 필요하다

한국장로교총연합회 대표회장

얼마 전, 한국장로교총연합회는 정부가 2015년부터 종교인들의 소득에 세금을 부과한다고 발표한 소득세법시행령 개정안에 대해 부정적 견해를 피력한 일이 있다. 이는 세금을 내지 않겠다는 단순한 입장이 아니라 실행됐을 때 발생할 국가와 교회 간의 갈등에 대한 염려가 있기 때문이다.

현재 우리나라를 둘러보면 정치와 사회, 종교계 전반에 걸쳐 안정된 곳이 있는가 싶다.

민의의 전당인 국회는 과거의 대학가 정문 같다. 경찰과 의원의 몸싸움이 끊이지 않는 모습은 예전 같으면 상상도 못할 일이다. 눈에 보이는 것 외에도, 분쟁의 씨를 심으려는 세력이 국회뿐 아니라 종교계에도 들어와 있다. 이런 상황에서 정교분리의 원칙이 깨어지면 종교의 자유, 양심의 자유가 침해되고 교회가 애국심으로 나라를 함께 성장시킨 것을 부정하는 것과 같다.

우리나라는 건국 후 지금까지 정교분리의 원칙 아래 교육과 문화의 발전, 복지의 실현 등 교회의 역할을 자율적으로 잘 감당해 왔다. 정교분리의 원칙이 깨어지고 교회를 세상의 논리와 법 아래 두려는 순간, 종교의 자유는 침해되고 교회의 본질은 무너진다. 나라를 생각하는 입장에서는 종교계가 찬반으로 나누어지는 분열의 원인을 제공하는 정부 기관을 이해하기 어렵다. 그러므로 과세로 인해 정교분리의 원칙이 침해당하는 것은 반대이다. 신성(神聖)의 교회를 기업이나 비영리 단체로 보는 비종교적 가치관도 수용하기 어렵다.

교회의 정책은 토론을 통해서 문제를 해결할 수 없다. 다만 온전한 법(法)인 성경으로 돌아가서 문제를 찾고 해결해야 세상의 빛과 소금의 역할을 감당할 수 있다. 정부는 '종교의 자유'라는 원칙 아래 성경으로 돌아가도록 환경을 만들어 주어야 한다. 정부 기관의 권력과 사회법으로 짓누르면 서로에게 유익이 없다.

이번 종교인에 대한 세금정책에 반대하는 것을 돈 때문이나 기득권을 지키기 위해서라고 생각한다면 큰 오해이다. 수입이 있는 곳에 세금이 있으며 국방, 교육, 납세는 국민의 의무임을 인정한다. 그러나 종교와 성직(聖職)의 특성을 무시한 과세 방침에 대해 문제를 제기하는 것이다.

세수 확보를 위해 꼭 해야 된다면 자원하여 드리도록 해야 한다. 그뿐 아니라 나라가 세금을 들여 지원하는 출산 장려, 자살 방지, 다문화 적응, 보육과 장애인 복지에 교회가 스스로 재원을 들일 수 있도록 권장하고 그들의 수고를 알아주는 것도 하나의 정책이 될 수 있다. 지금 정부의 정책은 순수하게 조세와 관련한 부분만을 고려한 결과다.

역사를 살펴보면 교회와 목회자가 정부의 권력에 예속되지 않고 신앙 양심에 따라 신실하게 헌신한 결과 우리나라의 기독교는 우리나라 근현대사의 경제와 문화, 복지 발전에 괄목할 만한 결실을 거두어 왔다. 실질적으로 출산장려와 자살방지 등을 성경적 가치관 아래 계몽하도록 항상 노력해 왔으며 다문화 가정의 적응, 영유아 보육과 장애인, 노인과 청소년 복지에 직접적인 재원을 투자하며 복지를 이끌어왔다. 국제적인 사업을 펼치고 있는 국내 유수의 기독교 NGO들이 이를 증명해 준다.

말씀 안에서 누리는 행복

바라기는, 말을 아끼고 있는 다수는 건국 후 지금까지 지켜온 정교분리의 원칙 아래서 자원하여 세금을 납부하고 사회에 참여하는 것을 원하고 있음을 알아주길 바란다. 이 길이 현 박근혜 정부의 국민통합의 정책과도 부합하는 길이요, 종교계의 갈등을 불식시키고 통일한국을 위해 교회가 더욱 봉사하게 하는 길임을 한장총 회장으로서 다수의 여론을 수렴하여 말씀드리는 바이다.

지금은 교계와 나라를 이분할 수 있는 우려가 있으므로 각 교단은 성급한 표현보다 충분한 기도의 시간을 가진 후에 논의했으면 하는 바람이 있다. 이후의 통합과 하나된 모습을 기대하며 한국 교회에 주의 은총이 있길 기도한다.

정교분리와 윤리회복을 위하여

정교분리와 윤리회복을 위한 한국교회시국대책위원회

우리는 북핵 문제 등 격변하는 국제 정세 속에서 현재 여러 가지 문제로 혼란한 가운데 있다. 이에 더하여 정부수립 65주년이 지나도록 역대 정권에서도 하지 않은 종교인 과세에 대하여 소득세법을 개정하고, 기타 세목에 편승하여 과세하려는 것과, 동성애와 동성혼을 합법화하는 법률을 제정하려는 것을 보면서 1,200만 기독교인과 한국 교회지도자들은 역사의 주관자이신 하나님께 모여서 기도하고, 아래와 같이 우리들의 결의를 선언하는 바이다.

1. 우리는 동성애·동성혼은 창조주이신 하나님의 창조질서와 인간윤리를 파괴함으로 무질서와 혼란을 초래하여 인류를 멸망시키려는 무시무시한 사단의 계략임을 분명히 함과 동시에 정부가 이러한 법을 제정한다면, 역사에 영원히 용서받지 못할 무서운 죄악을 범하는 것이므로, 이를 강력히 규탄하면서 즉각 중단할 것을 엄숙히 선언한다.

1. 우리는 정교분리의 원칙은 미국의 제3대 토마스 재퍼슨 대통령이 정의한대로, "국가권력이 교회를 탄압할 수 없고, 과세할 수 없으며, 간섭할

말씀 안에서 누리는 행복

수 없다"는 원칙을 굳게 신봉하며 이의 실현을 정부에 강력히 촉구한다.

1. 우리는 현 정부가 삼권분립의 원칙에 따라, 사법부에서 "목회자의 목회
행위는 종교적 신념을 따라 봉사하는 것에 대한 일종의 사례비를 주는
것뿐이므로 임금으로 볼 수 없다"는 판례를 존중해 줄 것을 강력히 권고
한다.

1. 우리는 종교인이 자율적으로 세금을 납부하는 것에 대해서는 그분의 개
인적인 신앙과 애국적 사관에서 납부하는 것이므로 간섭할 수 없으며,
정부 또한 그러한 몇 사람의 행위를 객관적 잣대로 확대해서 적용하는
것은 크나큰 과오라는 사실을 바르게 인식해 주기를 바란다.

1. 우리는 현 정부가 소득세법을 일부 개정하여, 종교인에 대한 과세를 시
행하려고 국무회의를 통과하여 지난 10월 1일 국회에 제출한 것은 대한
민국 헌법 제20조에 명시한 정교분리의 원칙에 정면으로 위배되는 위헌
이므로 즉각 철회할 것을 강력히 촉구한다.

종교인 과세에 대한 한국 교회의 입장

정교분리와 윤리회복을 위한 한국교회시국대책위원회

종교인 과세에 대해서 한국 기독교(Protestant)는 옳고 그름의 문제, 찬성 또는 반대의 뜻을 피력하는 것이 아니다.

우리 대한민국은 일제강점기를 지나고 삼일독립운동의 도화선이 됐던 류관순 순국열사를 비롯해서 나라의 독립을 위해 희생한 수많은 민족의 피로 이 땅을 적시고 나라를 찾았다. 삼일독립선언문을 선포하며 기독교신자 16명, 천도교신자 15명, 불교신자 2명의 민족대표 33인이 세계를 향한 선언문에 서명하였고, 모두 투옥되었다. 삼일운동으로 기독교인 631명이 피살되었고, 2만8934명이 체포되었다. 임시정부가 국호를 제정하고 헌법을 제정하면서 조세에서 종교인의 과세를 법으로 정하지 않은 이유다.

모든 종교는 자신들의 종교를 포교하는 것을 유일한 목적으로 두지 않는다. 각 종교와 개개인 신자들의 신앙에 관한 문제는 여기서 논할 필요가 없다. 모든 종교는 신앙하는 바는 달라도 선을 행하고 베풀고 나누며 덕을 쌓으며 이웃에게 유익한 삶을 사람됨으로 여긴다. 법을 존중할 것과 모든 이들과 더불어 평화할 것과 특히 고아와 과부를 돌아보고 공평과 정의가 실현되게 하기 위해서 억울하고 아픈 자들의 이웃이 되기 위한 여러 가지 일들에 주력하고 있다.

말씀 안에서 누리는 행복

학교를 비롯한 교육기관, 치매 또는 말기 암 환자들을 돌보는 시설, 무료 병원, 무료 급식, 미혼모 가출청소년들의 쉼터, 국내외 소외지역의 의료봉사, 국내외 재난지역 봉사, 범죄자들의 재범 방지를 목적으로 교도소를 설립하고 운영하는 등 신자들의 헌금으로 이런 일들을 소리 없이 하고 있다. 종교는 나라가 하는 일에 힘을 더하고, 나라가 놓치고 있는 일들까지 맡아서 하고 있다.

1%도 채 되지 않는 일부 대형 교회들이나 상위 목회자들의 사례문제가 언론에 보도되고 지탄의 대상이 되고 있는 것은 모든 교인들이 안타깝게 여기고 있으며 개인적인 회개와 교회 내에서의 정화를 촉구하고 있다.

중세 천주교회의 타락으로 기독교가 태동하고 천주교가 300여년 암흑기를 지낸 것처럼 기독교도 역사적으로 어느 정도의 타락과 암흑기를 우려한다. 그러나 세계적으로 교회의 타락이 원인이 되든지 혹은 교회를 핍박한 것이 원인이 되든지 간에 교회의 역할이 현저히 위축된 서구 문명국들의 실태를 눈여겨 볼 필요가 있다. 사람들은 향락을 쫓고 음란하고 무자비하며 마약에 노출되고 있다.

우리나라 역시 실정은 크게 다르지 않은 두려운 양상이다. 존속폭행 및 살인, 에이즈의 확산으로 인한 막대한 국고 손실, 청소년과 여성의 흡연 음주 증가와 국민의 음주 흡연의 증가, 자살, 이혼, 성매매… 열거 할 수 없을 만큼 많은 종목들이 세계 순위에서 우위를 차지하고 있다.

그런 어둡고 슬픈 모든 곳을 치료하고 돌보는 일에 종교가 한 몫을 맡고 있다. 그럼에도 불구하고 정부와 의견을 조율한 현재, 목회자들이 과세를 하지 않겠다는 것이 아님을 천명했다.

2014년 2월 26일 국회의 종교계 간담회를 통해 정부에 요청하고 있는 것은 다음과 같다.

1. 법 개정 없이도 종교인 과세의 자발적 신고납부는 할 수 있다.

일반 국민의 담세액만큼 납부할 것을 한국교회는 이미 결의했다. 소득세법에 종교인 과세를 규정함으로써 헌법상 상위개념인 국민의 기본권인 종교의 자유를 보장하는 정교분리의 원칙을 훼손하지 않기를 바란다.

기독교회는 회계장부가 있고, 재정부가 있으며 공동의회를 통해 예산 결산 심의가 있다. 분기별 또는 일 년에 한번 이상 선정된 복수의 감사에 의해서 입출금에 대한 회계 감사가 시행된다. 투명성을 정부가 관여할 필요가 없다.

언론에 보도된 목사나 개교회의 일탈된 행태는 개신교회 뿐이 아니다. 타 종교에도 있었고 정부 고위인사, 경제, 사회 여러 계층의 인사들의 비리와 추태는 있어왔다. 사회 각 계층에 모두 있는 비리지만 종교인들에게는 기대하는 것들이 있어서, 더 엄중한 잣대, 더 큰 실망, 분노까지 갖는데 대해 우리 목회자들은 더욱 자신을 경책하며 살아야 할 것을 일깨우는 일로 받아들인다. 그러나 일부 개인의 도덕적인 문제와 목회자 세금부과의 문제는 별개의 것임이 분명하다. 따라서 개인의 문제로 교회 전체를 사찰하겠다는 것은 어불성설이다.

장로교, 감리교, 성결교, 침례교, 성공회, 구세군, 루터교, 순복음, 기하성, 하나님의성회, 나사렛, 그리스도의교회, 복음교회… 등 정통교회는 투명한 장부를 가지고 있다.

종교인과세를 입법화 했을 때, 결국 장부를 기록하고 공동의회에 재정보고를 하는 기독교만 표적이 된다. 이는 법률로 심각한 종교차별을 하는 결과가 된다. 이로 인해 야기될 종교간 갈등은 심각하여 망국의 설움 속에서도 여러 종교지도자들이 함께 힘을 모아 삼일독립운동과 건국을 이루어낸 대한민국에서, 종교간 평화가 깨어지고 치유할 수 없는 심각한 종교 갈등이 올 것이다. 그러므로 세금액만큼 스스로 신고 납부하지만, 납세의

말씀 안에서 누리는 행복

무를 법으로 규정하지 않는 의견을 제출한 것이다.

실제적으로 많은 대형교회를 포함한 목회자 상당수가 이미 납세를 하고 있으며, 한국교회의 결의라는 형식으로 한국교회 주요 55개 교단장 연명으로 자발적 납부를 하겠다는 문서를 국회에 제출해놓은 상태인데, 국민의 세금으로 운영되는 공영방송이 기독교를 향해서만 납세의무를 저버린 파렴치범으로 몰아세우는 언론의 횡포를 금하기 바란다.

2. 세법을 개정해서 종교인 과세를 의무화 할 때, 정부는 종교간의 본질적 차이로 인한 문제를 간과하고 기독교만을 표적으로 하는 세법이 과연 형평성과 공정성을 가진 법률이라고 할 수 있는지 대답해주기 바란다. 또한 정부는 종교편향으로 인한 종교간 갈등을 어떻게 치유할 것인가 답을 주기 바란다.

대한민국은 종교의 자유가 있는 민주주의 국가다. 국가 조찬기도회는 연1회 대통령이 참석한 가운데 교회 지도자들이 한자리에 모여 나라를 위한 기도를 하는 자리다. 1966년부터 정부가 바뀌어도 년1회, 올해로 제46회를 맞았다. 각자 종교가 어떠해도 나라를 위한 기도의 자리에 역대 모든 대통령이 참석해서 한 마음으로 국민의 안녕과 국가의 평안을 기도했다.

종교인 과세문제는 한국교회 주요 55개 교단 총회장들이 연명으로 종교의 자유와 납세의무를 조화시키는 방안을 제시했음에도 불구하고, 내용을 잘 알지 못하는 대표성 없는 과세찬성자를 내세우고 찬반양론으로 몰아간다. 이에 국민 모두는 교회의 입장과 정부의 입장에 대해 정확한 정보가 없이 사회 갈등을 우려하고 있다.

대한민국이 자유민주주의 국가라면, 종교는 척결의 대상도 양성화할 지하경제도 아니다. 종교 없이 사회 안전망을 말할 수 없다. 종교는 한 국가의 정신을 책임지며 국민이 건강한 정신을 갖도록 하는 역할을 하고 있다. 2700만 대한민국 국민의 종교 자유를 실천하는 일에 봉사하는 종교인들을 과세를 빌미로 공격하는 반헌법적 행위보다는, 현재 심각한 정신적 위기를 맞고 있는 우리나라에서 종교의 사회통합적 및 사회봉사적 순기능을 살리는 길이 무엇인지를 고민해야 할 것이다.

한국교회 주요 56교단 총회장 연명
김동엽총회장(예장통합) 박성배총회장(기하성) 이우희총회장(예장호헌) 엄바울총회장(예장개혁총연) 박영길총회장(예장개혁) 이홍규총회장(예장웨신) 김영정총회장(예장합동보수) 한영동총회장(예장합동개혁) 안명환총회장(예장합동) 표순호총회장(하성) 이주형총회장(예장합신) 손용현총회장(예장고려개혁) 김인식총회장(예장개혁정통) 서태원총회장(예장합동정통) 안영권총회장(복음교회) 강요셉총회장(예장합총) 주준태총회장(예장고신) 김명희총회장(예장보수개혁) 박영희총회장(예장합동동신) 최능력총회장(예장합동총회) 김국경총회장(예장합동선목) 김탁기총회장(그리스도의교회) 박의순총회장(예장합동복구) 김성진총회장(예장개혁연대) 조일래총회장(기성) 김대현총회장(기침) 장완준총회장(예장호헌) 곽성현총회장(예장성경) 한영훈총회장(예장한영) 임종학총회장(예장개혁종로) 한광식총회장(예장개혁) 김바울총회장(예장호헌) 나세웅총회장(예성) 박종덕사령관(구세군) 박남교총회장(예장합동복구) 박남수총회장(예장개혁선교) 이동희총회장(예장개혁국제) 한기동감독(나사렛) 김태곤총회장(예장개혁합동) 서정웅총회장(예장브니엘) 박계화감독회장대행(기감) 최순영총회장(예장대신) 조갑문총회장(예장합동중앙) 진택중총회장(예장보수) 김희신총회장(예장피어선) 도순기총회장(예장연합) 정진성총회장(예장정통보수) 신상우연합회장(한독선연) 이영훈총회장(여의도순복음) 장종현총회장(예장백석) 정서영총회장(예장합동개혁) 이윤구총회장(예장개혁) 손선영총회장(예감) 송금자총회장(예장진리) 유영식총회장(예장피어선) 김태곤목사(개혁합동) ※참여순

<정교분리와 윤리회복을 위한 한국교회시국대책위원회>
대표회장 : 신신묵 목사 상임대표 : 권태진 목사
고   문 : 이만신 목사(기성) 서기행 목사(합동) 지덕 목사(기침) 최윤권 목사(그리스도의교회) 이재창 목사(기하성)
상임회장 : 김진호 감독(기감) 최병두 목사(통합) 박위근 목사(통합) 김동권 목사(합동) 홍정이 목사(합동) 윤희구 목사(고신) 유만석 목사(백석)
최낙중 목사(백석) 양병희 목사(백석) 정영근 목사(백석) 최복규 목사(대신) 박태희 목사(기성) 이용규 목사(기성)
정인도 목사(기침) 김정식 목사(합신) 최홍준 목사(합신) 엄신형 목사(개혁총연) 한창영 목사(개혁국제) 석광근 목사(예성)
김윤기 목사(개혁선교) 이강평 목사(그리스도의교회) 이상형 사관(구세군) 김승동 목사(언론회) 김삼환 목사(공공정책)
이태희 목사(동성애대책) 전용태 장로(성시화운동) 박경진 장로(한장연) 심영식 장로(평단협) 이규희 목사(여성)
서   기 : 우순태 목사 **회계** : 조성제 장로 **감사**: 박남수 목사
공동회장 : 56교단 총회장 **공동부회장** : 56교단 부총회장 **상임총무** : 56교단 총무
전문위원 : 김수읍 목사, 문병호 교수, 신용주 세무사, 길원평 교수, 이용희 교수, 장헌일 사무총장, 심만섭 사무국장, 김규호 사무총장, 김광규 사무국장, 한효관 사무총장, 조성제 장로, 유경선 장로, 권상윤 장로, 김형기 장로
실행위원 : 김동엽 목사, 안명환 목사, 조일래 목사, 나세웅 목사, 김대현 목사, 주준태 목사, 이주형 목사, 최순영 목사, 장종현 목사, 김탁기 목사, 김윤기 목사, 이윤구 목사, 윤희구 목사, 신신묵 목사, 권태진 목사, 김동권 목사, 최병두 목사, 김진호 감독, 한창영 목사, 양병희 목사, 박종언 사무총장, 장헌일 원장)

말씀 안에서 누리는 행복

소득세법 시행령 일부개정안에 대해

한국교회와 종교간 협력을 위한 특별위원회

정부수립 후 처음 시행하는 종교인소득 과세가 2주 앞으로 다가왔다. 종교인소득 과세와 관련해 기획재정부와 종교계는 지난 6월말부터 소통과 협의 과정을 진행해 왔으며, 국회의 조정안까지 반영하여 지난 11월 30일 자로 정부의 시행령 개정안으로 예고된 바 있다.

이 개정안은 일정 기간 예고 후, 12월 21일 차관회의와 26일 국무회의를 통과하면 최종안으로 확정된다.

현재 종교계와 종교인들은 13일 오전에 열린 한국교회와 종교 간 협력을 위한 특별위원회(한국기독교총연합회, 한국기독교연합, 한국장로교총연합회, 전국17개광역시기독교연합회, 한국교회법학회)의 연석회의와 13일 오후에 열린 불교 조계종 총무원장 주재의 교구본사주지회의에서 나온 반응대로 "현재 시행령이 종단 특수성을 온전하게 반영하지 못하고 있지만 국민 정서와 법령 현실을 고려해 조세에 협력한다"는 원칙으로 촌각을 다투며 납세 준비에 여념이 없는 실정이다.

그런데 이러한 시행령 개정안에 대해 12월 14일까지의 예고 기간 동안 종교계를 비롯해 국민들의 의견을 수렴하는 과정 중에, 국무총리가 직접 나서 지난 12일 국무회의에서 기획재정부에 재검토 지시를 내려 종교계는 당혹스럽고 뒤통수를 맞은 느낌이다.

이는 그동안 정부와 종교계가 수없이 만나 소통하며, 국회의 조정 역할을 거쳐 어렵게 도달한 안을 종교계와 사전 협의도 없이 휴지 조각으로 만들려고 하는 행위이며, 지난 6일 대통령의 초청으로 7대 종교 지도자들이 청와대 오찬을 다녀오며 건전한 협력을 다짐하는 분위기에 찬물을 끼얹고 어깃장을 놓는 몽니이다.

그동안 기독교계는 여러 가지 문제점들을 우려하여 2년간 시행을 유보하고 충분히 보완하여 시행할 것을 요청해 왔지만 정부가 이를 일축하고 내년 1월 1일 시행을 정해 놓고 종교계와 협의를 진행해 왔던 것이다. 그런데 이제 와서 기재부는 물론 국회와의 조정을 거치고, 각 종교계와의 의견 수렴으로 만든 개정안까지 총리의 말 한마디로 원점으로 돌린다면 정부를 불신할 수밖에 없는 상황에 놓여 있다.

이에 한국기독교총연합회, 한국기독교연합, 한국장로교총연합회, 전국 17개 광역시도기독교연합회와 6만 교회와 목회자들은 종교인소득 과세에 대해 더 이상의 혼란을 막기 위해 다음과 같이 분명한 입장을 표명한다.

첫째, 2018년 1월 시행을 앞두고 있는 종교인소득 과세는 '종교인의 개인소득'에 대해서만 과세하는 것이 2015년 국회를 통과한 소득세법의 원칙이다. 따라서 종교인 개인소득이 아닌 종교 본연의 사역비에 해당하는 종교활동비를 비과세로 한 시행령 개정안은 종교인소득만을 과세 대상으로 하는 모법에 충실한 것이다. 특히 종교활동비에 대해 정부가 관여하는 것은 소득세법의 상위법인 헌법상 정교분리의 원칙에 어긋난다.

둘째, 종교인소득이 종교인이 소속된 종교단체로부터 받는 소득이라면 세무조사도 종교단체가 아닌 종교인의 개인의 소득에 한정하는 것이 마땅하다. 이는 소득세법에서 종교인에 대한 세무조사의 대상을 종교인소득 관련 부분에 한정하였으며, 시행령 개정안은 모법에 충실한 것이다.

말씀 안에서 누리는 행복

셋째, 만일 시행령 개정안에 담은 위 두 가지 원칙을 훼손하거나, 헌법에 명시된 종교의 자유와 정교분리의 원칙을 위반하여 종교의 존엄성에 상처 주거나 모법을 위반한 시행령 개정이 자행된다면 위헌심사의 대상이 됨은 물론이고 심각한 정교 갈등과 함께 강력한 조세저항에 직면하게 될 것이다.

우리 기독교와 목회자들은 국민의 한 사람이자 종교인으로서 납세의 의무를 다할 것이다. 그리고 기독교와 종교계는 과세당국과 마지막 남은 기간 동안 종교인소득 과세 시행을 위해 소통하며 준비할 것이다.

말씀 안에서 누리는 행복

이슈를 보는 창
종교인과세 TF 위원장 권태진 목사님

한국기독교총연합회, 한국교회연합회, 한국장로교총연합회 이 세 기관이 함께
종교인과세 TF팀을 마련했습니다. 오늘 이슈를 보는 창에서는 TF팀의 위원장
권태진 목사님 모시고 관련 말씀 나누겠습니다.

Q 목사님 안녕하십니까. 종교인과세 TF팀이라고 말씀드렸는데, 정식
명칭이 따로 있죠, 어떻게 됩니까?

A 네. 정식 명칭은 "한국 교회와 종교 간 협력을 위한 특별위원회"입니다.
현재 한국 교회는 한기총과 한교연으로 나누어져 있어서 교계의 한목소리를
내는 것에 어려움이 있습니다. 그러므로 한기총·한장총·한교연에서 기독교의
대표성을 가지고 다른 종교와도 교류하고 성직자가 노동자가 되는 종교인
세금 문제도 범종교적 차원에서 애국하고자 TF에 맡긴 것으로 알고 있습니다.
이번 특별위원회는 기관의 대표회장들이 고문이고 대표위원장, 공동위원장이
있으며 변호사, 세무사, 회계사, 법학 교수 등 여러 분이 전문위원으로 함께
합니다.

Q 앞서 말씀드린 대로 한기총, 한교연, 한장총 세 기관이 함께 모여서
특위를 만드셨는데, 이렇게 모이신 배경도 설명해 주시죠?

A 2018년 종교인과세 시행을 앞두고, 과세 당국이 7대 종단의 대표를 초청한
6월 30일 비공개 간담회에 참석했습니다. 내용을 들어보니 제가 알고 있는
상식을 벗어나 종교활동이 위축되고, 종교의 신비적 요소를 인정하지 않고
교회를 하나의 법인으로 보는 것에 지나지 않는다는 생각이 들었습니다.
불교의 대표는 수행자가 노동자가 될 수 없다고 이 법을 반대하고 부정하는
것을 보았습니다.
그러나 지금 언론에서는 불교도 과세에 찬성한다고 보도하고 있으니 어떤
언론을 믿을 수 있을까 하는 생각도 들었습니다.
제가 하는 일은 한국 교회가 하나되는 데 힘쓰고 한국 교회가 성경으로
돌아가서 그 정신대로 반석 위에 빛과 소금이 되기를 위해 노력하는 것입니다.
역사적으로 기독교는 그 어떤 권력 앞에서도 무너지지 않았습니다.
또 현재는 정치권이 종교를 이해하고, 성직의 능력과 가치와 중요성을
인정하고 종교는 물질 이상의 가치가 있음을 깨닫게 해야 할 것입니다.
영적인 세계를 물질과 세속의 권력으로 통제하려는 음모가 드러나면 시정을
요구할 것입니다. "종교인 과세" 는 기독교만의 문제가 아닙니다. 모든 종교,
민족종교까지 해당되므로 대한민국의 앞으로의 100년을 위해 함께 협력하고
기독교는 말씀대로 행할 것입니다.

Q 그럼 앞으로 구체적으로 어떤 일을 감당하게 되시나요?

A 지금 정부는 종교의 본질과 실질적인 활동에 대해 잘 모르고, 소통이 없고,
준비도 전혀 되어 있지 않은 상태입니다. 교회가 전체 몇 개인지, 전국 사찰의
수가 몇 개인지 정확히 파악하지 못했고 종교별 과세의 기준도 마련되어
있지 않은 상태인데 날짜만 정해서 밀어붙이면 종교와의 갈등도 심각해지고,

국론분열이 일어나고, 정부에 대한 신뢰가 하락할 것입니다. 그래서
종교계에서 우려되는 부분을 정리하여 정부에 전달하고자 합니다.

Q 그동안 종교인과세에 대해서는 교계 내에서도 논란이 있는데, 이런
다양한 의견을 좀 정리하는 역할도 하시겠어요?

A 네, 교계 내에서도 다양한 의견들을 수렴하여 종합대책을 마련하고 있습니다.
한국교회연합 대표의 글도 보았고, 한기총 대표도 밀어붙이는 것을 원치 않고
있습니다. 7대 종단의 대부분은 더 준비해야 한다는 의견인 것으로 압니다.
종교인도 우리나라 국민입니다. 그들의 의견도 존중되어야 합니다.
교계에도 1992년 월간목회 지상토론에서 한명수 목사님께서 말씀하신
것처럼 성직자는 노동자로 볼 수 없다는 관점을 가진 이들이 많이 있습니다.
한명수 목사님은 "세상의 가치관과 합리성에 의해 천상적인 것, 영적인 것이
제약받는 비복음적 현상이 나타난다"고 했습니다.
지금도 비복음에 굴복하지 않기 위해 노력하는 분들이 있습니다. 또 수입이
있는 곳에 소득이 있다는 논리로 세금을 내자고 하는 사람들도 있습니다. 또
한편으로는 법이 통과되었으니 더 이상 세간의 욕을 듣지 않도록 세무 사찰
금지만 법으로 규정한 후 순응하자고 하는 사람들도 있습니다.
그러나 2년 유예 필요성에 대해서는 모두가 한마음으로 공감하고 있습니다.
이런 종교계의 다양한 의견을 수렴하여 대언론, 대사회적인 대응을 위해 단일
창구 역할을 할 것입니다.
종교의 자유가 위축되지 않고, 국론이 분열되지 않고, 통일 후에라도 사회주의
사상에 맞설 수 있는 자유민주주의 정신을 유지할 수 있도록 말씀 안에 바른
가치관을 가지도록 다 같이 노력할 것입니다.

Q 항간에는 종교인 과세가 시행될 경우, 세무 당국이 직접 교회
세무조사를 하지 않고, 연합 기관이나 이런 교계 대표기관을 통해서

하면 어떻겠냐는 의견도 있었는데, 혹시, 이번 특위가 그런 역할도
감당하게 되는 건가요? 어떻습니까?

A 네, 그 부분에 대해서도 교단들과 협의하여 진행할 예정이며 전문가들을
구성하여 검토 중에 있습니다. 저는 세무조사보다 더 염두에 두어야 할 것은
종교인들이 성직자의 정신을 고수하는 것이라 생각합니다.
과세를 인정하지 않는 움직임이 있을 수 있음을 더욱 염두에 두어야 합니다.
기독교에서는 비성경적이라 여겨지면 순교도 각오하는 특징이 있습니다.
평생을 헌신과 절제로 살아온 종교인이 삯꾼으로 비추어질 때 종교인들은
과연 어떤 반응을 보일지 과세당국은 고려해야 합니다.

Q 지난주에 부총리와의 면담도 가지신 것으로 압니다. 어떤 이야기들이
오갔나요?

A 9월 7일 김동연 부총리는 종교인들이 장부나 세금 내는 절차에 익숙하지
않으므로 긴 안목으로 단계적이며 중기적으로 제도를 정착시키겠다고
했습니다.

Q 어떠십니까? 내년 1월 시행 전에 논란이 되고 있는 문제들이 해소될 수
있다고 보시나요?

A 지금은 종교인에 대한 실태 조사도 부족한 상황입니다.
기독교의 경우도 약 5분의 1 정도만 파악된 것으로 알고 있습니다.
1인 사찰이 많은 불교, 그 외 다른 종교도 비슷한 상황입니다. 시행 시기만
고집하기보다 정부가 종교와 소통의 문을 열고, 실질적인 문제 해결 노력을
함께 하기를 바라고 있습니다. 2년 유예안이 통과되지 못한다면 시범 기간을
두어서라도 중기적인 관점에서 추진하면 좋을 것 같습니다.

Q 자칫, 종교계 특별히 기독교가 종교인 과세를 반대하는 입장으로 자꾸 비춰지는데 그런 게 아니라, 혼란을 초래하지 않는 준비만 잘 된다면 문제가 없다는 입장 아니겠습니까? 앞서 정부가 준비해야 할 부분에 대해서 말씀해 주셨다면 이번에는 교계는 어떤 준비를 해야 할까요?

A 교계 역시 대책과 준비에 최선을 다하고 있습니다.
특별위원회의 연구 결과를 공유해 한목소리를 낼 것입니다.
종교인 과세를 반대하는 것은 돈을 내지 않기 위해서라고 생각하는데
그것은 큰 오해입니다.
교회 안에는 가이사의 것이 없습니다.
또한 교회는 교회 나름대로 교육, 보호, 복지 등
국가가 세밀히 돌보지 못하는 부분도 잘 감당하고 있습니다.
만약 누군가 힘으로 밀어붙인다면 그 힘은 보이지 않는 다른 힘에 의해
무릎 꿇게 될 것입니다. 요즘은 가짜 뉴스가 너무 많이 양산됩니다.
그래서 TF에서 감당해야 할 일들이 많이 있습니다.
우리는 화가 복이 되게 할 것입니다. 오직 믿고 기도하여
종교개혁 500년의 정신을 보여줘야 할 때라 생각이 듭니다.
이번 TF, 특별위원회가 다시 한번 정부에 요구하기는 대통령이
당선 전 교계 지도자들에게 종교인 과세를 2년 유예해서 신중히
진행하겠다는 공약을 했습니다. 그 공약을 지켜주시기를 바랍니다.
종교의 자유, 믿음대로 행동할 자유를 침해하지 않기를 바랍니다.
양심의 자유, 신앙의 자유를 수호해 주시기를 바랍니다.
종교단체가 하는 사회 복지와 공헌 활동을 위축시키지 말고
정신적 문화와 전통을 존중해 주기를 바랍니다.
온 나라의 정신적 건강, 그 일을 위해 애국하는 마음으로
헌신과 노력을 다할 것입니다.

오늘날 한국 교회는 하나되어서 더욱 사회에 모범이 될 것이고,
복지, 사회사업, 선교, 사랑 나눔 등 종교 복지의 신뢰를 회복하도록 노력할
것입니다.

우리는 화가 복이 되게 할 것입니다
오직 믿고 기도하여 종교개혁 500년의 정신을
보여줘야 할 때입니다

▶ 진행자 = 양 인 순 국장
▶ 언론사 = C채널

태아의 생명권은 하나님께 있다

한국교회연합 대표회장

오늘 헌법재판소가 임신 초기의 낙태를 허용하는 결정을 내렸다. 헌법재판소는 임신 초기의 낙태까지 전면 금지하고 이를 위반했을 때 처벌하도록 한 현행법 조항은 임산부의 자기결정권을 과도하게 침해하기에 위헌이라고 판단했다.

우리는 헌재의 이 같은 결정이 여성의 자기결정권을 태아의 생명권보다 우선시한 잘못된 판단이며, 이로 인한 생명 말살과 사회적 생명경시 풍조의 확산을 도외시한 지극히 무책임하고 편향된 판결이라 본다.

인간의 생명은 그 어떤 것으로도 대신할 수 없는 가장 숭고하고 고귀한 가치이다. 그런데 태아의 생명권이 가장 안전하게 보호받아야 할 모태에서조차 위협받도록 방치하는 일이야말로 비인간적 사고의 극치이며 최악의 비극을 부추기는 극악무도한 살인행위이다. 생명을 보호하고 지키기 위해 제정된 법이 잉태한 생명을 이토록 처참하게 유린하도록 허용한다면 그 법은 인간 생명 존중이 아닌 한낱 인간의 사악한 이기심의 도구로 전락하여 결코 용서받을 수 없을 것이다.

우리나라 모자보건법은 성폭행으로 임신했거나, 부모에게 유전병이 있거나, 산모의 생명이 위독한 경우 등에 있어 예외적으로 낙태를 허용하고 있다. 그런 이유 없이 여성이 자기 몸 안에 있는 생명을 마음대로 처리할 수 있도록 허용한 것은 인간 생명에 대한 자기 부정이며, 모멸행위나 다름없다.

헌재의 헌법불합치 결정이 낙태에 대한 전면 허용이 아니라 임신 초기의 낙태를 허용한 것이라고 해서 인간 생명에 대한 근본적 말살 행위가 조금도 미화될 순 없다. 태아는 어머니의 배 속에서 잉태되는 순간부터 하나님으로부터 인간으로서의 고유한 생명을 부여받은 소중한 존재이기 때문이다.

하나님이 주신 인간의 생명을 말살할 권한을 임신한 여성도, 의사도 부여받은 바 없다. 그런데 누가 무슨 근거로 태아의 생명권을 박탈할 기준을 정한단 말인가. 우리는 헌재의 이번 결정이 여성의 인권을 존중하고 보호했다고 보지 않는다. 오히려 자유분방한 성적 쾌락지상주의의 확산으로 인해 여성이 성도구화의 수단으로 전락할 수도 있음을 조금이라도 살폈다면 오늘과 같은 판결은 없었을 것이다.

우리는 인구 절벽의 위기를 맞고 있는 대한민국에서 고귀한 인간 생명이 보호되기는커녕 함부로 말살되도록 허용한 헌재의 이번 판결에 대해 깊은 유감과 함께 앞으로 벌어질 우리 사회의 부도덕한 생명 윤리의 파탄을 심각하게 우려하고 개탄하는 바이다.

말씀 안에서 누리는 행복

과연 종교의 자유가 있는 나라인가

한국교회연합 대표회장

황교안 자유한국당 대표가 지난 5월 12일 부처님 오신 날에 지방의 한 사찰의 봉축법요식에 참석해 합장과 관불의식을 하지 않았다는 이유로 불교계와 일부 언론으로부터 연일 뭇매를 맞고 있다.

조계종 종교평화위원회는 지난 5월 22일 자 보도 자료에서 황 대표가 합장과 관불 의식을 하지 않은 것에 대해 "모두가 함께 축하하고 기뻐해야 할 날에 이런 일이 생긴 것에 대해 불교계에서는 매우 유감"이라고 했다. 그러면서 "남을 존중하고 포용하기보다는 나만의 신앙을 우선으로 삼고자 한다면 공당의 대표직을 내려놓고 자연인으로 돌아가 독실한 신앙인으로서 개인의 삶을 펼쳐 나가는 것이 오히려 황 대표 개인을 위해 행복한 길이 될 것"이라고 독설에 가까운 비판을 쏟아냈다.

불교계와 일부 언론이 황 대표가 불교의식을 따르지 않았다고 일제히 비판한 것을 보면서 우리나라가 과연 종교의 자유가 있는 나라인가 의심이 들 정도이다. 대한민국이 불교국가도 아니고 종교의 자유와 양심, 표현의 자유가 헌법에 보장된 나라에서 특정 종교의식을 따르지 않았다고 이런 편향적 비판의 뭇매를 맞아야 하는 게 과연 정상적인가.

합장은 엄연한 불교의식이다. 그런데 불교신앙을 가지지 않은 사람이 정치적인 목적으로 그 의식을 그대로 따라 한다면 이는 그야말로 잘 보이기 위해 시늉을 하는 것이지 진정한 예의라 할 수 없다. 그런 점에서 황 대표는 불교의식이 진행되는 내내 공손한 자세로 손을 모으고 있었으니 불교에 대해 예를 다하지 않았다고 욕먹을 일이 전혀 아니라는 말이다.

그런데도 조계종까지 나서 "남을 존중하고 이해하고 포용하기보다 오로지 나만의 신앙을 우선으로 삼고자 한다면 공당의 대표직을 내려놓고 자연인으로 돌아가 독실한 신앙인으로 개인의 삶을 펼쳐나가라"는 식으로 훈계한 것은 어처구니없는 월권이요 명백한 인권침해이다.

기독교는 어떤 종교를 가진 정치인이든 교회 예배에 참석해서 '주기도문'을 외우거나 '아멘'을 하지 않았다는 이유로 그가 기독교를 존중하지 않는다거나 나만의 신앙을 우선한다고 비판하지 않는다. 그것은 정치인을 떠나 엄연히 개인의 신앙 양심의 영역이요, 자신의 종교적 신념이므로 누구든 간섭할 수 없다고 본다.

그런 점에서 조계종이 황 대표가 불교인이 아니라는 점을 들어 이 문제를 지나치게 정치적으로 확대시키려는 의도가 있는 게 아닌지 의심이 든다. 황 대표는 비록 자신이 믿는 종교는 다르지만 최대한 존중하는 마음으로 봉축법요식에 참석했다고 했는데, 합장하지 않았다고 불교를 존중하지 않는다고 깎아내리는 것은 반대로 황 대표가 신봉하는 기독교에 대해 불교가 오히려 무례히 행하는 격이 아니겠는가.

일부 언론이 이 문제를 지나치게 정치적으로 이슈화하고 있는 것도 문제다. 기독교 신자인 김영삼, 이명박 전 대통령이 과거에 모두 합장을 했는데 황 대표가 합장을 안했으니 잘못됐다는 식으로 쓰고 있는 것은 분명 의도성을 가진 편향적 보도 태도라고 지적하지 않을 수 없다. 종교의 자유와 신앙의 양심, 표현의 자유는 개인의 고유의 영역에 속한 문제이므로 그 어떤 선례라도 올바른 기준이 될 수 없다.

 말씀 안에서 누리는 행복

대한민국은 다종교국가이다. 그런데 이번 조계종 종교평화위원회의 제1야당 대표에 대한 비판은 대한민국이 언제부터 불교국가가 되었나 하는 착각을 넘어 오만하게까지 느껴진다. 신앙을 예의로 격하해 이런 식의 도를 넘는 비판을 쏟아낸다면 오히려 일반 국민들조차 불교는 과연 얼마나 예의 바르게 행동하고 있는지 냉정하게 평가하게 될 것이다.

만약 조계종이 황 대표에게 자연인으로 돌아가라고 비꼬듯 훈계를 하기 전에 정치인이든 누구든 타 종교인이 합장을 안 한 것은 그 사람의 신앙의 자유에 속한 선택이므로 전혀 문제 될 게 없다는 입장을 발표했더라면 어땠을까. 그랬더라면 점점 더 갈등의 골이 깊어져 가는 우리 사회에 화합과 통합의 본을 보여주었다는 높은 평가를 받지 않았을까.

이번 일을 계기로 우리 사회가 편 가르기로 갈등을 부추기기보다 종교 간에 서로를 존중하는 마음과 자세를 갖길 바란다. 한국 교회는 균형과 조화, 질서 안에서 국민 화합과 사회 통합에 앞장서는 더욱 성숙한 자세를 견지해 나갈 것을 다짐하는 바이다.

자유와 평화 수호 의지를
굳건히 다져야

한국교회연합 대표회장

6월은 호국 보훈의 달이다. 나라를 위해 고귀한 목숨을 바친 국군장병들을 추모하는 현충일과 6·25 한국전쟁을 기억하는 달이다. 1953년 한국전쟁이 끝난 후 6월 6일을 현충일로 정하고 법정 공휴일로 지정했으며, 나라를 지키기 위해 희생된 국군장병들을 기억하는 기념식을 진행해 오고 있다.

69년 전 북한군의 기습 남침으로 시작된 피비린내 나는 전쟁으로 인해 40만 이상의 국군 장병이 전사하고 100만 이상의 국민이 죽거나 피해를 입었다. 국군장병과 유엔 참전 용사들의 거룩한 희생이 없었다면 오늘날 대한민국이 세계 10위권의 부강한 나라로 번영할 수 없었을 것이다.

그런데 해가 갈수록 6·25전쟁의 참화 속에서 고귀한 목숨을 잃은 국군장병들에 대해 추모하는 마음이 국민들 가슴에서 식어가고 있는 것 같아 안타깝다.

현충일은 그냥 휴일이 아니다. 우리에게 6·25전쟁은 이 땅에서 일어난 비극적 사건으로 이미 끝난 과거가 아니라 현재진행형이기 때문이다. 자유와 평화를 지키기 위해 무수한 국민이 피를 흘렸고 휴전으로 인해 아직도 그 비극이 진행 중임을 결코 잊어선 안 될 것이다.

남과 북이 한반도 평화를 위해 여러 차례 만나 정상회담을 갖게 된 것

말씀 안에서 누리는 행복

은 매우 고무적인 일이다. 그러나 하노이 북·미정상회담이 성과 없이 끝난 후 북한이 또다시 미사일을 쏘는 등 한반도를 둘러싼 안보 불안을 고조시키고 있다. 북한이 핵을 포기하지 않는 한 그 어떤 평화를 위한 굳은 의지와 노력도 한순간 물거품이 될 수 있음을 우리는 알아야 한다.

이 땅에서 또다시 전쟁이 일어나서는 안 된다. 그런 의미에서 현충일은 포성이 멈추었을 뿐 아직 끝나지 않은 전쟁, 다시는 일어나서는 안 될 국가적 참극이다. 이날은 다시 겸허하게 허리띠를 동이고 흐트러진 안보 의식을 굳건히 하는 날로 지켜야 한다.

주님은 우리에게 선으로 악을 이기라고 말씀하신다. 현충일은 용서하고 화해하되 결코 잊어선 안 되는 날이다. 온 국민이 확고한 안보의식과 유비무환의 자세로 자유와 평화 수호 의지를 다시 한번 굳건히 하는 현충일이 되기를 바란다.

성적 지향, 역차별을 부르는 특권

한국교회연합 대표회장

지난 11월 21일 자유한국당 안상수 의원 등 국회의원 총 44명이 국가인권위원회법의 제2조 3항에서 '성적 지향' 문구를 삭제하는 개정안을 재발의한 것에 대해 적극 지지하며 환영한다. 그러나 이번 법안 발의에 참여했던 더불어민주당 이개호, 서삼석 의원 등 여당 의원들이 일부 동성애 지지 세력의 압력에 굴복해 도중에 철회하기로 한 것에 대해서는 유감을 표한다.

현행 국가인권위원회법은 제2조 3항에서 차별금지사유로 성적 지향을 규정하고 있다. 그에 따라 성적 지향의 대표적 사유인 동성애 및 동성 간 성행위를 법률적으로 적극 보호해 줌으로써 우리 사회에 동성애 확산과 성적 타락을 국가가 앞장서서 부추기는 꼴이 되고 있는 것이다.

국가인권위원회법이 우리 사회에 건전한 성 윤리 가치를 무가치하게 만들어 버린 가장 큰 폐해는 양심·종교·표현의 자유에 기초한 건전한 비판 행위조차 차별로 간주해 완전히 차단해 버린 점일 것이다. 차별과 구별은 엄연히 다른 개념인데 국가인권위가 이를 혼동함으로써 오히려 인권 신장에 역행하고 있음을 지적하지 않을 수 없다. 그에 따라 학교 교육현장에서 동성 간 성행위의 유해성에 대한 객관적 교육이 아예 실종되고 청소년들의 에이즈 감염률이 증가하는 등 심각한 사회 문제로 확대되고 있는

말씀 안에서 누리는 행복

것은 주지의 사실이다.

동성애를 지지하는 세력들은 그동안 성적지향을 근거로 동성 간 성행위의 유해성을 알리는 것 자체를 혐오와 차별 논리로 전면 차단하면서 동성애 확산에 주력해 왔다. 문제는 국가인권위 법이 그들의 울타리가 되고 보호막이 되어주었다는 점이다.

대한민국에서 동성애와 동성 성행위가 언제부터 절대 선, 절대 진리가 되었는가. 국민 어느 누가 이에 동의했으며, 그런 전제주의적 권한을 누가 국가인권위에 부여했는지 답변하기를 바란다. 국민 다수의 반대의견이나 건전한 비판조차 법으로 금지하고 원천 차단하는 행위는 인권을 가장한 반인권의 표본이며, 명백한 인권 역차별이다. 따라서 국가인권위는 국민이 동의하지 않는 이런 초법적 권한 행사를 스스로 중지할 것을 촉구한다.

우리는 동성애 지지세력들이 일부 언론과 합세해 보수 기독교계의 표를 의식한 졸속 법안이라는 식의 무분별한 비판을 쏟아내며 법안 발의자들을 정치적 진영논리로 압박하는 행위에 대해 심각하게 우려하며, 국회의원의 자유로운 의정활동을 온갖 수단을 동원해 방해하는 행위에 대해 헌법이 보장한 국민의 양심 종교 표현의 자유 수호 차원에서라도 결코 좌시하지 않을 것임을 분명히 밝힌다.

우리는 국가인권위 법 '성적 지향' 삭제 개정안을 발의한 국회의원들을 응원하고 끝까지 지지와 성원을 보낼 것이며, 국가와 사회를 성적 타락의 위기 속에서 건져내고 건전한 성 윤리와 도덕적 가치를 지키는 민의의 대변자로서의 책무를 더욱 충실히 끝까지 수행해 줄 것을 국민과 한국 교회의 이름으로 간곡히 요청드린다.

제멋대로 구부러지는 법의 잣대

한국교회연합 대표회장

경찰이 어제 한국기독교총연합회 대표회장 전광훈 목사에 대해 구속영장을 신청했다. 지난 10월 3일 개천절에 열린 보수단체 집회에서 집회 및 시위에 관한 법률을 위반하고, 특수공무집행방해 등을 한 혐의이다.

그러나 전 목사는 경찰에 출석해 집회 당시 "자신의 허락 없이 청와대 방면으로 불법 진입하면 안 된다"고 당부했으며, "불법·폭력 행위를 주도하지 않았다"고 혐의를 부인한 바 있다.

우리는 경찰의 전 목사에 대한 구속영장 신청이 전 목사의 이미 드러난 위법성에 대한 공정한 법 집행을 위한 과정이라고 믿고 싶다. 그러나 만약 이것이 전 목사의 현 정부에 대한 반대 목소리와 행동을 차단하고 정치적으로 억압하려는 목적이라면 향후 더 큰 국민적 저항에 직면하게 되리란 것을 경고하지 않을 수 없다.

우리는 얼마 전 민노총 소속의 500여 명이 국회의 담장을 무너뜨리고, 경찰관 얼굴을 때리는 등 불법 폭력 시위를 벌였음에도 불구하고 경찰이 증거 인멸과 도주 우려가 없다며 위원장을 비롯해, 연행했던 25명 전원을 석방한 사건을 똑똑히 기억하고 있다.

공정한 법 집행이라면 누구에게는 솜방망이가 되고, 누구에게는 철퇴

말씀 안에서 누리는 행복

가 되어서는 안 된다. 누구에게나 공평해야 할 법의 잣대가 제멋대로 구부러진다면 누가 공정하고 정의롭다고 하겠는가. 대한민국은 자유민주주의 국가이다. 그 누구도 국민의 양심의 자유, 표현의 자유, 집회와 시위의 자유를 억압하고 강제할 권한은 없다.

우리는 전광훈 목사의 일부 과격한 표현과 언사에 대해서는 동의하지 않는다. 그러나 자유민주주의를 수호하기 위한 그의 소신과 애국 충정까지 함부로 매도하고 평가절하해서는 안 된다고 본다.

만약 한기총 대표회장으로서 애국운동에 앞장서고 있는 목회자를 구속하고 정치적으로 억압한다면 스스로 자유민주주의와 정의로운 나라를 부정하는 것임으로 사후에 일어나는 모든 책임은 현 정부가 져야 할 것이다. 또한 현 정권이 한국 교회를 억압·핍박하고, 반기독교적 정책으로 길들이기 하려는 의도로 여겨 한국 교회와 1천만 성도들의 거센 저항에 직면하게 될 것을 명심해야 할 것이다.

우한 폐렴의 공포, 이겨내자

한국교회연합 대표회장

중국 우한에서 발생한 폐렴이 온 세계로 번지면서 감염 공포감 또한 걷잡을 수 없이 확산되고 있다. 중국은 30일 현재 확진자 7,700명에 사망자가 170명을 넘어 얼마나 더 많은 사람들이 안타깝게 희생될지 알 수 없는 상황이다.

우리나라도 이미 네 번째 확진 환자가 발생한 이후 평택, 용인, 동해 등 전국 각지에서 의심 환자가 발생해 불안감을 더욱 키우고 있다. 국민들은 5년 전에 38명의 목숨을 앗아간 메르스 사태를 이미 경험한 바라 신종 감염병에 대한 불안감이 더욱 커질 수밖에 없는 상황이다.

우리는 메르스 사태 당시 정부가 초기 대응에 미숙해 병원 정보와 환자 정보를 감추는 바람에 오히려 병원 내 감염을 확산시키는 실수를 범했던 것을 기억하고 있다. 우한 폐렴도 중국 정부가 환자 발생 정보를 감추는 바람에 이 지경까지 심각하게 확산시켰다는 점에서 우리 정부는 분명한 교훈을 삼고 대처하기를 바란다. 정부가 정확하고 투명한 대응 전략 체계를 조속히 실천하지 않는 한 국민적 불안감은 쉽게 해소되지 않을 것이다.

그러기 위해서는 무엇보다 정부가 확실한 컨트롤타워를 중심으로 일사불란하게 움직여야 한다. 그런데 지금 확실한 지휘통제 체계를 청와대

말씀 안에서 누리는 행복

가 하고 있는지, 총리실이 하는지, 보건복지부가 맡고 있는지 일선 병원에서조차 혼동이 일고 있으니 각성하기 바란다.

지금 중국 우한에는 우리 국민 700여 명이 별 증상이 없음에도 불구하고 오도가지도 못한 채 발이 묶여있다. 정부에서 전세기를 급파했으나 중국 정부와의 협의가 진척되지 못해 송환시간이 늦춰지고 있다고 한다.

국가와 정부는 누구를 위해 존재하는가. 일본과 미국은 이미 전세기를 보내 자국민을 안전하게 이송 완료했는데 왜 우리는 비행기에 태우기는커녕 공항에 집결하려던 사람들까지 다시 집으로 돌려보냈는지, 이런 상황에서 주중대사와 외교부 장관은 재외국민 보호를 위해 도대체 무엇을 하고 있는지 점점 높아만 가는 국민적 원성을 똑바로 듣기 바란다.

정부가 우한에서 오는 국민들이 집단 거주할 지역을 천안으로 정했다가 지역 주민들의 반발 여론을 의식해 다시 다른 지역으로 수정 발표함으로써 해당 지역 주민들의 거센 반발에 직면한 것도 심각한 문제이다. 만에 하나 일련의 과정에서 지역의 여야 정치적 성향을 고려해 결정한 게 사실이라면 정부는 단순 실수에 대한 비난 수준을 넘어 더 심한 국민적 갈등과 분열을 초래한 책임을 반드시 져야 할 것이다.

지금 중국 우한에서 하루하루 불안에 떨며 고국으로 돌아올 날만 손꼽아 기다리는 사람들과 국내에 있는 가족들의 심정이 어떨지를 우리 모두 '역지사지'(易地思之)의 자세로 생각해야 할 때이다. 그들이 내 가족, 내 혈육이라면 어찌 단 하루라도 불안에 떨게 내버려 둘 수 있겠는가.

그러나 그렇다고 지금 해당 지역에서 벌어지고 있는 거센 반대 집단 행동을 단순히 '님비(NIMBY)현상'으로 몰아가서는 안 될 것이다. 오히려 그들이 느끼는 불안감과 지역이 홀대받고 있다고 느끼는 것까지도 이해하고 그들의 마음이 풀릴 때까지 대화를 통한 문제 해결 노력을 결코 포기하지 말기 바란다. 또한 국내에 거주하고 있는 중국 교포들과 모든 중국인에 대해 막연한 혐오감을 가지고 배척할 게 아니라 오히려 이러한 때에 더욱 성숙한 국민 의식을 보여주는 것이 더욱 필요한 때라고 본다.

끝으로 한국 교회는 우한 폐렴에 걸려 치료중인 모든 사람들이 무사히 완쾌되고, 신종 코로나바이러스로 명명된 이 감염병을 모든 인류가 이겨낼 수 있도록 하나님께 기도할 것을 요청드린다. 또한 한국 교회가 주일 예배 등 많은 사람들이 모이는 곳에서 마스크 쓰기 생활화와 인사할 때 악수 생략, 손 씻기 등 예방에 적극 협력해 주실 것을 당부드린다.

말씀 안에서 누리는 행복

코로나19 종식을 위한 특별기도 요청

한국교회연합 대표회장

코로나19가 무섭게 확산되고 있습니다. 특히 지역사회 전파라는 가장 우려했던 결과가 현실이 되고 말았습니다. 지역사회 전파는 그 감염 경로를 알 수 없기 때문에 앞으로 어디로 어떻게 누구에게 확산될지 몰라 온 국민을 더욱 두려움에 떨게 하고 있습니다.

정부와 여당은 며칠 전 코로나19 확진자 소식이 주춤하자 거의 다 끝나간다는 식으로 성급하게 발표했습니다. 처음에 경계하고 마스크를 쓰는 등 개인위생을 철저히 하던 사람들의 경계 의식도 그만큼 느슨해진 것이 사실입니다. 그러나 대구 신천지 신도들 사이에서 한꺼번에 십여 명의 집단 감염 사례가 나오면서 또다시 공포와 두려움이 우리 사회에 엄습하고 있습니다. 이는 정부가 얼마나 근시안적인 대응을 하고 있는지를 보여준 사례라고 생각합니다. 이미 러시아와 북한 등 친중국 국가들마저 국경을 폐쇄하고 중국인의 입국을 원천 봉쇄 조치하고 있습니다. 이에 반해 우리나라는 중국의 눈치를 보는 듯 우한시와 후베이성 방문자에 한해서만 입국 제한 조치를 하는 등 소극적인 대처로 일관하고 있습니다.

앞으로 얼마나 더 많은 지역사회 감염이 발생할지 모르는데 아직도 정부는 '위험'이 아닌 '경계' 상태를 유지하고 있습니다. 지역사회 집단 확산이 현실화 된 이상 정부는 위기 대응 단계를 '경계'에서 '심각'으로 격상해야 할 것입니다. 어디서 어떻게 감염이 될지 모르는 상황이야말로 국민들이 불안에 떨 요소라는 것을 정부는 심각하게 받아들여야 할 것입니다.

대구 신천지교회 집단 확진 소식은 큰 충격이 아닐 수 없습니다. 그들은 정통 기독교의 입장에서 볼 때는 이단집단에 속하지만 종교에 대해 문외한인 국민들의 눈으로 다 같은 기독교로 볼 것입니다. 더구나 종교시설에서 집단 감염이 발생한 것은 매우 안타까운 일이며, 이런 일이 만에 하나 앞으로 한국 교회 안에서 발생된다면 더더욱 심각한 문제가 아닐 수 없습니다.

따라서 한국 교회는 주일예배 시 성도들이 ▲마스크 쓰기 생활화 ▲손소독제 비치 ▲악수 대신 목례 ▲기침 시 팔로 입 가리기 ▲노약자들은 당분간 가정에서 예배드리도록 권유 등 개인위생을 철저하고, 개교회도 자체적으로도 정기적인 소독을 실시하는 등 집단 감염이 확산되지 않도록 만전을 기해 주시기를 당부드립니다. 또한 가급적 교회 내 소모임과 카페·식당 운영, 해외 선교여행, 야외행사 등도 당분간 자제할 때라고 봅니다.

교회가 별 대수롭지 않게 느슨하게 대응했다가 교회를 통해 집단으로 감염이 확산된다면 이는 첫째는 하나님의 영광을 가리는 일이요, 또한 선교에 막대한 장애가 될 뿐 아니라 지역사회에도 큰 고통을 안겨주는 일임을 명심해 주시길 바랍니다.

끝으로 주일예배 시에 코로나19로 치료 중인 환자들의 조속한 쾌유와 격리 중인 귀국동포와 가족들, 특별히 병마와 싸우는 의료진들을 위해서도 특별기도를 요청드리며, 중국을 비롯한 지구촌 곳곳에서 코로나19로 안타깝게 목숨을 잃는 희생자가 더 이상 나오지 않고 이 감염병이 완전히 종식되도록 천만 성도들이 합심해 기도해 주실 것을 간곡히 요청드립니다.

말씀 안에서 누리는 행복

성직자의 구속, 명백한 종교 탄압

한국교회연합 대표회장

한국기독교총연합회 대표회장 전광훈 목사가 2월 24일 밤 구속 수감됐다. 서울중앙지법 김동현 부장판사는 "총선을 앞두고 대규모 청중을 상대로 계속적인 사전선거운동을 한 전 목사의 범죄혐의가 소명된다"며 구속 영장을 용인했다.

전 목사는 수개월간 광화문광장에서 범투본이 개최한 예배 및 집회에서 대한민국이 사회주의, 공산주의로 넘어가는 것을 막아야 한다는 취지로 설교 또는 연설해 왔다. 전 목사가 한 발언들이 공직선거법상 사전선거운동인가 아닌가는 앞으로 재판에서 시시비비가 가려질 것이다.

다만 성직자의 신분인 전 목사를 혐의가 소명되고 도주 우려가 있다고 판단해 구속 수감한 것은 매우 잘못된 것이다. 성직자만큼 신분이 명확한 사람이 어디 있는가. 또한 매주 광화문에서 집회를 개최하고 있는 책임자가 무슨 이유로 도주하겠는가.

전 목사가 광화문 집회에서 과도한 표현으로 정부를 비판하고, 때로 4.15총선을 언급한 것이 설령 선거법 위반이라 하더라도 이것이 성직자의 인신을 구속 수감시킬만한 중죄라고 누가 인정하겠는가. 오히려 3·1절에 즈음해 계획한 대규모 반정부 집회를 사전에 차단하기 위한 목적으로 과도한 법 적용을 했다는 비판과 함께 명백한 종교 탄압에 대한 더 큰 국민적 저항을 불러일으키게 될 것이다.

대한민국은 집회와 시위의 자유와 표현의 자유를 헌법으로 보장하고 있는 나라이다. 얼마 전 임미리 교수가 "민주당만 빼고" 찍자는 칼럼을 신문에 기고한 것에 대해 여당인 더불어민주당이 당 대표 이름으로 고소했다가 오히려 여론의 역풍을 맞은 사건이 잘 보여준다.

국민을 내 편 네 편으로 갈라 내 편은 그 어떤 불법, 불공정에도 관대하고 상대 편에 대해서는 가혹하게 처분하는 것은 민주주의의 후퇴이며 역행이다. 그런 점에서 이번 사법부의 전 목사 구속은 공정하고 공평한 법 집행으로 국민적 신뢰를 얻어야 할 대한민국 사법부가 매우 정치적 판단을 한 것으로 국민들이 받아들일 것이며, 이는 향후 정부 여당의 국정 운영에도 매우 위중한 부담으로 작용할 수 있음을 분명히 지적하고자 한다.

말씀 안에서 누리는 행복

교회에 대한 비난과 매도를 중단하라

한국교회연합 대표회장

코로나19가 전국적으로 확산되면서 일부에서 그 중심에 기독교가 잘못이 있는 것처럼 사실이 호도되고 있음을 경계하며 개탄해 마지않는다.

코로나19는 그 발원지가 중국 우한이다. 전 세계로 확산된 이 감염병은 중국 우한을 다녀온 사람들에 의해 지구촌 곳곳에 퍼진 것이다. 대구 경북지역에서 갑자기 확산된 것은 우한에서 입국한 누군가와 접촉한 신천지 신도에 의해 2차, 3차 지역사회 감염이 이루어지며 급격히 퍼진 것이다. 그런 점에서 지난 26일 복지부 장관이 국회 답변에서 "중국에서 들어온 한국인이 원인이다"라고 한 발언은 사실을 호도했을 뿐 아니라 코로나19의 전국적 확산으로 고통에 처한 국민의 정서를 고려할 때 매우 부적절하고 잘못된 주장이라고 본다.

그런데 지난 경북 청도 대남병원 장례식장에 조문 차 심방을 다녀온 명성교회 부목사가 뒤늦게 확진판정을 받고, 이어 소망교회에서도 확진자가 나오면서 마치 한국 대형 교회들이 바이러스 감염의 온상인 양 취급받고 있다. 이는 매우 잘못된 것이며, 특히 피해자의 한 사람인 명성교회 부목사를 둘러싼 비난은 개인에 대한 인권과 인격권의 명백한 침해임을 밝히고자 한다.

대남병원 장례식장에 조문 다녀온 부목사가 무슨 잘못을 했나. 그가 장례식장에 조문을 갈 때는 신천지 신도들에 의한 대구 경북지역 확산이 시작되기 전이었다. 따라서 그의 동선만으로 마치 여러 사람에게 병을 옮긴 주범인 양 몰아가는 세인들의 비난을 감수해야 할 하등의 이유가 없다고 본다.

오늘의 재난은 따지고 보면 초기에 중국에서 들어오는 외국인들의 입국을 막지 못한 외교부와, 곧 종식될 거라며 근거 없는 낙관론으로 국민들의 경계심을 느슨하게 만든 여당, 신분을 숨기는 폐쇄적인 특성과 집단 감염 방지 치침을 무시해 엄청난 재난을 불러온 신천지 집단이 빚은 총체적 실패인 것이다.

그런데도 일부 언론과 인터넷, SNS를 중심으로 교묘하게 대형교회를 비난하는 여론이 확산되고 있다. 이들 중에는 개신교의 모든 교회를 반강제적으로라도 폐쇄시켜야 한다는 식의 도에 넘는 주장을 여과 없이 쏟아내는 이들도 적지 않다. 그러나 이는 방역 당국에 적극 협조하며 코로나19 확산 방지를 위해 최선의 노력을 다하고 있는 한국 교회 전체를 매도하는 행위이기에 삼가해 주기 바란다.

한국 교회는 특정 이단 집단처럼 자신의 신분을 숨기는 등의 폐쇄적이고 비이성적인 곳이 아니다. 많은 교회들이 이미 코로나19가 확산되기 전부터 각 교단과 연합기관들을 중심으로 지침을 보내 다중이용시설인 교회당 내에서 감염병 확산 방지를 위해 철저한 방역 소독과 마스크 쓰기, 손세정제 비치, 악수 대신 목례하기 등 개인위생을 철저히 준수하면서 주일 예배 외에는 일체의 모임과 식당 운영 등을 중단하는 비상조치를 시행해 오고 있다.

또한 확진자가 나오지 않은 교회 중에도 스스로 지역사회 감염 전파를 우려해 모든 공예배를 중단하고, 자체 폐쇄를 결정한 교회들도 있다. 이

 말씀 안에서 누리는 행복

는 한국 개신교회가 폐쇄적인 개교회주의가 아닌 지역사회와 소통하는 열린 교회의 모습을 보여주는 사례이며, 당국의 감염병 확산 방지 노력에 적극 부응하는 능동적인 자세인 것이다.

명성교회와 소망교회 등에서 확진자가 나왔다는 것만 가지고 마치 교회가 병을 퍼뜨리고 다닌다는 식으로 기독교에 대한 혐오를 조장하고 무분별한 비난과 충동을 쏟아내는 것은 국민 통합에 역행하는 매우 부적절한 것이다. 명성교회 등의 피해는 대구 경북지역 신천지 집단 신도들에 의한 2차, 3차 감염 사례로 그 피해자가 부목사 본인이요, 명성교회와 더 나아가 한국 교회 전체임에도 불구하고 사실과 다른 추측과 주장으로 상처를 주는 말들을 함부로 쏟아내는 행위를 그만 멈추기 바란다.

차제에 언론에서 신천지집단에 '교회' 명칭을 사용함으로써 국민 대중에게 '한국 교회'로 혼동될 수 있음을 지적하지 않을 수 없다. 신천지는 한국 기독교가 규정한 대표적인 이단 집단으로 스스로도 '장막성전'으로 부르는데 종교를 잘 모르는 국민들이 기독교를 연상할 수 있는 '교회'와는 명백히 구별되는 개념임을 분명히 알기 바란다.

끝으로 우리는 이번 코로나19로 천재지변에 가까운 고통을 당하고 있는 대구 경북의 국민을 비롯해 온 국민들이 하루속히 고난을 털고 일어나기를 응원하며, 병상에서 사투를 벌이고 있는 1,600여 환우들이 더 이상 안타까운 희생 없이 모두 깨끗이 치유되기를 기도한다. 또한 지금도 병상을 떠나지 않고 외롭게 고군분투하고 있을 모든 의료진의 노고와 헌신에 온 국민의 뜨거운 성원을 보내며, 하루속히 코로나19 바이러스가 완전 종식되기를 1천만 성도들이 함께 기도할 것이다.

무조건적인 공예배 포기는 안 된다

한국교회연합 대표회장

기독교 신앙의 기본은 그 어떤 환경에서도 절대로 예배를 멈추지 않는 것이다. 그런데 작금에 코로나19 확산에 대한 우려로 교회 문이 닫히고 예배가 중단되는 초유의 상황을 맞고 있다. 사스도, 메르스도 심지어 6·25전쟁 때도 한국 교회가 예배를 중단한 일은 없다.

사람의 호흡기로 전파되는 코로나19의 특성상 한꺼번에 많은 사람이 실내에서 운집하는 것은 감염병 확산에 있어 매우 위험할 수 있다. 신천지 집단에 의해 대구 경북 지역에서 집단 감염이 확산된 것이 대표적인 사례이다.

그러나 코로나19 감염 확산에 따른 우리 사회의 공포와 두려움이 신천지집단과 모든 한국 교회를 동일선상에 올려놓고 책임을 돌리려는 일부 비뚤어진 시선과 왜곡된 여론을 우려하지 않을 수 없다. 이들이 만들어 낸 프레임에 갇혀 마치 모든 건전한 교회들이 코로나바이러스 전파의 온상인 양 취급되고, 이로 인해 교회의 주일예배마저 여론의 눈치를 살펴야 한다면 이는 본말이 전도된 매우 잘못된 것이다.

대부분의 교회는 코로나19가 확산되기 전부터 당국의 감염병 예방 지침을 철저히 준수해 왔다. 성도 중에 중국이나 동남아 여행을 다녀온 사람

말씀 안에서 누리는 행복

과 기저질환이 있는 노약자들의 경우 교회에 나오지 않도록 조치하고, 예배당 안팎 소독과 마스크 쓰기, 손소독제 사용, 악수 대신 목례하기 등을 교회만큼 철저히 준수한 데가 없다고 감히 자부한다. 이는 만에 하나 교회가 지역사회 감염의 전파 사례로 지목될 경우, 하나님의 영광을 가리게 되고, 지역사회에 피해를 주게 돼 선교의 문이 닫힐 수 있기 때문이다.

그런데 신천지 집단 신도들을 통해 집단적인 감염 확산이 이루어지고 이들로 인한 2차, 3차 확진자가 일부 교회에서 나오면서 정부 당국자가 나서서 모든 종교 행사와 집회를 자제해 달라고 요청하기에 이르자 예배를 지속하는 교회에 대한 여론이 우려 수준을 넘어 무분별한 비판과 혐오로 이어지고 있다.

거의 모든 방송과 언론매체들이 예배를 중단한 교회와 중단하지 않은 교회를 마치 옥석을 가리듯 경쟁적으로 보도하면서 예배를 지속하는 교회를 표적삼아 부정적인 낙인을 찍어 편파 보도를 일삼고 있는데 이것이 과연 정상이라 할 수 있겠는가. 여론몰이에 의한 또 다른 종교탄압이 아닐까.

전국 6만여 교회 중에 확진자가 나온 교회는 극소수에 불과하다. 얼마 전 대남병원 장례식장을 다녀와 확진자로 판명된 명성교회 부목사도 수백 명을 밀접 접촉했다며 엄청난 감염을 일으킬 것처럼 일부에서 비판했지만 최종 음성판정을 받았다. 부목사와 같은 엘리베이터에 탔는데 감염되었다고 보도된 서울 모 구청 여직원도 최종 검사에서 음성 판정을 받았다.

국가적 재난 위기가 닥쳤는데 한국 교회는 모여서 기도하기는커녕 반대로 교회 문을 걸어 잠그고 성도들로 하여금 가정에서 인터넷 온라인으로 예배드릴 것을 권고하는 교단, 교회들이 점점 더 늘어나고 있다. 이것이 설령 여론의 압박 때문만이 아니라 감염병 확산에 대한 국민적 불안감을 해소하기 위해 예방적 차원에서 온 교회가 자발적으로 동참한 것이라 하더라도 "모이기를 폐하는 어떤 사람들의 습관과 같이"_(히10:24)라고 하신 성경 말씀 앞에 비추어 과연 옳은 일인지는 하나님께서 판단하실 것이다.

　우리는 코로나19 바이러스가 조속히 종식되기를 간절히 바란다. 또한 지역사회 감염 확산 방지를 위해 한국 교회가 전적으로 앞장서서 동참하고 협력할 것이다. 그러나 무조건 공예배를 중단하는 일은 차원이 다르다. 불가피한 상황에서 인터넷 등의 방법으로 가정에서 예배하는 것을 예배가 아니라고 할 수는 없다. 그러나 이것은 어디까지나 공예배의 대체수단일 뿐이다. 또한 인터넷이나 영상 송출이 현실적으로 어려운 교회들과 노인들이 대부분인 농어촌지역의 교회들도 고려하지 않을 수 없다. 따라서 무조건적인 예배의 중단은 더 큰 영적 재앙의 단초가 될 수도 있음을 명심해야 할 것이다.

　끝으로 한국 교회는 코로나19 바이러스 감염병이 하루속히 종식되어 온 지구촌에서 코로나19로 인한 안타까운 희생자가 더 이상 나오지 않기를 간구하며, 지금도 병상에서 신음하는 대구 경북 지역을 비롯한 전국 5천6백여 환우들의 조속한 치유와 이들을 위해 밤낮없이 병상을 지키는 모든 의료진을 위해 마음을 모아 기도할 것이다. 나아가 "원수마저 사랑하고 너희를 박해하는 자들을 위해 기도하라"(마5:44)고 하신 말씀을 마음에 새기며, 더욱 사랑하는 일에 힘쓰기를 소망한다.

교회에 대한 행정명령, 최선이 아니다

한국교회연합 대표회장

경기도가 코로나19 감염 예방 수칙을 준수하지 않고 주일예배를 강행한 교회 137곳에 대해 주일예배 제한 행정명령을 발동했다. 이는 코로나19 바이러스 확산 방지를 위한 어쩔 수 없는 조치라고는 하나 공권력이 교회 예배를 강제적으로 침해한 조치라는 점에서 우려와 유감을 표한다.

경기도 성남시 소재 은혜의 강 교회 교인 집단감염 사태는 이 시간에도 불철주야 전국의 병원 현장에서 바이러스 감염병과 싸우는 방역 관계자와 의료진, 더 나아가 지역사회에 커다란 누를 끼친 것으로 매우 안타깝고 실망스럽다. 우리는 혹여 이 같은 집단 감염이 교회에서 발생할 수 있음을 우려해 철저한 방역과 소독, 마스크쓰기와 같은 개인위생, 사회적 거리두기 등을 각 교회들이 철저히 준수할 것을 요청해 왔다.

그러나 우리는 동시에 작은 규모의 교회가 온라인 예배로 대체할 수 없는 등의 현실적 어려움과 처지와 여건은 도외시하고 그 결과만으로 무조건 비난하고 매도하는 행위를 자제해 줄 것을 요청한다. 6만여 한국 교회는 만에 하나 교회에서 집단 감염이 발생할 경우 하나님의 영광을 가리고, 지역사회에 큰 피해를 주고 선교의 문이 닫히는 결과를 우려해 자발적으로 철저한 방역을 위해 노력해 왔기 때문이다.

차제에 우리는 교회 스스로의 이러한 노력을 불신하고 기다렸다는 듯이 도내 137개 교회에 대해 예배를 강제하는 행정명령을 내린 경기도의 조치가 과도한 것은 아닌지 묻고 싶다. 즉 주일예배를 강행하고, 교인들이 예배 시 100% 마스크를 쓰지 않은 것 등을 문제 삼아 내린 행정명령을 어길 경우 300만 원의 벌금을 부과하고 그래도 시정되지 않을 경우 강제로 교회를 폐쇄 조치하겠다고 하는 것이 과연 권고사항이라 할 수 있는지, '마스크 5부제' 등 현실 여건에 비추어 과연 타당한 결정인지, 여타의 다중이용시설과의 형평성에 비추어 교회에만 지나치게 과도한 게 아닌지 묻지 않을 수 없다.

지금도 여러 사람이 드나드는 관공서는 물론 극장, 공연장, 쇼핑몰, 카페, 클럽 등 다수의 군중이 운집하는 다중이용시설들이 정상 운영되고 있음은 주지의 사실이다. 또한 경기도지사가 개인 SNS에 "독일도 종교집회 전면금지명령을 시행하고 있다"며 예배를 강제하는 조치에 대한 다른 나라의 예를 든 것을 보았는데, 독일의 경우 종교집회 말고도 모든 가게(shops), 쇼핑몰(malls), 바(bars), 클럽, 공연장, 박물관, 전시관, 동물원, 카지노, 경기장, 헬스장에 이르기까지 모두 폐쇄한 것을 알고 있는가.

교회의 주일 공예배는 기독교 신자에게 있어 생명과도 같은 것이다. 그것은 본질의 문제이며 변할 수 없는 진리이다. 그럼에도 불구하고 이 엄중한 비상시국에 한국 교회는 단 한 사람이라도 가슴 아픈 희생자가 나오지 않기를 간절한 마음으로 기도하며 코로나19의 조속한 퇴치를 위해 국민과 함께 방역 당국의 모든 조치에 자발적이고 선제적으로 협력해 오고 있음을 밝힌다.

아울러 경기도의 교회에 대한 행정명령 조치를 보면서 대한민국의 공직자라면 누구든 헌법에 명시된 '종교의 자유'의 엄중함을 보다 투철하게 인식해 주기를 감히 당부드린다.

　　　　　　　　　말씀 안에서 누리는 행복

억압과 위협받는 한국 교회

한국교회연합 대표회장

한국 교회는 코로나19 바이러스 감염병이 전국적으로 확산되기 이전부터 감염병 확산 방지를 위한 선제적이고 자발적인 노력을 기울여 왔다. 그래서 생명처럼 소중하게 여기는 주일예배마저 온라인 또는 가정예배로 전환해 가며 전국민적인 고통 분담에 동참해 왔다.

그런데도 총리는 지난 주말 특별담화를 통해 '교회폐쇄, 예배금지, 구상권 청구' 등 입에 담을 수 없는 살벌한 용어로 한국 교회를 겁박했다. 이는 코로나 감염병 종식을 위해 자기희생을 감수해 온 한국 교회를 범죄 집단으로 둔갑시켜 전체를 매도한 행위이자 묵과할 수 없는 선전포고로 간주할 수밖에 없다.

국가가 국민의 신앙행위를 강제하고 억압할 권한은 없다. 비록 감염병 확산 방지를 위한 목적이라 하더라도 협조와 권고 수준을 벗어난 강압적 권한은 그 누구에게도 없다. 이에 벗어난 것은 위헌이며, 민주주의의 역행이다. 따라서 정부와 지방자치단체는 한국 교회에 대한 억압과 위협, 무례를 당장 중단할 것을 강력히 촉구한다.

이런 마당에 서울시가 오는 6월 서울광장에서 동성애자들의 퀴어축제를 공식 허가했다. 코로나19 감염병 확산 방지를 위해 광화문 일대의 거리집회를 일체 불허해 온 서울시의 이 같은 노골적이고 편향적 행정에 할 말을 잃었다. 이것이 "지금이 전시에 준하는 비상 상황"이라며 교회 주일 예배까지 금지시킨 서울시장이 취할 올바른 언행인가.

지금도 전국의 나이트클럽, 술집 등 유흥시설은 매일 밤마다 불야성을 이루고 있다. 정부와 지방자치단체가 이런 곳은 수수방관하면서 교회를 억압하는 이율배반이 가히 목불인견 수준이다. 어쩔 수 없이 현장예배를 진행하고 있는 소수의 교회도 하나같이 당국이 정한 수준 이상의 위생 수칙과 방역 기준을 철저히 준수하고 있다. 그런데도 교회를 마치 감염병 전파의 온상인 양 취급해 경찰관과 공무원이 합세해 마음대로 성전을 유린하는 행위가 한국 교회를 욕보이려는 의도가 아니고 무엇이겠는가.

일부 지방자치단체가 현장예배를 중단한 교회들에 대해 현금으로 지원하겠다고 밝힌 후 지원을 받겠다고 서류 등을 작성해 줄을 서고 있는 일부 교회와 목회자들에게 촉구한다. 당장 형편이 어려운 미자립교회들의 딱한 사정을 모르는 바가 아니나 국가의 지원을 받는 교회들이 장차 치러야 할 엄청난 반대급부에 대해서도 곰곰이 생각해 보고 부디 각성하기 바란다.

하나님께 드리는 예배를 중단한 그 대가로 정부 또는 지방자치단체로부터 현금으로 보상받는 교회를 어찌 하나님의 교회라 할 수 있겠는가. 어려운 교회들은 해당 교단과 대형교회들이 고통을 분담하는 차원에서 십시일반 서로 협력하고 지원함으로써 한국 교회가 코로나19를 이겨내는 새로운 동력이 되기를 희망한다.

말씀 안에서 누리는 행복

한국 교회를 향한 손가락질을 멈춰야 한다

한국교회연합 대표회장

최근 일부 교회와 목회자를 중심으로 코로나19에 감염된 사례가 집중 보도되면서 또다시 한국 교회가 코로나19 전파의 온상인 양 매도되고 있는 사태에 대해 심히 우려하며 개탄해 마지않는다.

일부 교회 성도들과 목회자가 생활 방역 수칙을 무시해 타인에게 병을 옮겼다면 이는 안타깝지만 대단히 잘못된 것이다. 그러나 마스크를 쓰는 등 나름대로 방역 수칙을 준수했음에도 불구하고 3차, 4차 감염이 되었다면 이들도 엄연히 피해자이므로 함부로 신상털기식 매도를 해서는 안 될 것이다.

대구 신천지집단에 의한 집단 감염이 거의 잠잠해짐에 따라 당국도 사회적 거리두기를 생활 속 거리두기로 완화하지 않았는가. 그러나 그 시기에 이태원 클럽 등 유흥시설에 다녀온 이들에 의해 수도권을 비롯해 전국적으로 확진자가 급격히 증가했다. 이런 과정에서 안양·군포·수원·인천 등 수도권 지역 일부 교회와 목회자 몇 명이 코로나에 감염된 사실만으로 마치 이들 모두가 방역 수칙을 준수하지 않은 탓이라고 손가락질하며 모든 책임을 이들에게 돌릴 수 있겠는가.

더욱 개탄스러운 것은 한국 교회를 보호하고 대변해야 할 교회연합기관까지 나서 "교회 내 소모임을 자제하라"는 성명을 발표하고 마치 최근의 코로나 재유행 조짐이 일부 작은 교회와 목회자들에 의해 시작된 것처럼 이들에게 모든 책임을 전가하는 듯한 모습이다.

일부 교회의 사례를 보도한 방송과 언론매체들은 교회들이 좁은 공간에서 부흥회를 하며 마스크도 쓰지 않고 박수를 치며 찬송을 부르고 마구 침을 튀겨 모든 사람을 감염시켰다는 식이다. 이런 보도를 접하는 국민들이 한국 교회, 특히 규모가 작은 미자립 교회들은 마치 사교집단이나 다름없다는 식으로 뇌리에 각인되지 않겠는가. 이는 명백한 편향 왜곡 보도이다.

그런데도 이런 일방적인 보도 태도에 대해 엄중히 항의하지는 못할망정 오히려 교회들로 하여금 소모임을 하지 말라는 식으로 되려 한국 교회에 모든 잘못이 있다는 듯한 태도를 취한 것은 피아를 혼동하고 있는 것이다. 교인 20명 안팎의 개척교회 목회자들에게 좁은 공간에서 소모임을 하지 말라는 것이 아예 교회 문을 닫으라는 행정명령과 뭐가 다른가.

연합기관은 그 규모와 상관없이 한국 교회를 섬기는 기구이다. 따라서 단 한 순간도 교회 위에 군림하고 명령하는 교황청과도 같은 존재와 위치로 착각하지 않았길 바란다. 또한 5월 31일을 "한국 교회 예배 회복의 날"로 선포하고 회원교단과 교회들에게 현장예배로 복귀하라고 독려한 게 누구인가. 그래 놓고 일부 작은 교회에서 확진자가 나왔다고 내부로 총구를 겨누는 행위를 하나님이 뭐라 하실지 판단하기 바란다.

중국 우한에서 발생한 코로나 감염병이 국내로 확산되기 시작한 올해 초부터 4~5개월여 기간 동안 모든 교회들은 교회를 통해 코로나19가 지역으로 확산되지 않도록 하기 위해 온갖 희생을 감수하는 피눈물을 쏟아왔다. 그런데 최근 몇 교회에서 다시 확진자가 나왔다는 보도에 편승해 한국 교회 내부에서까지 '네 탓'이라고 손가락질해서야 어찌 그리스도 안에서

   말씀 안에서 누리는 행복

형제자매라 하겠는가.

　또 한 가지 분명히 짚고 넘어갈 것이 있다. 그것은 정부 당국의 강력한 방역 조치에 협조해 모든 교회들이 온라인 예배로 전환한 후 이에 대한 부작용과 후유증이 여러 교회와 성도들 사이에서 나타나고 있다는 점이다. 교인들 중에 상당수가 핸드폰으로 온라인예배에 접속하는 과정에서 본인도 모르는 사이에 유료 데이터를 사용함으로써 요금폭탄을 맞게 된 것이다.

　이는 해당 교회가 이러한 문제점들을 사전에 충분히 인지하고 미리 사전 교육과 조치를 취했어야 하지만 고령자들 중에는 이런 사실조차 모르는 경우가 대부분이어서 요금고지서를 받고 나서야 큰 충격과 실의에 빠지게 된 것이다. 정부 당국은 코로나19 확산 방지를 위한 이 같은 선의의 피해사례를 각 교회 또는 교단별로 수집해 일정 부분 구제해 주는 제도적 방안을 마련해 주기를 요청한다. 또한 수 개월간 현장 예배 중단으로 존립의 기로에 서 있는 전국의 농어촌교회와 미자립 개척교회들에 대한 특별한 지원책도 강구되기를 바란다.

2020년 7월 8일

총리의 위험하고 편향된 발언

한국교회연합 대표회장

정세균 국무총리가 오늘 정부서울청사에서 열린 코로나19 중앙재난안전대책본부 회의에서 "교회의 정규예배 이외의 각종 모임과 행사, 식사 제공 등이 금지되고 출입명부 관리도 의무화한다"고 발표했다.

우리는 정 총리가 방역에 취약한 모임과 집회에 대해 총리로서 국민 안전을 위해 제한 조치를 발표할 수는 있다고 받아들인다. 그러나 그 대상을 '교회'라고 특정한 것에 대해서는 강력한 유감의 뜻을 표한다.

이는 그동안 철저하게 방역수칙을 준수하며 코로나19 감염 확산 방지를 위해 애써 온 한국 교회의 의지와 노력에 찬물을 끼얹은 것이며, 한국 교회 전체를 싸잡아 감염병 전파의 온상으로 지목한 것이나 마찬가지이기에 그 논리를 결코 수용할 수 없다.

알다시피 지금 코로나19 집단감염은 일부 교회뿐 아니라 사찰, 성당 등 여타 종교시설을 통해 확산되고 있음은 주지의 사실이다.

그런데도 정 총리가 교회를 콕 집어 문제시한 것에 대해 우리는 총리의 현실 인식에 대한 편향성을 의심하지 않을 수 없을 정도이며 그런 잘못된 인식이 어디에 근거를 두고 있는 것인지 되묻고 싶다.

더구나 핵심 방역수칙을 위반할 경우, 교회 관계자뿐만 아니라 이용

말씀 안에서 누리는 행복

자에게도 벌금이 부과될 수 있다고 한 것은 한국 교회에 대한 협조 요청이 아니라 사실상의 위협과 강제적 겁박의 수준이 아닌가.

정부가 중국 우한발 코로나 감염증의 피해자인 국민들 사이에서 기독교 교회 공동체 전체를 마치 가해자인 양 인식토록 강요하는 것은 위험천만하고도 편향적인 조치이다. 이는 앞으로 국민통합을 저해할 뿐 아니라 종교에 대한 과도한 억압과 탄압으로까지 이어질 수 있음을 심각히 우려하여 총리의 해당 발언에 대한 철회와 해명을 강력히 요구하는 바이다.

진리의 편에 서자

한국교회연합 대표회장

한국 교회는 민족의 등불이 되어 이 나라의 근대화와 계몽, 문맹 퇴치에 앞장서고 교육·자유·민주·경제의 발전을 이룩하는 데 기여했다. 그뿐 아니라 세계에 한국을 알리는 데 선봉장의 역할을 감당했다.

이 나라의 사회 계몽과 교육, 문화를 이끌어 오며 어머니와 같은 역할을 한 한국 교회가 어찌하여 공권력으로부터 코로나의 온상지인 것처럼 취급을 받는 지경이 되었을까. 통탄할 일이 아닐 수 없다. 감염 피해자를 가해자로 뒤바꾸어 보도하는 언론의 행태 또한 참담하기 그지없다.

그러나 한편으로는 그리 이상한 일이 아니다. 말세에는 거룩하지 않은 것이 거룩한 자리에 올라가서 불의를 의라 하고, 공의를 사욕으로 바꾸고, 남자와 남자가 부끄러운 일을 행한다는 예언이 현실에서 실현되고 있다. 또한 소금이 맛을 잃었기에 많은 사람에게 밟히는 것이 아닌가 하는 성찰도 해 본다. 오늘의 상황이 모두 외부에서 인한 것은 아니라 생각되어 회개함과 동시에, 공권력의 무례함도 함께 지적하고자 한다.

교회는 모임이 매우 중요하다. 만남과 모임에서 함께 기도하며 교제하고 떡을 떼며 사랑을 나누는 것이 교회의 특징이다. 그런데 정부는 교회가 우한 코로나바이러스를 옮길 수 있으니 모이지 말라고 한다. 소그룹 모

말씀 안에서 누리는 행복

임을 자제하고, 찬양 연습을 하지 말고, 합심기도도 하지 말고, 마스크를 쓰고 거리두기를 하고, 찬양과 기도도 큰소리로 하지 말라고 한다. 국가권력이 종교의 자유, 표현의 자유를 보장하는 헌법을 정면으로 위반하고 있으며 인권을 침해하고 있다. 교회가 도저히 받아들일 수 없는 기준을 만들어 지키라 명령하는 불합리함은 결국에는 바르게 예배드리기 위해 교회에 가는 성도들을 범법자로 만들어 종국에는 교회에 모이는 것을 위축시키려는 음모가 있다고 볼 수밖에 없다.

이에 한국교회연합의 이름으로 다음과 같이 정부와 교회에 건의한다. 정 총리는 코로나19 방역과 관련하여 교회에 내린 규제와 징벌적 조치를 전부 철회하고, 다시 모든 것을 교회가 자발적으로 행하도록 하라. 교회에 코로나 확진자가 와서 예배를 드린 것은 확진자의 경유지일 뿐 발원지가 아니므로 정죄해서는 안 되며 다른 사회의 모든 이용시설과 같은 기준을 적용하고 역차별하지 않도록 해야 한다.

한국 교회는 지금과 같이 국정운영에 모범적으로 협력하고 방역 수칙을 철저히 준수하며 평소와 같이 모임에 힘쓰고 위축됨이 없어야 한다. 에스더와 같이 위기를 기도로 극복하며 스스로 조심하기 바란다.

지금은 누가 보아도 교회와 성도들이 역차별을 받고 있다. 예배드리고 식사하는 것은 불법이고, 세상과 사회에서 모임을 갖고 식사하는 것은 합법인 상황이다. 이 불합리한 규제를 그대로 수용하면 다음은 전도 금지, 교육 금지 등 교회를 존폐위기로 몰아넣게 될 것이다.

그러나 교회는 전능자에게 속했기 때문에 절대로 무너지지 않는다. 지금 온 교회가 일어나서 신앙의 자유를 지켜야 한다. 교회의 지도자 중에 중심을 지키지 못하고 정부와 타협하고, 국가권력에 굴종하며, 권력에 도전하지 말고 협상하자는 이들도 있으나 경계해야 한다.

진리는 권력이나 여론, 숫자, 명예, 물질, 환경과 타협하기보다 고난의 십자가를 선택한 이들의 편이다. 오늘날 진리를 지키기 위해서는 성경을 기준삼고 믿고 기도하면서 묵묵히 신앙생활 하는 것이 바른길이다.

절대 권력 앞에서 인간이 힘을 쓸 수 없을 때는 하나님이 간섭하심을 알고 담대히 행하자. 교만함으로 만든 악법에 굴하지 말고 사자굴, 풀무불에라도 당당히 들어가자. 이 길만이 민족을 살리고 하나님의 심판을 막고 애국하는 길이다. 우리는 죽고자 하면 살고, 살고자 하면 죽는 진리의 편에 서야 한다. 오늘날 한국 교회가 당하는 시련이 우리의 신앙을 점검하는 좋은 기회가 될 것을 믿는다. 이제 감사기도를 드릴 시간이다.

오늘날 한국 교회의 시련은
우리의 신앙을 점검하는 좋은 기회

말씀 안에서 누리는 행복

예배의 자유는 침해받을 수 없다

한국교회연합 대표회장

지난 18일, 정부가 교회의 대면예배를 금지하는 대국민담화를 발표했다. 우리는 정부의 이번 조치가 코로나19 바이러스의 확산을 저지하고자 하는 국가와 국민을 향한 충정에서 비롯된 것으로 받아들인다.

한국 교회는 코로나19 감염 확산을 막기 위해 온갖 희생과 고통을 감내해 왔다. 그러나 최근 일부 교회를 중심으로 집단 감염이 확산되면서 지역사회 방역에 피해를 끼치게 된 것을 매우 안타깝고 가슴 아프게 생각한다. 코로나19 확진자가 나온 해당 교회들은 더 이상 교회가 사회적으로 무책임하고 비이성적인 집단으로 매도당하지 않도록 이제라도 방역 당국에 적극 협력하여 더 이상 지역 감염이 확산되지 않도록 하기 바란다. 또한 모든 교회들은 혹시라도 내가 속한 교회와 공동체가 그동안 방역에 소홀함이 없었는지 재차 되돌아보고 점검함으로써 그 피해가 전체 한국 교회뿐 아니라 전 국민에게 확산되지 않도록 각고의 노력을 다해주기를 요청드린다.

그러나 정부가 지난 15일부터 사회적 거리두기 1단계에서 2단계로 상향 조치한 데 이어 불과 2~3일 만에 서울과 경기도 내 모든 교회에 대면 예배를 금지하는 조치를 내린 것에 대해서는 재고를 요청한다. 기독교에서 예배는 구원받은 성도들의 영적 호흡이요, 생명의 양식을 공급받는 통로다. 이렇게 급작스럽게 일방적으로 중단하라는 것은 교회들이 겨우 숨 쉬고 있는 산소호흡기를 떼라는 것이나 마찬가지이다. 정부가 수도권의 교회에 비대면 예배만 허용한다고 했는데 비대면 예배, 즉 온라인 영상예배를 드릴 수 없는 여건과 처지의 교회가 부지기수이다. 이런 상황을 외면하고 무조건 대면 예배를 금지한 정부의 조치는 공권력의 남용이자 몇몇 교회의 사례를 전체 한국 교회에 전가하는 징벌적 조치나 다름없다. 한 식당에서 코로나 확진자가 나왔다고 해서 모든 식당을 폐쇄할 수 있는가.

어떤 교회, 어떤 교단, 어떤 기관이라도 자체적인 결정을 할 수는 있겠으나 한국 교회 전체에 그 결정을 따르라고 할 권한은 누구도 없다. 아무리 코로나19로 인한 엄중한 상황이라 하더라도 비대면 예배, 즉 영상 예배를 드릴 처지와 여건이 안 되는 교회들의 형편을 살피지 않은 정부의 결정은 독선이며 이를 수용한 교회기관은 오만이다. 우리는 세속의 권력이 교회 예배까지 마음대로 결정하는 것은 종교 탄압이라 받아들일 수밖에 없다.

그런데 한 기관은 이런 현실을 도외시한 채 당국과 협의 과정에서 마치 한국 교회의 대변인인 것처럼 교회의 본질을 스스로 내팽개친 채 일방적 조치를 따르라고 하고 있다. 과연 이런 결정을 한 기관과 지도자를 한국 교회 대표로 인정할 수 있겠는가. 한국 교회 일치와 연합 정신을 훼손하는 무책임한 언행은 중단되어야 하며, 교회의 신적 권위의 상실을 회개하고 영적 권위를 회복하기를 바란다.

내가 배부르다고 해서 모두가 다 배부를 수는 없는 것처럼 가진 자는 가지지 못한 자를 배려하고 좋은 환경과 시설을 보유한 교회는 그렇지 못한 교회의 어려움이 무엇인지 살피고 배려해 모두가 함께해야만 이 어려운 난국을 이겨낼 수 있다. 본회는 소속 교단과 산하 교회들이 방역 당국의 감염 예방수칙을 철저히 준수함으로써 다시는 교회가 세상에 손가락질받

말씀 안에서 누리는 행복

는 일이 없도록 철저히 지도 감독해 줄 것을 요청한 바 있다. 대면 예배와 비대면 예배 방식 또한 함께 기도하면서 하나님께 드리는 예배가 침해받지 않도록 지혜를 모아 갈 것이다.

기독교회의 예배는 교회가 존재하는 목적이며 이유이다. 따라서 여건에 따라 드려도 되고 자의적으로 안 드려도 되는 성격의 것이 아니다. 공권력에 의해 기독교회의 예배가 침해받는다면 이는 다니엘이 기도하지 못하도록 악법을 만들어 사자굴에 집어넣는 행위와 다를 바 없다. 우리는 누구도 하나님의 심판으로 멸망받기를 원치 않는다. 예배드리고 기도하는 신앙의 자유를 침해해 하나님을 대적하는 우를 범하지 않게 되기를 바란다.

한국 교회는 대한민국이 자유민주주의가 유지되고 행복한 나라가 되도록 모든 지도자와 정치권을 위해서 함께 기도해야 할 사명이 있다. 하나님이 왜 우리에게 코로나19와 같은 시련을 주셨는지 자기를 성찰하고, 아울러 오늘의 형편을 누군가에게 책임을 돌리고 핑계하기보다는 자신에게서 문제를 찾고 하나님을 바라보며 묵묵히 교회가 가야 할 길을 걸을 것이다. 교회가 믿음의 길에서 이탈하지 않고 바로 행할 때 하나님께서 대한민국을 이 위기에서 건져주시고 축복하실 것을 믿는다.

거룩한 예배 처소의 폐쇄 조치를 보며

한국교회연합 대표회장

코로나19 확진과 무관한 파주시 운정참존교회가 지역주민의 악성 민원으로 인해 부당하게 예배당 폐쇄 조치를 당했다. 이는 코로나19 방역을 핑계로 한 명백한 종교탄압이다.

운정참존교회는 중국 우한발 코로나19가 국내에 확산되기 전부터 방역에 최선을 다해 온 교회이다. 지역사회를 섬기고 복음을 전하는 교회가 자칫 방역을 소홀히 하여 그 피해가 지역민에게 돌아갈까 염려하여 일정 수준 이상의 방역 지침을 철저히 지켜왔다. 따라서 이 교회는 단 한 명도 확진자가 나오지 않았다. 그런데도 파주시는 지역의 '맘카페'가 설교자가 마스크를 쓰지 않고 설교했다는 지속적인 악성 민원과 고발에 떠밀려 아무 잘못 없는 교회를 폐쇄 조치했다. 이는 불법 부당한 법 집행이며 공무상 직권남용이다.

파주시가 방역의 모범을 보여 온 교회를 격려하고 보호하지는 못할망정 악성 민원에 떠밀려 교회를 억압하고 핍박하는 행위는 법치주의에 대한 도전이자 파괴다. 더구나 '맘카페'가 교인들의 신상을 털어 직장과 사업장에까지 무차별적인 피해가 돌아가고 있는 데도 이를 수수방관하는 것은 선량한 시민에게 가해지는 집단 폭행을 방조하는 행위나 다름없다.

말씀 안에서 누리는 행복

교회는 세상과 구별된 곳이다. 국민들의 세금으로 운영되는 곳이 아니다. 성도들이 하나님을 예배하는 거룩한 처소를 침해하고 물리력과 행정력을 동원해 폐쇄한 행위에 대해 반드시 하나님이 심판하실 것이다.

운정참존교회가 소속된 교단, 지역연합회에 요청한다. 교회 폐쇄는 개교회만의 문제가 아니다. 자유민주주의 국가에서는 상상할 수 없는 종교 탄압이다. 2천 년 기독교 역사에 권력이 교회를 강제로 폐쇄한 사례는 없다. 군사독재 정권 하에서도 행정력을 동원해 교회를 폐쇄한 사례는 단 한 건도 없다.

이번 파주시의 교회 폐쇄 조치는 전 세계 민주주의 역사에 치욕스러운 역사로 기록될 일이다. 촛불 시민의 지지로 탄생한 정권이 교회를 부당하게 강제 폐쇄한 사건이 대한민국 민주주의 역사에 부끄러운 기록으로 남지 않기를 바라며 다음과 같이 요구한다.

1. 최종환 파주시장은 교회를 강제 폐쇄 조치한 것을 한국 교회 앞에 무릎 꿇고 사과하고 즉각 교회를 원상회복하라.
2. 악성 민원에 벌벌 떨며 지역사회를 위해 섬김과 나눔을 실천해 온 교회를 탄압한 파주시는 회개하고 본연의 공직자의 모습을 회복하라.
3. 한국 교회는 운정참존교회 폐쇄 사건을 강 건너 불구경하듯 하지 말고 다 함께 연대해 신앙의 자유를 지키는 데 앞장설 것을 강력히 호소한다.

전국17개광역시도 226시군구기독교연합   (사)한국교회연합 소속37개교단 및 15개단체
(사)한국기독교개혁교단협의회   (사)대한기독교총연합회   (사)한국개신교교단협의회
(사)대한예수교장로회총연합회   (사)한국기독교보수교단총연합회   (사)한국기독교교단 협의회
(사)세계기독교 총연합회   건강한경기도만들기 도민연합   (사)민족복음화운동본부

하나님께 드리는 예배를 온전히 회복하자

한국교회연합 대표회장

한국 교회의 예배가 무너지고 있다. 예배가 무너지면 교회는 존재할 이유가 없다. 따라서 모든 교회는 당국이 조치를 내릴 때까지 기다릴 것이 아니라 스스로 예배를 회복하는 데 모든 노력을 기울여야 한다. 교회의 생명인 예배의 거룩성이 이토록 추락한 전례가 없다. 코로나 방역에 온 힘을 쏟고 있는 정부를 탓하기 전에 교회 공동체 스스로가 예배를 소홀히 여기고 무가치하게 만든 죄를 먼저 회개하고 하나님께 엎드려야 한다. 이에 한국 교회가 보다 철저하게 코로나 방역 수칙을 지키는 가운데 18일 주일을 기점으로 모든 교회가 예배를 온전히 회복할 뿐 아니라 모든 기능을 회복할 것을 요청한다.

하나님께 드리는 교회의 예배와 신앙 행위는 공권력이 마음대로 할 수 있는 영역이 아니다. 언제부터 국가가 신앙 행위를 강제하고 예배를 대면·비대면 예배로 구분했는가. 하나님께 드리는 예배를 인간의 처지와 편의로 나누는 자체가 하나님께 드리는 예배의 거룩성과 존귀한 가치를 짓밟고 성경적 기준을 훼손하는 행위이다. 방역 당국이 예배당에 회집하는 교인의 숫자를 20명, 50명 등으로 정한 것은 마땅한 근거조차 없다.

마스크를 착용한 사람의 경우 실내에서 확진자와 접촉하여도 비접촉자로 분류하고, 코로나 확산이 없다고 판단해 온 것이 현재 방역 당국의 방역원칙이었다. 방역 원칙대로 한다면 교회에서 마스크 쓰고 예배드리는 것을 전면 금지하는 방역의 과학적 근거가 도대체 무엇인가?

백화점과 지하철 확진자 발생 사건, 오페라의 유령 확진자 발생 사건, 노원구 통장 마스크 배부 사건에서 모두 마스크를 착용한 경우 코로나 감염위험이 없으므로 검사도 격리도 하지 않는 원칙을 견지해 왔다. 그러나 교회는 마스크를 쓰고 예배드리는데도 예배를 금지한 것은 헌법 정신뿐 아니라 기독교 신앙의 본질에 반한다.

우리는 방역 당국자들이 출퇴근 시간대에 '지옥철'이라 불리는 만원 지하철을 한 번이라도 타본 적이 있는지 묻고 싶다. 도심 곳곳 식당마다 마스크를 벗고 마음껏 대화하고 유흥주점에서 음주가무를 즐기는 것은 문제가 없으나 주일마다 마스크를 쓰고 드리는 예배는 위험하다고 판단하고 감시하기 위해 교회로 공무원과 경찰 인력을 파견한다.

오히려 이 인력을 감염병적으로 훨씬 위험한 지하철과 식당 등 감염위험지대를 단속하는 것이 훨씬 과학에 부합한다. 하루 747만 명이 밀집하는 전철의 밀접 접촉 현장에서 코로나19 확진자가 거의 나오지 않는 것은 우연일까 기적일까? 마스크를 벗고 식당에서 식사와 음주를 하는 것과 마스크를 쓰고 예배를 드리는 것 중 어느 것이 감염병적으로 명백히 더 위험한가?

실내에서 수백 명이 식사와 음주를 하고, 수십만 명의 인파가 관광지에 몰린다. 코로나가 수십 차례 발생한 백화점과 극장도 방역을 마친 후 다시 운영하고 있다. 그럼에도 예배만을 금지하는 것은 과학과 형평성에 심각히 반하고 신앙 양심을 침해한다. 비과학적이고 강압적 행정 명령이 신앙인에게 하나님의 명령보다 우선할 수 없으므로 온 교회는 타협하거나 수용해서는 안 된다. 이런 행정조치가 교회공동체를 와해시키려는 목적이 아니라면 신앙의 영역을 침해하지 말고 교회의 자율에 맡겨주기 바란다.

일부 교회에서 확진자가 나왔다는 이유만으로 모든 교회를 강제하는 것은 과학에도 상식에도 어긋나는 편파적 행정이다. 과연 1천만 성도, 6만여 교회 중에 얼마나 많은 수가 코로나바이러스에 감염되었으며, 이들이 또 얼마나 많은 국민에게 바이러스를 전파했는지, 그것이 한국 교회 전체의 책임인지 타당하고도 납득할 만한 근거를 제시하기 바란다.

일주일 동안 10회 이상 지하철을 타고, 식당·카페·마트 등을 방문하고, 주중에 직장에서 생활한 다양한 동선의 사람이 주일에 단 한 번 교회에 방문했다는 이유만으로 교회발 확진자로 분류되는 기막힌 현실이 과연 타당한 역학조사라고 할 수 있는가? 전철을 탄 적이 있다는 이유로, 백화점을 방문했다는 이유로 전철발, 백화점발이라고 분류하지 않으면서 왜 유독 교회발 확진자로 분류해 발표하는가. 마스크를 쓰고 예배를 드리는 것이 위험하다면 왜 마스크 착용했다는 이유로 전철, 백화점 등에서 확진자 발생한 경우도 비접촉자로 분류하여 어떤 영업의 제한이나 격리 조치도 하지 않아 왔는가? 교회의 주일 예배 참석 인원을 제한하는 것이 코로나바이러스 감염 확산 방지를 위함이라는 것을 모르는 바 아니다. 그러나 모든 교회들이 납득하고 수용하려면 분명한 과학적인 근거와 통계, 원칙이 무엇인지 밝혀야 할 것이다.

한국 교회는 지난 8개월간 정부와 지방자치단체가 모든 종교 중에 유독 기독교만을 대상으로 이런 강압적이고 불공평한 행정조치를 취해 온 것에 대해 묵묵히 견디며 인내해 왔다. 그 이유는 코로나19로 인해 그 피해가 지역사회와 이웃에게 돌아가서는 안 된다는 사회적 책임감 때문이었다. 마스크 착용, 발열 체크 등의 방역 준수로 얼마든지 안전한 예배를 드릴 수 있음에도 신앙의 본질인 예배에 대하여 일방적 금지를 당하고 고발을 당하며 신앙의 본질을 침해받아 왔다.

말씀 안에서 누리는 행복

　한국 교회는 코로나19가 조속히 소멸되도록 매일 매시간 기도하고 있다. 기도할 뿐 아니라 방역의 모든 수칙을 철저히 지켜가며 방역 당국에 협력해 오고 있다. 방역에 정치성이 개입되지 않았다면 즉각 불합리하고 불공정한 모든 행정조치를 취소하고 교회와 신앙을 존중하기를 촉구한다.

　모든 한국 교회에 요청드린다. 우리가 두려운 것은 세상으로부터 외면당하는 것이 아니라 하나님으로부터 멀어지는 것이다. 모든 교회는 오는 18일 주일부터 하나님께 드리는 모든 예배를 온전히 회복할 것을 호소한다.

통제와 강압은 해법이 아니다

한국교회연합 대표회장

정부가 8일 0시부터 3주 동안 수도권에 사회적 거리두기 2.5단계 조치를 발표했다. 이에 따라 수도권의 모든 교회들이 또다시 비대면 온라인 예배를 드려야 하는 참담한 현실을 마주하고 다음과 같이 한국 교회의 입장을 밝힌다.

우리 국민 모두는 중국 우한 폐렴, 즉 신종 코로나바이러스 감염증(COVID-19)의 전 세계적인 확산 속에서 올 한해를 두려움과 고통으로 보냈다. 코로나의 한파가 몰아닥친 삶의 현장에서 영세 자영업자와 소상공인 등 열심히 땀 흘려 일하는 시민들이 IMF 때보다 더 힘든 고통의 날을 견뎌왔음에도 불구하고 작금의 현실은 갈수록 희망은 사라지고 절망과 탄식이 엄습하고 있다.

그런데 또다시 정부는 국민의 생활 전반을 볼모로 강압과 통제의 방법으로 문제를 해결하려 하고 있다. 그 방법이 코로나19 확산 저지에 효과적이었다면 대한민국은 벌써 코로나 종식을 선언했어야 했다.

국가는 국민의 생명과 안전을 지키라고 있는 것이다. 확진자의 증감 추세를 예측하지 못하고 숙박, 외식, 관광, 소비쿠폰을 발행해 국민들을 밖으로 내몰고, 보수 집회는 차벽을 겹겹이 둘러쌓아 탄압하면서 민노총 등

말씀 안에서 누리는 행복

진보집회는 적당히 허용하는 방역의 이중 잣대, 편 가르기 방역정치의 결과와 책임까지 모두 국민이 지라는 것은 부당하다.

우리는 정부가 전 세계에 침이 마르도록 자랑해 온 K-방역의 결과가 오늘 또다시 온 국민의 삶과 생활 전반을 옥죄고, 모든 것을 멈추게 하는 강압적 통제를 통해서만 유지되고 해결될 수 있는 문제인가를 반문하며, 방역 당국이 국민을 강제하는 방법이 아닌 국민 스스로 자발적 방역의 주체가 되도록 정부 스스로가 먼저 모범을 보이는 방법으로 호소하고, 설득에 나서줄 것을 요청한다.

한국 교회도 그동안 이웃과 지역사회와 고통을 나누며 함께 고난의 시간을 보내왔다. 일부 교회에서 확진자가 나올 때마다 한국 교회가 마치 코로나19의 진원지인 양 마녀사냥식 여론몰이의 파도가 몰아쳤지만 묵묵히 견뎠다. 오히려 스스로를 반성하고 채찍질하며, 철저하게 방역 수칙을 준수하는 가운데 코로나 팬데믹 상황이 종식되기만을 두 손 모아 기도해 왔다.

예배는 영적 호흡이며 교회가 존재하는 이유다. 신앙의 자유는 누구도 구속할 수 없는 천부인권이다. 따라서 나라의 주인인 국민이 보편적 권리인 신앙의 자유를 구걸해야 할 이유가 없다. 마스크를 쓰고 철저히 방역 수칙을 잘 지키고 있는 교회까지 예배를 중단해서는 안 된다.

확진자 3명이 다녀갔으나 단 한 명의 감염자도 나오지 않은 수원의 모 교회의 사례는 마스크 착용 및 기본적인 방역수칙이 얼마나 중요한지 보여주었다. 이처럼 방역수칙을 잘 지키는 교회들까지 비대면 예배, 20명으로 인원 제한을 통제하는 것은 종교탄압이다.

많은 국민들이 오랜 통제에서 오는 피로감과 우울증을 호소하고 있다. 한국 교회는 코로나 팬데믹 현상이 길어지는 상황 속에서 정신적인 고통을 호소하는 국민들을 위해 예배를 통한 영적 안식처의 역할을 다하게 될 것이다.

우리는 정부가 성탄절에 교회에 가는 신자들의 당연한 권리마저 빼앗는 전체주의적 통제 조치 대신 구주 성탄을 기다리는 대림절에 대한민국과 전 세계의 코로나19 위기 극복을 위해 기도해달라고 한국 교회에 요청해 주기를 바란다. 그래야만 온 국민이 한마음이 되어 자발적인 코로나19 위기 극복에 동참함으로써 작금의 코로나 팬데믹을 슬기롭게 극복할 수 있을 것이다.

말씀 안에서 누리는 행복

예배의 회복을 선포하라

한국교회연합 대표회장

하나님의 은총이 나라와 교회에 임하기를 기도한다. 한국 교회는 신앙과 사랑으로 애국애족하며 코로나19 바이러스(중국 우한 폐렴)의 퇴치를 위해 기도했고 그 어떤 단체보다 방역에 솔선수범하며 묵묵히 최선을 다했다. 교회의 본질이며 영혼의 호흡과도 같은 예배마저 절제한 지 1년 가까이 되었다.

지금까지 절대다수의 교회들은 당국의 불공정, 불평등한 행정명령에도 대의를 위해 순응했다. 그러나 방역 당국은 감염병예방법을 4차례나 수정하며 합리적 기준에 대한 신뢰를 무너뜨렸고 대등한 조건의 공공시설, 영업장과는 다르게 종교시설에 불공정하고 차별적인 수칙을 강제함으로 불신을 초래했다.

정부는 답하길 바란다. 100명, 1000명, 10000명 등 좌석 수와 크기가 다른 시설에 20명씩 같은 인원 제한을 두는 것이 공정한가? 비대면 영상을 준비할 수 없는 교회는 아예 예배를 드릴 수 없다. 관공서, 백화점, 지하철, 영화관, 식당보다 마스크를 쓰고 예배를 드리는 교회가 왜 더 위험한지 답하라.

다중영업시설에서의 집단감염은 41%, 직장 내 감염도 16%다. 이번 동부구치소의 확진자는 현재까지 1,225명, 전체 수감자의 50%를 넘어섰고 계속 감염자가 늘어나고 있다. 정부는 내부 자체 방역에도 실패했다. 그런데도 종교모임만을 비대면으로 제한하는 것은 관공서, 다중영업시설, 직장은 중요하고 예배는 중요하지 않다는 위헌적 발상이며, 일관성 없는 선택적 방역일 뿐이다. 상식과 과학에 반하여 예배의 본질을 훼손하고 자유를 침해하는 방역 당국의 초법적 행태는 정치방역으로 해석될 수밖에 없다.

이제 한국 교회는 그동안 타협과 순응으로 예배와 신앙 활동을 지나치게 절제하였던 행위를 성찰하며 교회의 본질과 예배 회복을 선포한다.

지난 1년의 방역행정에 따른 경험을 통하여 불합리하고 불공정하며 비과학적인 예배 통제와 간섭에 대해서 거부 의사를 확고히 표명한다. 신앙의 자유와 예배 수호 의지를 천명하며 선두에 나선 세계로 교회의 손현보 목사와 이에 함께하는 교계단체와 교회들의 예배회복 선언을 적극 지지한다. 부당한 행정 규제로 교회가 폐쇄된다면 일천만 크리스천은 결코 좌시하지 않을 것이다.

교회는 하나님의 법을 거역하면서 국가 권력의 통치를 따르는 것이 절대 불가하다. 한국 교회는 코로나19 바이러스의 전염예방과 퇴치를 위해 합리적이고 공정한 방역수칙을 철저히 지키는 가운데 교회의 예배행위를 준행할 것이다.

1. 교회는 (헬라어로 에클레시아) 하나님의 부름을 받고 그리스도 예수 안에 있는 성도들의 모임이며 하나님의 절대 주권에 순종한다.
2. 교회의 5대 기능인 예배, 친교, 교육, 전도, 봉사를 자유롭고 활발하게 해야 한다.
3. 영상으로 성경 교육은 할 수 있으나 진정과 신령의 예배를 드리기에는 미흡하기 때문에 대면예배를 원칙으로 한다.
4. 비대면으로는 성례(세례, 성찬)를 거행할 수 없으므로 대면예배를 드려야 한다.

말씀 안에서 누리는 행복

< 결의사항 >

하나. 우리는 교회당에 모여 기도하고 예배하도록 한다.

하나. 우리는 차별금지법 제정과 동성애 합법화와 낙태합법화를 반대하고 저지하며, 출산장려운동으로 나라의 미래가 밝고 힘차게 되도록 힘쓸 것이다.

하나. 우리는 헌법에 명시된 신앙의 자유를 억압하고, 평등의 원칙을 위배하면서 교회의 예배와 활동을 통제하는 행정조치를 중단하도록 촉구한다.

하나. 우리는 국회가 교회폐쇄법 입법을 중단 철폐하기를 촉구한다.

하나. 우리는 정부가 자칭 한국 교회의 지도자라고 하는 어용단체를 앞세워 교회 폐쇄를 운운하며 탄압하는 일을 하지 않기를 촉구한다.

하나. 우리는 행정당국의 불공정·불평등·초법적 행위로 인하여 고통받는 교회를 대변·보호하지 않고 침묵·협조하면서 교회를 스스로 국가 권력 밑에 두고 타협을 일삼는 교계 일부 연합기관의 행태를 지탄한다.

하나. 온 교회는 타당하고 합리적이며 공정한 방역 규칙을 철저히 지키면서 1월 24일부터는 성경과 헌법과 신앙양심에 의하여 교회에 모여서 예배를 드릴 것을 천명한다.

※ 우리는 시민단체와 연합하여 선거 감시단을 운영할 것이며, 미자립교회 북한이탈주민 사회적약자를 돌보며 빛과 소금의 사명을 다할 것이다. 아울러 교회의 본질회복에 진력할 것이다.

전국17개광역시도226시군구기독교총연합 건강한경기도만들기도민연합 사)한국교회연합 사)한국기독교교단협의회 사)대한예수교장로회연합회 사)한국기독교개혁교회협의회 사)한국기독교보수교단총연합회 경기도성시화운동본부 사)대한기독총연합회 사)한국개신교단협의회 시흥시기독교총연합회 안산시기독교총연합회 부산기독교총연합회 부울경목회자시국협의회 경기북부기독교총연합회인권사회분과위원회 포천시기독교연합회사회복지분과위원회 전국기독교시민단체협의회 충남기독교총연합회 대.세.충기독교총연합회 전북학부모연합 진실역사교육연구회 강원교육사랑학부모연합 바른여성인권연합 전북기독언론협회 자유인권실천국민행동 반동성애기독시민연대 나쁜차별금지법반대전북연합 인천건강한사회만들기 인천광장문화연구소 미래세대살리는푸른나무회 울타리가되어주는학부모모임 선한이웃봉사단 생명존중여성지도자여성목회자연합 헌법을사랑하는국민연합 일사각오구국목회자연합 헌법을사랑하는국민연합 천만의말씀국민운동 생명인권학부모연합 여성모임'혜윰' 건강한사회를위한국민연합 바른인권센터 참인권청년연대 건강과가정을위한학부모연합 광주전남목회자협의회 세종건강한교육학부모회 차별금지법낙태결사반대교회연합 차별금지법낙태찬성국회의원퇴출국민연합 공교육살리기학부모연합 꿈꾸는청년들 건강한사회를위한목회자모임 인천퀴어반대대책본부 인천범시민단체연합 진평연 케이프로라이프낙태죄폐지반대국민연합 사)나라사랑시민연합 새한국수원시연합 바른인성시민운동 광주 전남목회협의회 세종건강한교육학부모회 전국기독교시민단체협의회 국민주권자유시민연대 대한민국수호천주교인모임 국민저항운동본부 대한민국ROTC애국동지회 나쁜교육에분노한학부모연합 한국가족보건협회 대한민국바로새우기국민운동본부 한국자유수호협회 8·15국민비상대책위원회 대한민국애국단체총연합 대한민국수호예비역장성단 전국예비역국국총연합 경기도의사회 한미동맹강화국민운동본부 육군학사구국동지회 진리수호구국기독연합 전국기독교시민연대 공군학사구국동지회 부울경민초목회자연합회 부울경기독교총연회 교회를사수하는연합 충남바른인권특별위원회 21세기나라사랑방 우리아이지킴이학부모연대 충남바른교육학부모연대 보령바른인권위원회 꿈키움성장연구소 소외된이웃을위한모임 인천교정훈련센타 송도참교육연대 부기총사회인권위원회 파주자유목회자협회 한기총신문 건강한부천만들기시민연합 안양퍼스트신문 애국시민연대(안양군포의왕) 부천동성애반대시민연대 사)환경단체협의회 낙태반대시민단체 사)대한민국건국회 대한교경신문 자유통일희망연합 진리수호구국기독인연합 대한애국기독청년단 자유남녀평등연합 건강한가정을위한학부모연합 WCC.WEA.NCCK반대협회 코로나19정치방역진상규명시민연대 (111개 단체)

말씀 안에서 누리는 행복

한국 교회의 독립성과 자율성 회복을 위해

한국교회연합 대표회장

지난 2월 1일 윤태호 중앙사고수습본부 방역총괄반장이 기자 브리핑을 통해 교회 대면예배를 통해서는 감염이 거의 없었다고 발표한 사실이 언론 보도를 통해 알려졌다. 늦은 감이 있으나 있는 그대로의 사실이 공표된 것에 대해 다행으로 생각하고 환영한다. 그간 방역에 수고한 이들을 위로하고 칭찬하고 싶다.

이런 현실에서 교계 일부 지도자들이 예배의 인원을 조정해 달라고 정부에 요청하는 것은 스스로 자유하지 못하고 권력에 길들어졌음을 보여주는 증거이다. 이젠 교회 지도자들의 결단이 요구되는 시점이다. 정부는 더 이상 대면 예배·비대면 예배에 간섭해서는 안 된다. 이제 한국 교회는 정부의 눈치를 볼 때가 아니라 사전에 방역을 철저히 하면서 국민의 기본권과 종교의 독립성을 회복할 때가 되었다.

곤충학자이자 '벼룩 여왕'으로 알려진 루이저 로스차일드 박사의 유명한 벼룩 실험이 있다. 자기 몸의 백배인 30cm를 뛰는 벼룩을 높이 10cm 유리컵에 넣고 뚜껑을 닫아 놓았더니 계속 부딪히는 소리가 나다가 더 이상 부딪히는 소리가 나지 않을 때 뚜껑을 열면 유리컵 밖으로 나오는 벼룩이 없었다. 3분의 1밖에 안 되는 높이임에도 유리병 안에 스스로 갇히게 된 것이다. 한국 교회가 언제부터 권력에 의해 종교의 자유, 신앙의 자유까지 포기하고 기독교의 생명인 예배까지 정부의 눈치를 보며 드리게 되었는가? 왜 정부의 통제를 스스로 자청하고 있는가?

국가와 기독교, 모두 정교분리의 기본 질서를 존중해야 한다. 목회자와 성도들은 국민의 한 사람으로 의무를 다하고 종교의 자유를 마음껏 누리며, 국가의 주인으로서 알 권리와 표현의 자유를 지키고 당당해야 한다. 예배로 인한 감염이 거의 없다는 사실이 명확해진 지금, 정부는 예배를 좌석 수의 10%, 20% 식으로 정한 불합리한 방역 지침을 거두고 교계의 자율에 맡겨야 한다.

정부와의 창구역할을 맡은 한교총은 정부에 대면예배를 허락해달라고 할 게 아니라 더 이상 '종교의 자유'를 침해하지 말라고 요구해야 한다. 교회 스스로 조심하면서 예배를 활성화하도록 하는 것이 순리다. 이것이 정부와 교회가 상호 본분을 회복하고 더불어 잘 되는 길이다. 교계 지도자가 정부에 굴종하는 자세를 보일수록 정부가 종교를 탄압하는 권력으로 보이게 마련이다. 반대로 교계 지도자는 어용화된 것으로 비치게 된다. 대화는 좋지만 기독교의 본질에서 벗어난 대화는 타협이 아닌 야합이다. 사도 바울은 "그런즉 누구든지 그리스도 안에 있으면 새로운 피조물이라 이전 것은 지나갔으니 보라 새것이 되었도다"(고후 5:17)라고 했다.

한국 교회는 135년 동안 숱한 가시밭길을 헤쳐 오며 발전하고 성장했다. 이번 코로나19로 인한 시련은 교회를 연단 하는 기간이었다. 그동안 인본주의와 종교 다원주의의 깊은 잠에 빠져있던 한국 교회의 부끄러운 치부가 만천하에 드러나 오히려 참과 거짓을 분별하는 기회가 되었다. 신앙으로 고난을 극복한 이들은 "모든 것이 합력하여 선을 이루는" 하나님의 사랑을 깨닫는 기간이었다.

"우리가 알거니와 하나님을 사랑하는 자 곧 그의 뜻대로 부르심을 입

말씀 안에서 누리는 행복

은 자들에게는 모든 것이 합력하여 선을 이루느니라"(롬8:28)

　바울 사도가 2차 전도여행 시 아덴의 우상을 보고 격분하여 변론했을 때, 돌아온 결과는 쟁론과 조롱뿐이었다. 이제 우리가 할 일은 여건과 환경을 보고 격분하고 변론하고 쟁론하기보다는 갈멜산으로 올라가는 엘리야의 마음으로 특별 기도를 선포하는 것이다. 하나님의 공의와 능력이 이 땅에 임하여 잘못된 사상이 뿌리내리지 못하도록 영적 싸움을 시작할 때다.

　대한민국엔 기독교가 있고 교회에는 전능하신 하나님이 계신다. 나라와 민족을 위해 기도하자. 지도자를 저주하기보다는 잘못된 영에서 벗어나도록 기도해야 할 때다. 죄는 미우나 죄인을 사랑하시는 주님의 교훈을 기억하고 온 교회가 함께 일어나자. 그리고 십자가의 길을 가자. 방역도 잘하고 조속한 시일 내에 백신과 치료제 보급으로 국민 모두가 정상 활동으로 복귀하도록 기도하자.

　하나님을 이기는 세력은 없다. 코로나19로 전 세계가 풍랑을 만난 것을 어찌 개인이 해결할 수 있겠는가. 이것은 분명 전능자의 몫이다. 갈릴리 바다의 풍랑을 잠재운 주님의 능력을 믿는 믿음으로 기도하며, 이 거센 풍랑으로 고생하는 의료진, 소상공인, 자영업자 등 국민 모두가 하나님의 은혜를 덧입자.

　한국 교회여! 회개하고 깨어 있어 나라 사랑을 실천하자. 반석 위에 세운 집은 무너지지 않으며, 음부의 권세는 절대로 승리할 수 없다. 진리로 온전히 승리하자. 희망을 가지고 위에서 부르신 상을 위해 일어나 함께 가자. 한국 교회는 반드시 승리할 것이다.

이젠 진리 위에 서서 행동할 때

한국교회연합 대표회장

지난 1년 동안 중국 우한발 코로나로 전 세계가 매우 큰 고통을 받았다. 지금도 바이러스로 인한 두려움의 늪에서 빠져나오지 못하고 있다. 그간 우리나라의 방역 대처는 선진국답지 못했다는 평가를 받았다. 국민의 안전을 위해 선제적으로 바이러스 유입을 차단하지 못했고, 과학적 근거와 일관성이 결여된 정책을 반복했으며, 특정 집단을 겨냥한 정치 방역 의혹이 기정사실화 되었다. 국민을 안심시키고 일상을 정상화할 수 있는 백신 확보도 국가 위상에 한참 미치지 못하는 실정이다.

코로나19로 고통을 겪는 것은 온 국민이다. 의료진은 물론이고 자영업자와 소상공인 모두가 어려움을 겪고 있다. 확진자는 전국에서 지역, 기관, 기업, 단체를 가리지 않고 발생하고 있다. 정부는 특히 지난 1년간 교회의 예배를 위헌적 행정명령으로 억압해 왔다. 이는 교회를 위축시키려는 의도를 가진 정치 방역이었으며 종교의 자유, 예배의 자유를 침해하는 행위였다. 과학적 근거도 없이 인원제한을 하고, 감염 경로도 확인되지 않은 '교회발' 확진자를 만들어 숫자를 부풀려 교회를 폐쇄했고 비기독교인들에게 교회가 방역에 협조하지 않는다는 잘못된 인식을 부추겼다. 현재는 확진자가 나온 백화점, 기업, 식당, 주민센터 어디든 소독을 하고 바로 운영

말씀 안에서 누리는 행복

을 재개하지만 교회는 여전히 2주 또는 무기한 폐쇄 조치를 당하고 있다.

그러나 진실은 방역을 철저하게 하고 드린 예배에서는 감염 확산이 일어나지 않았다는 것이다. 이제는 진실을 바로잡을 때가 되었다. 한국 교회는 20%, 30% 등 계속 과학적 근거 없이 제시하는 인원제한을 받아들이지 말고 예배의 자율성을 존중하도록 정부에 요청해야 한다. 그간 왜곡된 정보로 교회에 불합리한 제재를 가한 것도 사과를 요청해야 한다. 또한 잘못된 행정명령을 어겼다고 폐쇄·고소당한 교회들의 문제해결을 위해 앞장서야 한다. 이미 800여 개 교회가 예배 회복 운동에 참여하고 있으며 전국에 폐쇄· 고발·벌금형을 받아 행정소송에 참여한 교회는 497개 교회이다(1월 6일 기준). 어려운 때 신앙의 절개를 지킨 교회 목사와 성도들에게 박수를 보낸다.

이제 한국 교회는 복음과 비복음, 순수 복음과 혼합주의가 가려질 때이다. 교회, 목사, 신학교수, 직분자의 탈을 쓰고 가만히 들어와서 교회를 어렵게 하는 이들의 정체가 이번 기회를 통해 드러나고 있다. 포도원을 허는 여우를 잡아내어 포도나무의 꽃을 떨어뜨리지 못하게 해야 한다. 성령의 능력을 의지하며 세상의 빛이 되어야 한다. 그 빛은 행위를 변혁시키고 언어로 표현된다.

하나님의 교회는 진리 안에서 세상의 빛과 소금을 만드는 곳이다. 교회를 위축시키는 것은 어둠의 세력이요, 공중의 권세잡은 악령의 사역임으로 절대로 타협이나 양보할 수 없다. 원수는 대적해야 물러간다. 전쟁 없이는 승리도 없다. 힘이 없는 자에게 승리를 양보하는 대적은 없다. 싸우지 않고 이기려면 힘이 필요하다. 안보의 방향을 분별하자. 교계에서도 교회를 대적하고 세속 정권의 나팔수가 되어 그의 정신과 정책을 교계로 가져오는 이들을 가려내야 한다. 그들의 교훈을 따르는 것은 말세에 떨어진 별이 내는 쓴물을 먹고 죽는 슬픔을 당할 일이다.

이제 시간이 없다. 지난 과거에 매여 다투지 말고 미래를 향해 나가자. 깨어있어야 한다. 한국 교회를 대표한다면 혼합적 통합, 물리적·정치적 통합을 벗어나 순수한 삼합(연합·화합·통합)의 절차를 밟아가는 것이 순리임을 명심하길 바란다. 한국 교회 성도들은 작금의 사태를 반면교사삼아 올바른 가치관을 가진 차기 지도자를 선출하기 위해 투표에 꼭 참여해 국민의 의무를 다하기 바란다. 지금 국회에서 악법, 망국법, 타락법을 우후죽순 발의하는 이들을 꼭 기억했다가 다시는 국회로 보내지 않도록 막아서야 한다. 이것이 하나님의 뜻이다.

자유가 보장되고 삼권분립과 정교분리의 원칙이 지켜져 세속 권력이 종교를 지배하지 않는 나라, 온 성도와 국민이 나라의 지도자를 자랑스러워하며, 그를 위하여 기도하는 나라가 되게 하자. 한국 교회와 성도여, 행동하는 믿음을 가지고 성령의 능력을 의지하며 갈멜산으로 올라가자.

> 이제 시간이 없다
> 지난 과거에 매여 다투지 말고 미래를 향해 나가자

말씀 안에서 누리는 행복

소신껏 자유를 지켜내는 대통령을 바란다

한국기독인총연합회 대표회장

대한민국은 자유민주주의 국가이다. 정부는 국민의 평안을 위해 의무와 권위를 부여하여 조직되었다. 국민은 국방, 근로, 교육, 납세의 의무가 있으며 공권력에 협조해야 할 의무가 있다. 나라는 삼권분립을 유지하여 입법, 사법, 행정이 서로 견제하고 협력하면서 국민의 행복을 추구하고 편리를 제공해야 한다. 입법부는 국민의 뜻을 따라 질서유지와 안보, 자유민주주의 유지를 위해 항상 국민의 소리에 귀 기울여야 한다. 사법부는 입법부나 행정부의 시녀가 아닌, 독립적이고 공정한 재판을 하는 것이 생명이다.

그런데 4.15 국회의원 선거에서 180석의 거대한 정당이 된 더불어민주당은 그 숫자를 힘입어 자신들이 의도하는 법을 만들고, 또 차별금지법으로 포장한 역차별법, 구별금지법까지 제정하려 하고 있다. 5월 15일 국회 앞에서 약 3만 명이 모여 반대했던 차별금지법·평등법을 5월 20일 여야 합의없이 25일에 공청회를 결정했다.

차별금지법이 통과되면 아들 며느리, 여자 사위를 보게 될 것은 자명한 일이다. 총을 쓰는 자는 총으로 망한다. 하만의 장대, 골리앗의 칼처럼 자신의 무기가 곧 자신을 해하는 도구가 될 것이다. 나라가 저출산 문제와 안보 위기에 직면한 상황에서 국회의원들이 나라의 미래를 생각지 않고,

나라의 정통성 파괴, 인간성 파괴에 몰두하는 것을 보면서 과연 국민의 선택을 받은 자들이 맞는지 의구심이 든다.

특별히 종교인들 가운데 기독인들은 정신을 차려야 한다. 진화론에 기초하여 만들어진 공산주의, 사회주의의 사상을 용납하고 동조하는 것은 무늬만 그리스도인에 불과하다. 기독인으로서 진리에 어긋나는데도 대화와 타협으로 해결하려 하고 정권의 입맛에 맞추려 하는 처세술은 진리운동이 아니라 문화운동이다. 그런 것을 참 목회라 할 수 없다.

우리의 선조들은 진리를 고수하려고 순교의 피를 흘렸다. 타협하는 자에게는 순교가 필요 없다. 지혜로운 그리스도인은 학연, 지연, 그리고 세속에 빠지지 않고, 물질공세에 현혹되지 않는다. 그리스도인으로서 묵묵히 진리를 따라가야 소돔과 고모라 같은 곳에서도 신앙을 지킬 수 있다. 목회자로서 예배를 경시하고, 세속 권력에 지배받았던 것을 철저히 회개하라.

기독 언론과 기독정치인도 사명이 크다. 기독교에는 완전한 분별의 진리가 있으니, 그 말씀을 기준으로 자유대한민국, 한미동맹, 시장경제, 안보를 중시하는 대통령이 변함없이 국정을 잘 운영하도록 기도해야 할 것이다.

먼저 네 눈 속에서 들보를 빼라는 예수님의 말씀을 경청하여, 교회와 교계도 하나되지 못함을 회개하고 다시 성경말씀으로 돌아가야 한다. 만약 차별금지법이 국회를 통과한다면 거부권을 행사할 수 있는 대통령의 역할을 기대한다.

이제 우리 국민은 일방적 주장이나 시위를 분별하고 바른 사고를 할 만큼 충분히 성숙하다. 깨어있는 교회가 있는 한 대한민국은 공산국가나 사회주의가 될 수 없다. 대통령이 바른 가치관을 가지고 소신껏 자유를 지켜내길 바란다. 대한민국 교회는 지금 이 순간도 24시간 기도하고 있다.

우리에게 필요한 것은
시대를 분별하는 능력

'한국 교회 본질회복을 위한 연합성회'가 "다시 사모합니다 성령 충만을,
회개합니다 돌이키겠습니다."를 주제로 오는 6월 29일 오후 3시 30분부터
올림픽공원 올림픽홀에서 열린다. 세월호처럼 난파선이 된 대한민국의
현주소에서 통회하며 하나님께 나아가자는 취지로 열리는 이번 행사를 앞두고
2017종교개혁500주년성령대회 실무진을 초청하여
대회의 의미와 내용에 대해 들어보았다.

Q 현재 한국 교회호는 침몰 중이라는 얘기들을 합니다. 교회 부흥은
답보되고 반기독교적인 시선으로 한국 교회를 보고 있습니다.
한국 교회는 지금 바꾸지 않고서는 미래로 나아갈 수 없습니다.
성령강림절을 맞으면서 오늘의 한국 교회가 진정으로 개혁되어야 할
것이 무엇인지 말씀해 주십시오.

A 한국 교회가 침몰 중이라는 표현을 쓰는 사람도 있지만 내적으로는 동의하지
않습니다. 주님의 교회는 인간에 의해 침몰되지 않기 때문입니다.
교회의 회복은 말씀과 성령으로 돌아오고 그 본질로 돌아와야 회복될 것으로

믿습니다. 인위적인 방법으로 그 무엇을 행하고 다짐한다고 되는 것이
아닙니다. 하나님께서 한국을 버리지 않는 한 한국 교회는 희망이 있습니다.
회복을 위해서 신학교가 사명을 다하고 지도자들이 세속주의를 벗어나
성경이 말씀하시는 창조적 세계관을 가지고 나가면 세상에서는 빛과
소금으로 나타나고 나눔과 섬김, 겸손으로 전해집니다.
우리는 때로는 과거를 기준으로 삼아 현재를 평가하기 때문에 침몰이나
침체라고 표현합니다만, 말세에 나타나는 현상을 보면서
교회는 자존감을 회복해야 합니다.
이젠 현재에 맡겨진 복음의 사역과 삶을 생각해야 합니다.
다윗이 골리앗을 이길 때 사용한 무기는 작은 물매였지만
오늘날엔 시대를 분별하는 것이 능력입니다.
선(善)이 선으로 평가받지 못하는 토양과 무신론, 동성애가 용납되는
사회에서 진리는 대적받을 때가 있습니다. 과거에는 세속의 복으로 비전을
제시했다면 지금은 성경 안, 주님 안에서 연합과 일치에 힘을 써야 할
때입니다. 기준이 없는 연합은 혼란만 가중될 뿐입니다.
현재 한국 교회는 구원하시고 교회를 세우신 전능자의 진리보다
사회와 사람을 먼저 생각함으로 교회의 능력과 본질을 잃었습니다.
그리고 대신 들어온 비본질적 요소들로 인해 어려움을 당하게 되었습니다.
이젠 문제가 무엇인지를 알고 있는 교역자와 성도들이 통곡하며 전능자에게
돌아가는 집회, 미스바의 운동을 준비합니다.
하나님의 은총이 함께하시리라 믿습니다.

Q "다시 사모합니다 성령 충만을, 회개합니다 돌이키겠습니다." 한국
교회 본질회복을 위한 연합성회를 준비하고 있습니다. 이번 성회를
통해 바라는 바를 이야기해 주십시오.

A "우는 자들과 함께 울라"는 말씀을 붙들고 고통과 슬픔 속에 있는 이들과
함께하는 기도회가 되어야 합니다. 우는 자와 함께 울 수 있는 마음은 성령을
받은 자의 가슴입니다. 스스로 택한 백성이라 하면서 그리스도의 지체인
교회에 속했음에도, 세속의 입장에 서서 교회를 공격하는 이들이 있어 교회가
사회로부터 더욱 불신을 받게하는 안타까운 일들을 봅니다.
소금은 녹아야 사명을 다하고 빛은 비추어야 그 능력이 보여지듯,
크리스천은 자기를 부인하고 예수님의 가슴으로 강도 만난 자의 이웃이
될 때 그 능력이 나타나 존경을 얻을 수 있다고 믿습니다. 선을 행하더라도
존경받기를 기대하지 말아야 합니다. 예수님이 오셔서 세상으로부터
칭찬받은 일이 없으셨듯이 교회가 잘한다고 누군가 칭찬하지 않습니다.
인정해 주지 않아도 그저 천국을 바라보고 묵묵히 가면 삶 자체가 행복이요,
평안과 누림이 있다고 생각합니다.

Q 아무리 사회가 혼돈하고 위기 상황에서 국민들이 방기되고 있다 하나,
그래도 국가와 국민의 희망을 한국 교회가 제시해야 합니다.

A 빛에 속한 사람은 환경을 볼 수 있는 능력이 있습니다. 먼저 한국교계는
대한민국호 내에서 '바른 결정을 하고 있는가'하는 것을 확인해야 합니다.
관행적으로 유무익에 의해서 결정한다면 대한민국의 퇴보를 가져올
것입니다. 이제는 그리스도인부터 잘사는 것보다 올바르게 사는 국민
정체성을 만들어 가야 할 것입니다. 외형적 포장을 풀고 정직한 내면을
드러내야 합니다. 수단과 방법을 동원해서 이익만 창출하면 되는 것이 아니고
그리스도인이라면 진리의 빛에 비추어 볼 때 결점이 없어야 합니다.
세상의 빛으로 애국하고 역사를 바로 세우고 자살과 낙태 방지, 생명존중,
출산장려 등의 생명윤리가 회복되고 원칙과 질서가 지켜지는 나라를
만드는데 협력해야 할 것입니다.

우는 자와 함께 울 수 있는 마음은
성령을 받은 자의 가슴입니다
예수님의 가슴으로 강도 만난 자의 이웃이 될 때
그 능력이 나타납니다

▶ 진행자 = 안 준 배 목사(세계성령중앙협의회 이사장)
▶ 답변자 = 권 태 진 목사(군포제일교회), 정 인 찬 목사(백석대 학장)
　　　　　 소 강 석 목사(새에덴교회), 오 범 열 목사(성산교회)
▶ 언론사 = 국민일보

※ 전체 내용 중 상임회장 권태진 목사의 답변만 발췌한 것입니다.

RESTORATION

4

회

치 유 하 시 는 하 나 님 의 사 랑

복

아무리 우겨쌈을 당하여도

군포제일교회 당회장

요즘 많은 사람들이 교회와 교역자를 불신하며 자기 자신도 불신하여 끓어오르는 분노를 이기지 못하고 자살과 방화로 많은 생명을 해하는 것을 종종 본다. 믿지 않는 사람뿐만 아니라 오랫동안 신앙생활 했다는 사람도 교회를 불신하는 일이 있다.

우리나라 기독교 역사는 100년이라는 시간 동안 사회 각 부분에 많은 공헌을 했다. 그 발전 과정에서 지역교회의 순수성과 역할이 축소되고, 교회 밖의 조직인 선교 단체 등이 활성화되었다. 예배가 약해지고 복음이 복음으로 전파되지 못했다. 어떤 사람은 선교가 하나님의 뜻이라며 온통 교회의 역량을 해외로 보내는 데 힘을 기울인다. 찬양 사역을 하는 사람은 설교보다 찬양이 교회의 본질인 것처럼 이야기한다. 교회 밖에서의 성경 공부, 회사 신우회 예배가 교회의 예배보다 우선시되고 있다.

그럴수록 교회는 황폐되고 약해져 간다. 교회를 사랑하는 성도들이 교회를 잘 보살펴야 하는데 교회의 중심을 알지 못하는 이들이 잘못된 가치관을 가지고 교회에 상당한 영향력을 끼친 탓이다. 이제는 지역 교회가 교회의 본모습을 회복해야 한다. 복음대로의 삶을 강조하고 지역에서 빛과 소금의 사역을 잘 감당해야 한다. 교회 밖에서 운동하는 사람들이 교회 안에서도 하나님의 뜻대로 협력해야 한다.

성도와 성도의 모임 자체가 교회이므로 개인이 하나님 앞에 바로 서는 것만 강조하면 양육할 장소인 교회의 중요성이 약해진다. 가정에서 한 사람의 은사만 강조한다면 그 가정은 상처투성이가 된다. 그러나 함께 모여서 돕고 가정 공동체의 협력이 이루어지면 가정이 따뜻해진다. 가정에서 생명의 역사와 양육이 이루어지는 것처럼 교회도 가정과 같아야 한다.

예수님이 십자가에 달려 돌아가신 후, 군병들은 예수님의 부활을 보고도 돈에 양심을 팔아 거짓 소문을 냈고 실제로 시체를 도둑맞았다고 믿는 사람들이 많았다. 오늘날도 우리 주변에서 이와 같은 일들이 많이 일어난다. 이방인들이 악심을 품고 전하는 지식에 감염되어 그들의 말에 편중하고 확신을 가져, 오히려 참 신앙인을 정죄하는 일들이 일어난다.

하나님이 세상을 바라보는 시각으로 세상 속에 있는 악한 영의 역사를 분별해야 한다. 교회가 세상의 잣대에 의해, 성도가 세상 사람들에 의해 평가받아서는 안 된다. 아무리 바른 것이라도 잣대가 잘못되면 바르게 평가될 수 없다. 영적인 세계를 알지 못하는 사람들로 인하여 교회와 주의 종이 평가되고 세속적 가치관으로 정죄한다면 결국 믿는 사람들이 십자가를 지고 골고다 언덕으로 갈 수밖에 없다. 그러나 이런 잘못된 평가를 받아도 참된 그리스도인들은 실망할 필요는 없다. 주님께서도 당하셨기 때문이다. 아무리 우겨쌈을 당하고 대적이 강할지라도 하나님께 기도하는 사람은 역사 속에서 아름다운 사람으로 성화를 이루며 든든히 설 수 있음을 믿는다.

"우리가 사방으로 우겨쌈을 당하여도 싸이지 아니하며 답답한 일을 당하여도 낙심하지 아니하며"(고후4:8)

좋은 성도는 하나님의 영광과 교회의 거룩성을 먼저 생각하고 보호한다. 바른 가치관을 가지고 행하여 시대 속에 하나님이 주시는 뜻을 이루어 가자.

섬김으로 오신 그리스도의 정신으로

- 한국 장로교의 날을 맞이하며 -

한국장로교총연합회 대표회장

백 이십여 년 전 박토에 심겨진 복음의 씨앗이 억압과 전쟁, 시련의 길목에서도 죽지 않고 한국 교회로 성장했습니다. 개혁주의 신학과 예수님의 피로 한 형제 된 3만 7천여 개의 한국장로교회는 이제 분열의 과거를 딛고 하나님의 뜻과 영적 호흡으로 새로운 백 년을 출발했습니다. 처음 사랑을 회복하여 온 교단이 한 지붕 아래 조화의 아름다움을 누리고자 그 첫걸음으로 한교단 다체제 연합총회를 위한 로드맵을 구성하고 헌법을 공포하였습니다. 또한 서울시와 녹색 환경과 복지 네트워크 사업을 위한 업무협약도 맺었습니다.

하나님의 사랑으로 태어난 한국 교회는 시작부터 공의와 섬김과 나눔을 실천해 왔습니다. 성경을 하나님의 말씀으로 그대로 믿는 장로교 성도들은 만물이 주에게서 나오고 주로 말미암고 주에게로 돌아감을 고백하며 청지기 정신으로 살아야 합니다. 하나님은 독생성자 예수님을 아무도 환영하지 않는 고난의 땅으로 보내심으로 자신이 세상을 얼마나 사랑하셨는지 보여주셨습니다.

또한 보냄을 받은 예수님은 아버지의 뜻을 받들어 자신을 부인하고 십자가의 길로 순종하셨습니다. 그 사랑으로 구원받은 우리도 마땅히 세상에서 한 알의 밀알이 되어 나눔과 섬김을 실천해야 합니다.

"내가 진실로 진실로 너희에게 이르노니 한 알의 밀이 땅에 떨어져 죽지 아니하면 한 알 그대로 있고 죽으면 많은 열매를 맺느니라"(요12:24)

한국장로교총연합회는 7월 10일 한국 장로교의 날에, '나눔과 섬김을 실천하는 한국장로교회'의 표어 아래 장로교 전통에 입각한 예배를 드리고 장로교의 본질인 개혁정신과 영성을 회복함으로써 장로교회의 정체성을 더욱 공고히 하고자 합니다. 한교단 다체제 연합총회를 구현하기 위한 힘을 모으고 사회통합의 모범을 보이며 하나된 장로교회로 나눔과 섬김의 본을 보이고자 합니다.

한국장로교회는 '2013 한국 장로교의 날'을 기하여 생수의 강이 흘러 감는 물댄 동산으로 동강 난 허리의 상처를 회복시키고, 민족과 세계 복음화를 위한 사명을 감당하게 될 것입니다. 진리와 사랑, 행복의 초석이 되어 민족을 살리는 성령의 역사를 체험하는 자리에 주님의 사람들을 초청합니다. 십자가와 말씀 안에서 하나되는 우리를 하나님이 기뻐하실 것입니다. 역사적 사명을 감당케 하시는 하나님께 영광을 돌리며 한국장로교회의 본질 회복에 함께하는 우리 모두가 되길 소망합니다. 할렐루야!

치유하시는 하나님의 사랑

초대교회의 처음 사랑을 회복하길
- 제8회 장로교의 날 격려사 -

한국장로교총연합회 증경대표회장

장로교회가 아름다운 대한민국에 복음을 심어 생사고락과 민족의 수난을 함께한 지가 벌써 104주년이 되었습니다. 언더우드 선교사가 인천 제물포 역에 부활절에 입항하여 문맹과 가난, 샤머니즘과 불평등의 사회, 복음이 자라기 매우 힘든 척박한 토양에 씨를 뿌리고 자라게 했습니다.

한국 장로교는 그때의 선교정신으로 네비우스 정책으로 선교했습니다. 자립, 자주, 자치의 정신으로 교회, 학교, 병원 등을 세웠습니다. 그 정책은 성장의 씨가 되었고 국가 발전의 에너지를 제공했습니다. 그 정신으로 발전을 이뤘으나 분열의 씨가 되기도 했습니다. 이젠 때에 걸맞은 연합과 일치의 정신으로 함께 모여야 합니다. 장로교는 우리 민족의 문화와 사회, 교육과 경제, 민주 정신문화 발전의 심장과 같은 역할을 해 왔습니다.

전국에는 약 4만 장로교회가 있고 한국 교회의 약 70% 이상을 차지하고 있습니다.

우리 장로교는 하나님의 절대주권을 믿고 인간의 전적 타락을 인정하면서 하나님이 주신 인적, 물적 자원을 주의 영광을 위해 사용해야 합니다. 힘 있는 자가 섬기고 가진 자가 나누는 것은 매우 자연스럽습니다.

한국장로교회는 세속의 권력이 교회를 좌우하지 못하게 하는 정교분리의 원칙을 고수하며 농어촌 교회의 자립을 보호하고 악법이 만들어지지 않도록 하며, 헌신의 노력을 할 것입니다. 평화통일을 위해 죄는 미워해도 죄인은 사랑하는 생명중심의 사랑을 실천해야 할 것입니다. 결코 무신론자와 독재자를 돕는 일을 하지 않도록 해야 합니다. 사탄은 교회와 신학교까지 악한 씨를 뿌려 사회로부터 교회가 외면당하도록 하는 일이 지금도 일어나고 있습니다. 그러나 교회는 하나님이 함께하심으로 모든 환경을 극복할 것입니다.

에스겔 골짜기에 마른 뼈들이 군대가 되게 하시는 하나님의 능력으로, 성령의 역사로 다시 일어나서 한국 초대교회의 처음 사랑이 회복되길 위해 기도합시다. 우리는 애국 애족하며 세상의 빛과 소금의 역할을 다할 것입니다. 이 시대의 장로교회 성도가 되신 것을 축하드립니다.

교회는 하나님이 함께 하심으로
모든 것을 극복할 것입니다

치유하시는 하나님의 사랑

여호와께로 돌아가자

한국교회연합 대표회장

"사랑하는 자여 네 영혼이 잘 됨같이 네가 범사에 잘되고 강건하기를 내가 간구하노라"(요삼1:2)

2019년 새해 아침에 하나님의 은혜와 평강이 넘치기를 기원합니다.

새해 새 아침에 우리는 "그런즉 누구든지 그리스도 안에 있으면 새로운 피조물이라 이전 것은 지나갔으니 보라 새 것이 되었도다"(고후5:17)는 말씀처럼 구태의 낡은 옷을 벗고 새롭게 시작해야 합니다. 그것은 무엇보다 내 스스로를 돌이켜 하나님에 대한 사랑을 회복하는 일에 힘쓰는 것입니다.

주님은 새해를 맞은 우리 모두가 죄에서 떠나 말씀 안에서 새롭게 변화되어 하나님께 돌아오기를 간절히 원하십니다. 한국 교회가 세계교회사에 기록한 유례없는 부흥, 성장기에 이어 연단기에 접어든 지금은 더욱 겸허하게 자신과 이웃, 나라와 민족을 돌아보며 복음 사역을 충실히 감당해야 할 때입니다.

"우리가 환난 중에도 즐거워하나니 이는 환난은 인내를, 인내는 연단을, 연단은 소망을 이루는 줄 앎이로다"(롬5:3-4)

한국 교회는 이 나라와 민족에 하나님의 공의가 하늘에서와 같이 땅에서도 이루어지도록 기도하고 행동하면서 예언자로서의 사명을 다해야 합니다. 무엇보다 주님이 보여주신 희생과 섬김의 낮은 자세로 가난하고 병들고 소외된 이웃의 상처를 보듬고 압제당하는 약자들의 고통에 귀 기울여야 합니다. 나아가 남과 북이 전능하신 하나님의 손안에서 하나되어 하루속히 자유 평화 통일을 이루도록 간절히 기도해야 할 것입니다.

2019년 새해는 한국 교회가 본질을 회복하는 원년이 되기를 소망합니다. 따라서 우리는 하나님께서 우리에게 부여하신 사명, 곧 교회 일치와 연합을 통한 교회의 하나 됨과, 민족 복음화의 사명, 사회적 약자의 편에 서서 섬김을 다하기 위해 더욱 매진해야 할 것입니다.

"우리가 알거니와 하나님을 사랑하는 자 곧 그 뜻대로 부르심을 입은 자들에게는 모든 것이 합력하여 선을 이루느니라"(롬8:28)는 말씀에 의지해 한국 교회가 분열의 상처를 극복하고 화합, 연합, 통합을 이루어야 합니다. 동질, 동행, 동거로 이어져 주님의 몸 된 교회가 하나가 되는 날까지 우리의 희생과 헌신이 결코 중단되어서도, 낙심해서도 안 될 것입니다.

"오라 우리가 여호와께로 돌아가자 여호와 하나님께서 우리를 찢으셨으나 도로 낫게 하실 것이요 우리를 치셨으나 싸매어 주실 것임이라"(호6:1)

새해 아침에는 지구촌 곳곳에 분쟁과 테러, 폭력이 그치고 주님의 은혜가 온 세상에 가득하기를 바라며, 특별히 갑작스러운 재난으로 가족을 잃고 슬픔과 고통 가운데 있는 인도네시아 국민들에게 하나님의 위로가 임하시기를 빕니다.

또한 대한민국이 경제 한파와 양극화, 남남갈등을 슬기롭게 극복하고 오직 정의가 물 같이, 공의가 마르지 않는 강같이 흐르는(암5:24) 나라가 되기를 소망하며, 2019년 희망에 찬 새해 아침에 한국 교회와 성도 여러분 가정에 하나님의 은혜와 축복이 충만하시기를 기원합니다.

치유하시는 하나님의 사랑

한반도 평화를 향한
오랜 염원이 실현되기를

한국교회연합 대표회장

트럼프 미 대통령과 북한 김정은 위원장 간의 제2차 북·미정상회담이 성과 없이 끝났다. 우리는 이번 회담이 북핵 폐기와 함께 한반도의 항구적 자유와 평화를 위한 분수령이 되었으면 하는 큰 기대와 희망을 걸었으나 지난 싱가포르 1차 회담의 실질적 이행인 북한의 완전한 비핵화 조치와 그 이행을 위한 로드맵에 합의하지 못함으로써 회담이 끝내 결렬된 것에 안타까움을 표한다.

그동안 한국과 미국은 북한을 향해 핵을 포기하면 상응하는 체제 보장과 경제 발전을 약속해 왔다. 회담 장소를 베트남으로 정한 이유도 사회주의 국가인 베트남이 이룩한 고도의 경제 발전의 모델을 보여줌으로써 북한을 개혁 개방의 길로 끌어내려는 의도였다고 생각한다. 그러나 북한은 우리 국민과 미국, 국제사회가 모두 원하는 한반도의 평화보다는 핵무기를 끝까지 움켜쥐고 향후 국제사회로부터 핵보유국 지위를 인정받음으로써 3대 세습 철권통치 체제를 끝까지 지키겠다는 의도를 다시 한번 드러낸 셈이다.

우리는 미·북 회담이 조속한 시일 내에 재개되기를 희망하며, 한반도의 평화를 위한 우리의 오랜 염원이 실현되기를 간절히 바란다. 그러나 성급한 기대보다는 안보와 인권에 중심을 두고 합의를 이루어 나가기를 희망한다. 만일 이번 회담에서 미국이 성과에 대한 조급함으로 북한의 완전한 비핵화라는 본질과 핵심에서 벗어난 지엽적인 문제에 합의했다면 오히려 한반도의 평화로 가는 길은 더 멀어지고 험난해질 수 있기 때문에 전능자께서 개입하신 것이라 여겨진다.

거듭 말하지만 미·북 정상 간 회담의 성패는 북한의 진솔한 자세, 그리고 완전한 비핵화에 달려있다. 그것은 정치적인 타협으로 주고받을 수 있는 거래의 성질이 아니다. 따라서 북한은 진정성 있는 비핵화 실천 없이 자기들이 원하는 체제 안정과 경제 성장의 꿈을 이룰 수 없다는 것을 알아야 한다. 이번에 북한 김정은은 한반도의 항구적 평화에는 관심이 없고 오로지 핵보유국으로 가겠다는 야욕을 국제사회에 보여줌으로써 회담 결렬이라는 안타까운 상황에 직면하게 되었다.

우려스러운 것은 북한이 회담 실패에 대한 분풀이로 또다시 핵실험을 재개하고 미사일 발사 등 도발을 감행하지 않을까 하는 점이다. 대한민국 정부와 국민은 앞으로 발생할 수 있는 그 어떤 안보 위기 상황에도 투철한 안보의식으로 똘똘 뭉쳐 철저하게 대비함으로써 작금의 상황에 슬기롭게 대처해 나가기를 바란다. 우리는 이 땅에 동족상잔의 전쟁이 다시는 일어나지 않고, 자유·평화 통일의 날이 속히 오기를 간절한 마음으로 기도할 것이다.

하나님께 부여받은 권한, 오직 국민을 위해

한국교회연합 대표회장

한국기독교총연합회 대표회장이 현직 대통령의 하야를 요구하는 시국선언문을 발표한 후 언론을 비롯해 교계 안팎에서 이에 대한 서로 다른 주장과 목소리를 내며 사회적인 갈등과 반목이 이어지고 있습니다. 이에 본 한국교회연합은 지난 6월 11~12일 충남 대천에서 한국 교회 비상특별기도회를 겸한 제8-2차 실행위원회 및 임시총회를 개회해 작금의 상황에 대한 본회의 입장을 다음과 같이 발표하기로 결의했습니다.

첫째, 정부는 하나님으로부터 부여받은 권력과 권한을 오직 국민을 위해 바르게 사용하기 바랍니다. 지금 우리 사회는 정치·경제·안보 문제를 비롯해 도처에서 국민적 균열과 갈등이 빚어지고 있습니다. 우리 국민 모두는 지난 정부, 초유의 대통령 탄핵 사태라는 불행한 역사의 트라우마에서 완전히 벗어나지 못하고 있습니다. 이런 상황에서 국민 모두는 새 정부가 국민의 상처 난 가슴을 어루만져 주고 국민 통합의 대로를 활짝 열어 대한민국의 밝은 미래를 지향하는 모습을 보여주기를 간절히 바랐습니다. 그러나 정부가 역점 추진하는 정책과 방향이 미래보다는 과거에 머무르고, 이로 인해 국민적 갈등이 야기되는 모습을 보며 실망과 탄식을 넘어 민주주의의 퇴보를 우려하는 목소리까지 터져 나오고 있습니다. 북한 문제에 대한 대통령의 인식과 정부의 경제 위기대응 정책 또한 국민들의 눈높이와는 큰 괴리감이 있다고 판단됩니다. 따라서 대통령과 정부는 바른 역사관 위에 미래지향적이고 국민 통합적인 올바른 정책으로 오직 국민을 위해 희생하고 헌신하며 국정에 임해주기 바랍니다.

둘째, 대의 민주주의 실현의 장인 국회를 조속히 열어 민생법안부터 처리하기 바랍니다. 국회는 민의를 실현하는 장입니다. 그런데 석 달이 넘도록 국민을 위해 아무것도 하지 않고 서로를 비방하는데 혈안이 되어 있는 것이 오늘 여야 정치권의 자화상입니다. 민의를 대변하라고 국민이 뽑아준 국회의원들이 국민은 안중에 없이 이기주의에 함몰돼 민의의 장인 국회를 외면하고 있는 것은 자기 부정이요, 몰염치의 극치입니다. 이런 여와 야, 이런 국회의원은 민주주의의 꽃이 아니라 독이며, 민주주의를 역행한 범죄로 유권자인 국민으로부터 혹독한 심판을 받게 될 것입니다. 여야는 이제라도 서로의 정파적 주장에서 한걸음 물러서 자유민주주의의 기초 위에 대타협의 정신을 발휘하여 조속히 국회를 열고 각종 시급한 민생법안부터 처리하기 바랍니다.

셋째, 한국기독교총연합회 대표회장에게 묻습니다. 오랜 세월 보수를 대변해 온 전통있는 기독교연합기관의 대표로서, 또한 성직자로서 현직 대통령에 대해 시한을 정해 무조건 하야하라고 공개적으로 요구하면서 정제되지 않은 표현으로 주장하는 것이 과연 예수 그리스도께서 가르쳐 준 복음의 정신에 부합하는지, 또 그 방법밖에 없었는지 먼저 생각해야 할 것입니다. 예수님은 "너희가 비판하는 그 비판으로 너희가 비판을 받게 된다"(마:1-2) 하시면서, "남의 눈의 티를 보기 전에 자기 눈의 들보를 보라"(마7:3)고 하셨습니다. 내 개인의 정치적이고 편향적 돌출 행동이 자칫 하나님이 한국 교회에 요구하시는 선지자적 사명에 대한 심대한 왜곡으로 세상에 비쳐짐으로써 교회의 세상을 향한 복음사역 전반에 큰 걸림돌이 될 수 있

치유하시는 하나님의 사랑

음을 우리 모두는 자각하고 성찰해야 할 것입니다.

넷째, 모든 기독교 연합기관, 교단, 단체에 간곡히 호소합니다. 한기총 대표회장의 시국선언문 발표 이후 한국 교회 안에서조차 심한 반목과 갈등이 빚어지고 있는 것을 하나님은 결코 원하지 않으실 것입니다. 과거 정권하에서도 대정부 대사회적인 문제로 한국 교회가 보수·진보로 나뉘어 서로를 비판하고 공격하는 행위를 반복해 왔습니다. 그러나 이는 모두 하나님 앞에서 부끄러운 행위이며, 누워서 침 뱉기나 마찬가지입니다.

기독교연합기관마다 추구하는 목표와 정체성이 다를 수 있다는 것을 인식하고 나와 다르더라도 서로를 존중하는 마음으로 함부로 비방하고 판단해서는 안 될 것입니다. 한국 교회를 대표할 수 있느냐 없느냐 하는 것 또한 스스로 기독교를 격하시키는 무익한 논쟁에 불과합니다. 대사회, 대정부적 관점에서 한국 교회가 직면한 모든 문제들은 한국 교회가 하나가 되지 못하고 빛과 소금의 역할을 감당하지 못한 데서 비롯된 것입니다. 따라서 제 역할을 감당하지 못한 우리의 잘못과 죄책을 하나님께 회개하고 나라와 민족을 위해 더욱 뜨겁게 기도할 것을 호소합니다.

본 한국교회연합은 6월 호국보훈의 달을 맞아 전국 50여 개 기도원을 시작으로 나라와 민족의 안정과 평화, 복음 통일을 위해, 한국 교회의 본질 회복과 선지자적 사명 감당을 위해 제1차 '한국 교회 비상 특별기도운동'을 시작했습니다. "우리의 싸움은 혈과 육이 아닌 영적 싸움"(엡6:12)입니다.

세속적 싸움은 영적 싸움에서 이길 때 승리할 수 있으며, 그리스도인이 싸울 무기는 기도밖에 없습니다. 내 가치관으로 남을 판단하기 전에 나부터 먼저 회개하고 눈물로 기도하며 성령의 인도를 받아 행동하는 믿음으로 하나님께서 한국 교회에 부여하신 사명을 새롭게 인식하는 한국 교회와 성도들이 되시기를 간절히 소망합니다.

주신 은혜는 이때를 위함입니다

한국교회연합 대표회장

주의 성령이 대한민국과 한국 교회에 임하시기를 기도드립니다. 하나님은 고난의 역사 속에서 대한민국과 한국 교회에 큰 부흥을 주시고 진리, 자유, 사랑의 위대함을 믿고 전하며 평안을 누리며 살아가도록 복을 주셨습니다. 그동안 한국 교회에 임하신 은혜는 나라가 어려울 때, 공의가 무너지고 온 국민이 혼란 속에 방황하는 이때를 위함이라 생각됩니다. 한국 교회는 세상의 빛과 소금이 되라는 주님이 주신 사명을 감당할 때가 되었습니다.

온 교회는 이스라엘 백성이 어려울 때 기도의 손을 높이 들었던 엘리야와 모세처럼 민족을 위해서, 하나님의 영광과 국가의 회복을 위해서 기도해야 합니다. 또한 여호수아처럼 진리의 칼을 들고 전장에 나가 가나안 입성을 방해하는 아말렉과 싸우는 순종과 열정이 필요합니다. 사무엘과 온 이스라엘 백성이 함께 미스바에 모여 기도하였듯이 성경적 세계관으로 단합하여 기도해야 할 것입니다.

지금 우리는 사회 정의와 공의가 무너지고 어둠에 사로잡혀 참과 거짓을 분별하지 못하는 참담한 현실을 목도하고 있습니다. 진리의 편에 서야 할 성직자마저도 세속에 결박되어 가룟 유다처럼 주님을 버리고 진리를 떠나 스스로 성직을 팔고 있습니다. 이 시대에 팽배한 거짓과 불신, 사

치유하시는 하나님의 사랑

회주의와 공산주의 사상은 매우 위험합니다. 기독교를 혐오집단으로 보는 사람이, 편법, 특혜, 반칙 등 이미 드러난 증거만으로도 스스로 개혁의 대상임을 만천하에 드러낸 이가 어찌 사법 개혁을 주도하겠다는 것입니까. 인간의 이성으로는 악한 영을 감당할 수 없습니다. 그러므로 한국 교회와 1천만 성도들은 진리와 성령의 능력에 힘입어 한 마음으로 기도함으로 악한 세력과 사상을 물리쳐야 할 것입니다.

이제 우리는 하나님의 구원의 능력을 믿고 나아가야 합니다. 나라를 혼란에 빠뜨리고 하나님이 주신 참된 복음을 빼앗으려 하는 적그리스도 세력에 더 이상 침묵하지 말아야 할 것입니다. 자유를 빼앗고 온 나라를 마치 거대한 동물원처럼 만들어 하나님이 주신 인간의 자유의지를 속박하며, 자신들이 던져주는 먹이로 사육하려 하는, 창조 질서를 거스르는 그 어떤 세력도 용납해서는 안 될 것입니다. 작금의 자유, 인권, 공의가 박탈당하는 현실을 목도하면서도 여전히 침묵하고 교회사적 분열과 분쟁에만 몰두하는 그 어떤 교단과 교회, 사회, 개인이 있다면 모두 하나님 앞에서 심판을 면하지 못할 것입니다.

지금 한국 교회 안에도 사탄이 파송한 여우가 있습니다. 그들은 포도원의 꽃을 떨어지게 하는 자들입니다. 성직자, 직분자의 가면을 쓰고 은밀히 숨어 세속 권력을 끌어들여 교회에 분쟁과 해악을 도모하고 있습니다. 그들은 진화론적 사고를 바탕으로 적자생존, 약육강식의 본능을 따라 행하며 복음의 진리마저 거짓으로 둔갑시킵니다.

이제 한국 교회는 분쟁과 미움, 권력과 물질의 쇠사슬에 결박되어 공동체를 분열시키고 해악을 도모하는 타락을 경계하고, 이들이 회개하고 본질을 회복하여 그리스도의 품으로 돌아올 수 있도록 함께 기도해야 합니다. 한국 교회는 자신을 성찰하고 거듭된 분열의 죄과를 회개함으로 한국 교회의 연합, 화합, 통합을 위해 적극 나서야 할 것입니다.

한국 교회 13만 목회자, 1천만 성도 여러분, 지금 우리는 잠잠히 있을 때가 아닙니다. 시험에 들지 않게 깨어 있어 기도할 때입니다. 주님은 "만일 이 사람들이 침묵하면 돌들이 소리지르리라"(눅19:40)고 하셨습니다. "우리의 씨름은 혈과 육을 상대하는 것이 아니요 통치자들과 권세들과 이 어둠의 세상 주관자들과 하늘에 있는 악의 영들을 상대함이라"(엡6:12)고 성경은 말씀하고 있습니다. 그러므로 교회마다, 가정마다 시간마다 기도하고 성령의 능력으로 영적인 싸움을 싸워야 할 것입니다. 세계 속에 자랑스러운 자유대한민국을 지키기 위해 우리의 첫 번째 할 사명은 기도입니다.

한국교회연합은 지난 3개월간 나라와 민족, 한국 교회 본질회복을 위한 1차, 2차 비상특별기도회를 전국 150여 개 기도원과 함께하며 눈물로 뜨겁게 기도해 왔습니다. 이제 10월 1일부터 100일간 나라와 민족을 위한 특별기도회를 교파를 초월해 함께할 것을 전국 교회 앞에 요청드립니다.

매일 새벽기도와 주일 예배, 삼일 예배시간마다 같은 기도 제목으로 기도할 것을 간곡히 호소합니다. 바울 사도가 겐그레아에서 머리를 깎으며 진리를 지키려고 몸부림친 것처럼 이젠 한국 교회도 종교의 자유, 자유대한민국 수호를 위해 결단해야 할 때가 다가오고 있습니다.

하나님이 세우신 대한민국에 자유민주주의의 횃불이 꺼지지 않도록, 온 국민이 전쟁의 참화를 딛고 피땀 흘려 이룩한 굳건한 안보의식과 한미동맹, 자유 시장경제 등의 선한 가치들이 훼손되지 않도록 해야 합니다.

또한 바른 역사관과 세계관을 정립하여 세계 속에서 경쟁력 있는 교육으로 세계적인 인재 양성이 실현되고, 복음 통일을 이뤄 우리 민족이 함께 잘 사는 나라가 되도록 합심해 기도합시다.

"일어나라 빛을 발하라 이는 네 빛이 이르렀고 여호와의 영광이 네 위에 임하였음이니라"(사60:1) 아멘.

치유하시는 하나님의 사랑

성경의 원리로 돌아가는 제2의 종교개혁 필요

국민일보는 29일 서울 종로구 대학로 한국교회100주년기념관에서
열리는 '2017 종교개혁 500주년 한국교회개혁갱신실천대회'를 앞두고
지난 22일 서울 영등포구 국민일보 종교국 회의실에서 특별 좌담회를
열었다. 한국교회개혁갱신실천대회 대표대회장 소강석(새에덴교회)
상임대표회장 정인찬(웨스트민스터신학대학원대학교 총장)
명예대표대회장 권태진(군포제일교회) 목사와 세계성령중앙협의회 이사장
안준배(대학로순복음교회) 목사 등 실천대회 관계자들은
'한국 교회의 신앙 본질 회복' '한국 교회 개혁 대상과 개혁 방향 모색'
'한반도 평화와 통일을 위한 한국 교회의 역할' 등에 대해 진지한 논의를 펼쳤다.

Q 종교개혁 500주년을 맞아 오늘의 한국 교회가 추구해야 할 개혁
정신은 무엇인가요.

A 교회의 본질을 알고 말씀에 의해 자기를 조명하며, 철저한 회개로 성령의
능력을 받아야 합니다. 예수님의 제자들과 그를 따르는 무리들 중에는
긍정적인 특징이 있는 반면 부정적인 시각과 관념을 가진 자들도 있었습니다.
예수님의 사역은 생명을 구원하고 가르치고 치유하는 사역이었습니다.
그러나 바리새인들은 말은 그럴듯하게 하지만 철저하게 위선과 외식이
체질화되어 있는 행함이 없는 자들이었습니다.

선지자의 음성이 사라진 이스라엘 민족의 예배와 신앙생활은 변화 아닌
변질이 전통으로 자리를 잡았습니다. 예수님의 제자들은 사명의 계승자로서
전도하고, 예수님의 사랑의 삶의 발자취를 따라가려고 생명을 걸었습니다.
그러나 제사장들과 바리새인들은 율법의 정신도 모른 채 자기들의 수준에서
비판과 정죄만을 일삼았습니다.

오늘날도 십자가의 보혈로 값 주고 사신 그리스도의 몸인 교회를 자기들의
기준의 잣대로 평가하고, 정죄와 비판만 일삼으면서 자신의 삶에 대해서는
예외를 두는 경우가 적지 않습니다. 오직 기도와 눈물과 땀, 그리고 믿음으로
사명 붙들고 달려오게 하시고 이루게 해주신 하나님의 역사와 섭리는 생각지
않고, 마치 인간이 자신의 힘으로 이루어 놓은 결과인 것처럼 자랑하고
교만하며, 비판하고 시기하는 태도는 성경적이 아닙니다.

미련한 자는 결과만 보고, 지혜로운 자는 원인과 함께 결과를 본다는 말이
있습니다. 예수님의 말씀을 깨닫고 은혜를 받은 마리아가 예수님께 옥합을
깨뜨렸을 때 연보를 도적질하는 가룟 유다는 세속적인 복지의 개념으로
왜 값비싼 물질을 허비하느냐고 비판했습니다. 세속적 경제관과 복음적
경제관은 다릅니다. 하나님의 영광과 주님의 사역 그리고 생명구원을
위해서는 그 어떤 투자도 낭비가 아닙니다.

우리는 가난한 자를 위하고 구제한다는 명목으로 성도들의 가치관에 혼동을
주어서는 안 될 것입니다. 특별히 예수님의 제자가 되어 사명을 위해 물질적인
어려움도 함께 감당할 때 그러한 교회를 향해 미자립교회 혹은 자립교회로
부르는 것은 합당하지 않습니다.

그것은 교회를 지상사명을 감당하기 위한 그리스도의 몸으로 보지 않고
경제논리로 명명하는 것이므로 바람직하지 않습니다.

우리는 검소한 생활과 인색한 생활을 혼동하듯이 차별과 구별을 혼동하기가
쉽습니다. 남녀를 차별하지는 말아야 하지만 구별은 필요한 것입니다.
이것이 깨어지면 창조질서가 파괴됩니다. 그러므로 기능과 역할에 따른

구별이 필요합니다.

그러나 인간이 이성보다 상위의 경지에서 자기를 세우고 환경을 이기는 길은
먼저 자신의 죄를 살펴 회개하고 성령의 조명을 받는 것입니다.

그때 죄와 의에 대한 확실한 구별이 가능합니다.

Q 한국 교회가 성장하는 과정에서 비기독교적인 세속화의 물결이 내부로
침투했습니다. 또 교회가 사회로부터 비판받는 현실에 이르렀습니다.
한국 교회가 진정으로 개혁해야 할 것은 무엇인가요.

A 공정한 선거문화 확립도 빼놓을 수 없습니다. 그동안 교회에서 실행되는
많은 선거 과정에서 문제점들이 발견됐습니다. 교회 안팎으로 존경받을 만한
인물이 지도자로 설 수 있도록 선거제도 개혁에 힘써야 합니다.
이를 위해 목회자 한 사람 한 사람이 섬김의 본질을 이해하고 겸손과 거룩성을
마음에 새기도록 철저한 자기 성찰이 선행돼야 합니다.

Q 종교개혁 500주년이라는 역사적인 사건을 앞두고 있는 시점입니다.
대한민국도 광복 70주년이라는 역사적인 해를 맞았는데 이 시점에서
한국 교회 역할론은 무엇이라고 보십니까.

A 개혁과 갱신은 복되고 거룩한 전통을 점점 확장시켜 나가는 것입니다.
오늘날 내적으로는 신적기관인 교회가 인본주의와 불신자들의 공격을 받고
있고, 밖으로는 유물주의 무신론자들로부터 심각한 공격을 받아 상처를
받았습니다.
이 세상에 지상교회는 완전할 수는 없지만, 역사의 큰 축을 담당해 온 많은
교회와 신앙인들의 애국적 수고를 종교 행위로 치부하고 역사에는 기술하지
않는 잘못을 범하고 있습니다. 개혁과 갱신은 복되고 거룩한 전통을 점점

확장시켜 나가는 것입니다. 부족한 부분이나 잘못된 시각을 확산시켜
교회의 위기설을 말하는 것은 불신앙입니다.
기독교가 세계사 속에서 끼친 선한 영향력은 이루 다 말할 수 없거니와
특히 대한민국 기독교가 130년 역사 속에 교육, 문화, 경제, 복지 등 다양한
분야에서 세계가 놀랄만한 영향력을 끼쳤다는 사실을 알고 위축되거나
좌절하지 말아야 합니다.

Q ‘우리는 한국 교회 인테그리티(정직 청렴 고결 온전 위상)를
실천하겠습니다’를 표어로 ‘2015 종교개혁 500주년
한국교회개혁갱신실천대회’가 진행됩니다. 기대하는 바가 있다면.

A 지속적 개혁갱신의 실천으로 복음적 삶과 사랑으로, 성령으로 하나 됩시다.
첫째, 말씀 안에서 철저한 회개 운동이 필요합니다.
개혁주의 생활원리를 바탕으로 성령의 지혜로 하나님 중심, 성경 중심,
교회 중심의 운동을 펼쳐 나가야 합니다.
둘째, 신학이 학문으로 그치지 않고 영적 훈련이 함께 있어야 합니다.
셋째, 교단적 연합을 넘어 사명의 동질로 하나 됨에 더욱 힘써야 합니다.
넷째, 비교하고, 비판하고, 시기하는 갈등과 차별 문화 대신 조화로운 문화를
인정해야 합니다.
다섯째, 구약적 율법 기준의 정죄보다는 복음의 희망을 가져야 합니다.
여섯째, 교회를 그리스도의 몸으로 알고 성도들을 신령한 지체로, 가족으로
보는 가치관 속에서 사역해야 합니다.
종교개혁 500주년을 맞이하면서 이번에 열리는 “한국교회 개혁과 갱신
실천대회”가 건강한 개혁을 힘차게 펼쳐 나가는 발원지가 되길 바랍니다.
그리하여 예수 그리스도의 피 값으로 사신 교회가
남북통일과 세계 복음화를 이루어 주님의 사명을 온전히 감당하고

하나님께 영광을 돌리게 되길 간절히 소원합니다.

이번 대회에 개혁 실천 의지가 충만한 목회자와 평신도들이 마음을 모아주길 기대합니다. 작은 불꽃 하나가 큰불을 이루듯 성경을 통해 정체성을 세우고 개혁을 실천하는 움직임이 한국 교회의 새로운 지평을 열어나가는 출발점이 되길 바랍니다.

▶ 진행자 = 최 기 영 기자
▶ 참석자 = 권 태.진 목사(명예대표대회장·군포제일교회)
　　　　　　 소 강 석 목사(대표대회장·새에덴교회)
　　　　　　 정 인 찬 목사(상임대표회장·웨스트민스터신학대학원대학교 총장)
　　　　　　 안 준 배 목사(세계성령중앙협의회 이사장)
▶ 언론사 = 국민일보

※ 전체 내용 중 상임회장 권태진 목사의 답변만 발췌했습니다.

예수님의 제자들은
사명의 계승자로서 전도하고,
예수님 사랑의 발자취를 따라가려고
생명을 걸었습니다

자유대한민국을 위한 기도

한국교회연합 대표회장

문재인 대통령이 취임사에서 약속한 평등한 기회, 공정한 과정, 정의로운 결과에 대한 국민적 기대와 희망이 무너진 이때, 작금의 상황은 대한민국을 끝없는 국론 분열과 대립, 안보·외교·경제 위기로 몰아넣고 있다.

정부는 더 이상의 국론 분열로 대한민국이 돌이킬 수 없는 파멸의 길에 들어서지 않도록 국민의 목소리를 겸허하게 경청할 것을 촉구한다. 대검찰청 앞 대로에서 수만 군중이 모여 검찰 개혁의 촛불시위를 벌인 데 이어 10월 3일 광화문광장과 시청 앞 광장 등 서울 시내 중심가에서 대규모 시국집회가 예고되어 있다. 왜 개천절에 이런 대규모 시위와 집회가 서울 시내 한복판에서 열리게 되었는지, 정부와 여야 정치권은 깊이 성찰해야 할 것이다.

정치적 구호 아래 정치인들과 보수 교계가 주도하는 대회도, 순수한 시국기도회도 한날한시에 열린다. 그런데 이번 10.3 대회는 자유대한민국을 수호하고 나라와 민족의 안녕과 번영을 기원하는 온 국민과 한국 교회의 몸부림이다. 대한민국을 지켜야 한다는 국민적 열망 안에는 다양한 생각과 방법론이 내포되어 있다. 비록 생각과 방법이 다르더라고 우리는 다양성 속에서 한목소리를 내는 데 힘을 모아야 할 것이다.

　　자유민주주의를 수호하는 국민들과 기독교계는 다양한 방법으로 나라사랑 정신을 표출하되 하나 됨을 깨뜨려서는 안 된다.

　　이번 10.3 집회는 영적 싸움이다. 따라서 모든 기독교인들은 기도와 비폭력 시위에 참가한다는 점을 결코 잊어선 안 될 것이다. 만에 하나 작은 폭력 사태 또는 비평화적인 수단과 방법이 동원된다면 아무리 그 뜻이 선하더라도 본질이 왜곡되고 국민들로부터 외면을 당할 것이다.

　　한국 교회는 1000만 성도, 6만 교회를 자랑해 왔으나 하나되지 못함으로 어둠의 세력과 세속적 세계관, 사회주의 이념과 공산주의 사상에 맞서 단합된 힘과 지혜로 대응하지 못했다. 그러나 한국 교회 안에는 성경적 세계관을 갖고 기도하는 수많은 성도와 목회자들이 있기에 희망의 끈을 놓을 수 없다.

　　끝없이 지난 일을 탓하고 정죄하는 것만으로는 앞으로 나아갈 수 없다. 나와 다르다고 정죄하기보다 조화와 다양성을 인정하고 복음 안에서 하나되어 교회의 제사장적 사명을 회복하는 데 전력을 다해야 할 것이다.

　　한국 교회가 침묵하는 동안 세속의 권력이 공교회에 침투하고, 동성애와 젠더주의가 활개를 치며, 자유와 인권이 말살당하고 있다. 어둠의 세력은 끊임없이 교회를 공격하고 분열시키는 데 혈안이 되어 있는데 사분오열된 한국 교회는 속수무책 눈 뜨고 당하고만 있는 현실을 개탄하지 않을 수 없다.

　　이에 한국 교회 모든 교단과 총회장, 지도자들에게 간곡히 호소한다. 서로의 잘잘못을 따지지 말고 통회 자복함으로 먼저 한국 교회의 공교회성과 거룩성을 회복하고 자유대한민국을 지키기 위해 힘을 모을 것을 촉구한다. 한국 교회는 나라를 사랑하고 이 땅에 자유민주주의와 시장경제를 지키기 위해 한마음을 가지고 있는 것을 누구도 부정하지 못할 것이다.

　　우리 모두는 그리스도 안에서 영적 싸움에 임하는 십자가 정병답게

치유하시는 하나님의 사랑

기도하고 행동해야 한다. 이스라엘 백성이 위기를 만났을 때 미스바에 모여 기도하면서 회개하고 여호와께로 돌아간 것 같이 우리도 함께 기도하는 운동에 참여하되, 그 마음에 나라 사랑의 동기가 있어야 할 것이다.

지금은 여야, 보수, 진보, 종교와 이념을 초월해 나라를 지키고 안보경제 위기를 극복해야 할 때이다. 한국교회연합, 한국기독교총연합회, 한국교회총연합 등 모든 연합기관과 교단, 교회, 단체가 성경적 세계관을 가진 자유대한민국의 건국이념을 지키고 신앙의 자유를 지키기 위해 똘똘 뭉쳐 함께 기도하며 행동에 나설 것을 다시 한번 촉구한다.

"또 어떤 자를 불에서 끌어내어 구원하라 또 어떤 자를 그 육체로 더럽힌 옷까지도 미워하되 두려움으로 긍휼히 여기라"(유1:23)

창조질서를 위해 단호히 맞서야

한국교회연합 대표회장

한국 교회 보수 신학을 대표해 온 총신대학교 내에서 동성애 반대 운동에 앞장서 온 교수를 '성차별·성희롱'이라는 프레임을 씌워 징계하려는 시도에 대해 극히 우려를 표하는 바이다. 최근 총신대에서 일부 교수들이 수업 시간에 학생들에게 성적 수치심을 불러일으키는 성희롱성 발언을 함으로써 학생들이 이를 대자보에 적시했고 이 사실이 언론을 통해 외부로 알려지게 되었다. 일반 대학도 아닌 신학대에서 교수들이 학생들의 성적 수치심을 불러일으키는 성희롱 발언을 했다는 것은 교수가 어떤 취지에서 그런 말을 했든 매우 잘못된 것이며, 자질이 부족한 이런 교수를 강단에 세운 총신대에도 막중한 책임이 있다고 하겠다.

그러나 이런 와중에 이들 교수와는 전혀 다른, 그동안 동성애 반대에 앞장선 모 교수까지 일부 발언을 문제 삼아 싸잡아 비난하고 성희롱 교수들과 동일선상에서 징계를 하려는 시도에 대해 매우 우려하며, 총신대 측의 신중한 결정을 촉구한다. 해당 교수는 수업 시간에 남녀 간의 성 기능을 설명하며 이를 직설적인 화법으로 서술했다고 한다. 이는 듣는 사람에 따라 수치심을 느낄 수도 있었겠지만 결코 음란한 표현이나 저속한 성희롱 목적이 아님이 자명하다. 오히려 동성애에 빠질 수 있는 위험성을 강조하기 위한 것이었는데 이를 무조건 '성차별·성희롱'이라는 프레임으로 묶어 비난하는 것은 온당치 않다고 본다.

더구나 총신대 측이 교수 징계를 목적으로 대책위원회를 구성하면서 대자보를 붙인 3명의 학생과 함께 친동성애 진영에서 활동해 온 서울대인권센터 출신의 모 변호사를 선임한 것에 대해서는 과연 학교가 이 문제를 바르고 공정하게 처리하려는 의지가 있는지 의구심이 들게 한다.

우리는 향후 총신대의 조사 과정과 결과를 지켜보겠지만 그 결정이 국가인권위원회가 표방하는 친 동성애정책 및 차별금지법 제정 등에 동조하는 결과로 나타나지 않게 되기를 바라며, 동성애 반대 교수에 대해 학교 측이 보다 신중하고 공정한 판단을 해 줄 것을 촉구한다.

또한 총신대 교수 문제에 대한 입장을 발표한 모든 동성애 반대 단체들과 뜻을 같이하며, 한국 교회 1천만 성도들과 함께 생명 존중과 하나님의 창조 질서를 파괴하려는 그 어떤 음모와 시도에도 단호히 맞서 싸울 것을 밝힌다.

빛이 필요합니다

한국교회연합 대표회장

"지극히 높은 곳에서는 하나님께 영광이요 땅에서는 하나님이 기뻐하신 사람들 중에 평화로다"(눅2:14)

임마누엘! 죄인 되어 사망에 결박된 인간을 구원하시기 위하여 하나님의 아들 예수가 성령으로 잉태하여 이 땅에오신 것을 환영하며 찬양하며 영접합니다. 어둠에 속한 백성에게 참 빛으로, 사망에 잡힌 자에게 생명의 빛으로 오셨습니다.

분열이 있는 곳에 화합을, 미움이 있는 곳에 사랑을, 사망이 있는 곳에 생명으로, 짐승만큼 낮아진 자리인 말구유에 오신 예수 그리스도는 존귀하신 하나님의 아들이십니다.

그러나 그때나 지금이나 인간은 눈 어두워 보고도 알지 못하고 대적하며, 사망의 길을 스스로 선택합니다. 지금이야말로 성탄의 정신이 너무나 필요한 때입니다. 전쟁의 소식과 군중의 아우성 소리가 정치, 경제, 안보, 문화 곳곳에서 들리고 있습니다. 그뿐 아니라 인간의 중심에도 빛이 없어서 창조의 원리를 역행하는 인명 경시 풍조가 만연해 있습니다.

이 모든 것을 해결하실 분은 오직 예수님의 정신입니다. 온 인류가 이번 성탄에 평화와 화해를 통해 서로 사랑함으로 질서를 잡아가기를 소망

치유하시는 하나님의 사랑

합니다. 우리는 하나님의 형상으로 창조된 존귀한 피조물이며 그의 생명은 천하보다 귀함으로 모두는 자유와 평화, 인권을 보장받으며 행복한 나라에 살 수 있는 권리를 가지고 있습니다. 서로 사랑하고 남을 나보다 낮게 여기는 정신이 바로 주님의 정신입니다.

오늘날 사회뿐 아니라 진리를 따르는 곳도 세속적 물질주의와 물량주의에 붙잡혀 가진 자와 힘 있는 자의 지배 논리에 빠지는 오류를 범하고 있습니다.

예수님의 사랑과 공의와 섬김과 빛의 정신이 이번 성탄에 온 누리에 회복이 되어야 합니다. 탄생하신 예수님은 가난한 자, 병든 자, 소외된 자들의 친구로 그들을 돌아보는 삶을 사셨습니다. 겸손한 그리스도의 정신이 이 땅에 이루어지는 성탄이 되길 소원합니다.

특별히 지금 한국 교회는 바울 사도가 탄 배가 로마로 향하다가 유라굴로 풍랑을 만난 것과 같은 상황입니다. 해와 달도 보이지 않는 깜깜한 때이지만 희망은 있습니다. 우리 한국 사회와 교회는 빛을 필요로 하고 있습니다. 한국 교회는 일제 강점기와 6·25의 환난 때도 기도와 성령의 능력으로 민족에게 희망을 주었습니다.

선조들의 신앙을 계승하여 합력하여 선을 이루시는 하나님의 뜻을, 이 땅에 이루어 나가는 큰 능력과 기쁨을 얻는 성탄이 되기를 소원합니다. 할렐루야!

환경을 초월하는 기쁨으로

한국교회연합 대표회장

누구에게나 공평하게 다가오는 새해, 모두가 행복하기를 소원합니다.

새해는 모두가 환경을 초월한 기쁨을 가지고 하나님의 형상으로 창조된 인간의 위대함을 새롭게 인식하는 해가 되기를 바랍니다.

"나는 여호와로 말미암아 즐거워하며 나의 구원의 하나님으로 말미암아 기뻐하리로다 주 여호와는 나의 힘이시라 나의 발을 사슴과 같게 하사 나를 나의 높은 곳으로 다니게 하시리로다 이 노래는 지휘하는 사람을 위하여 내 수금에 맞춘 것이니라"(합3:18-19)

대한민국은 위대한 선열들의 고귀한 희생과 자유를 사랑하는 우방 덕분에 세계 강국으로 발돋움할 수 있었습니다. 역사 가운데 교회도 아름답게 성장하여 우리나라에 자유민주주의가 꽃피었습니다. 그러나 교회가 교회의 본질을 잃어버리고 하나님이 주신 인적·물적·양적인 복을 자신의 영달과 정욕에 사용함으로 화합 대신 나뉘어 갈등하고, 권력과 야합하여 한국 교회의 미래를 어둡게 만들고 말았습니다.

새해에는 그 어느 때보다 특별한 각오가 필요한 때입니다. "그리스도를 위하여 너희에게 은혜를 주신 것은 다만 그를 믿을 뿐 아니라 또한 그를 위하여 고난도 받게 하려 하심이라"(빌1:29)는 바울 사도의 고백같이, 이제 한

치유하시는 하나님의 사랑

국 교회는 그동안 은혜 입은 것을 갚아야 합니다. 십자가를 지는 각오가 있어야 부활을 기대할 수 있습니다. 불신앙과 어둠의 권세가 득세하는 곳을 변화시키기 위해서는 하나님의 능력을 힘입어야 합니다. 이스라엘 백성에게 사건 계시를 보이심 같이 해결의 방법은 미스바의 기도 운동, 갈멜산 엘리야의 헌신의 기도입니다.

새해에는 믿는 자의 생존을 위협하는 무신론과 타락 문화가 그 어느 해보다 거센 바람이 되어 불어 닥칠 것입니다. 한국 교회는 시대의 위중함을 깨달아 기도원과 전국 교회에서 뜨거운 기도의 불을 지피고 하나님 앞에 소리 높여 절규하며 비상 기도를 올려야 할 것입니다.

인간은 누구나 자유롭고 평화로운 삶을 추구합니다. 초원을 누비며 살다가 거대한 동물원에 갇혀 주는 것만 먹으며 길들여지는 짐승처럼 살아갈 수는 없습니다. 따라서 우리 모두는 역사의 물레를 돌리시는 하나님께 기도하며 자유와 평화를 위해 일사각오로 일어나야 합니다. 일하는 자유, 신앙의 자유, 표현의 자유는 사람을 사람답게 하는 기본 권리입니다. 우리는 사람답게 살아가는 대한민국을 지켜낼 뿐 아니라 미래의 후손에게 물려주기 위해 십자가 정신으로 기도하고 행해야 할 것입니다.

올해는 우리나라와 민족에 기도가 꼭 필요한 해가 될 것입니다. 새해에 우리 모두는 금식하며 흉악의 결박을 벗는 기도를 올리기를 원합니다.

"내가 기뻐하는 금식은 흉악의 결박을 풀어 주며 멍에의 줄을 끌러 주며 압제 당하는 자를 자유하게 하며 모든 멍에를 꺾는 것이 아니겠느냐"(사 58:6)

우리 모두가 지난날의 잘못을 회개하고 세상의 빛과 소금의 사명을 회복하는 해가 되기를 소원합니다. 그러려면 민족 기도의 제단을 회복하여 혈과 영의 싸움을 이길 수 있는 성령의 능력으로 무장해야 할 것입니다. 이젠 말로만이 아니라 진정 낮아지고 겸손함으로 섬김의 리더십을 가지고, 죄인을 구원하고자 친히 한 알의 밀알이 되신 예수 그리스도의 삶을 온 교회가 함께 본받아 나아가야 합니다.

2020년 새해에는 교회의 본질 회복, 건국 이념의 회복, 자유민주주의 정신을 회복함으로 남북이 자유 가운데 삼합(화합·연합·통합)을 이루기를 소망합니다. 국민이 주인 되어 참된 평화를 누리며 복음으로 세운 나라와 관계를 돈독히 하고 전 세계 지구촌에 분쟁과 테러, 폭력이 사라지고 주님의 평화만이 온 세상 가득하게 되기를 소원합니다.

인간의 존엄과 자유, 생명의 가치가 존중받는 참다운 인권이 실현되고, 진정 국민을 위하고, 두려워할 줄 아는 선한 양심을 가진 사람이 지도자로 세워져 남북이 자유·평화·복음 통일의 씨를 심는 해가 되기를 소원합니다. 자기 성찰이 없이 내로남불식 사고에 사로잡힌 이들은 그 위선의 가면을 벗고, 진리 앞에 바로 서는 날이 반드시 올 것입니다.

우리에게 다가오는 어떠한 환경도 믿음으로 극복하는 자에게는 합력하여 선을 이루는 복이 있을 줄 믿습니다. 여러분의 가정에 하나님의 축복이 가득하기를 기원합니다.

"우리가 알거니와 하나님을 사랑하는 자 곧 그의 뜻대로 부르심을 입은 자들에게는 모든 것이 합력하여 선을 이루느니라"(롬8:28)

치유하시는 하나님의 사랑

용서와 화합의 선한 영향력

한국교회연합 대표회장

지난 7년여간 분쟁을 겪어온 사랑의 교회가 용서와 화해로 2020년 새해 첫 발을 내딛게 된 것을 기뻐하며 환영한다. 사랑의 교회 양측은 지난해 12월 23일 사태 해결을 위한 8개항의 합의서에 서명한 데 이어 12일에 당회와 공동의회 등의 결의 절차까지 모두 마침으로써 대립과 갈등을 넘어 화해와 화합의 새 장을 열었다.

교회의 분쟁은 서로가 하나님의 뜻을 내세워 정당성을 주장하기에 그 갈등을 조정하고 봉합하기란 매우 어렵다. 더구나 시간이 흐를수록 감정의 골마저 깊어져 물리적 충돌과 법적 소송을 반복하면서 서로가 원치 않는 파국을 향해 달려가는 안타까운 모습을 볼 수 있었다.

그런 현실에서 사랑의 교회의 화해와 화합은 비록 7년이라는 시간이 걸렸지만 더 늦기 전에, 한국 교회와 지역사회에 더 크고 무거운 짐이 되기 전에 서로의 아집과 주장을 내려놓고 사과와 용서, 화해와 화합을 위한 결단을 내렸다는데 커다란 의미가 있다.

사랑의 교회 문제는 서로가 그간의 잘못에 대해 사과하고 용서하는 마음으로 대승적 차원에서 합의에 도달했을 것이다. 그렇다고 한순간에 모든 문제가 한꺼번에 해결되었다고 볼 수는 없다. 따라서 상대방에 품었

던 증오와 분노를 내려놓고 서로의 잘잘못과 시시비비까지 그리스도의 사
랑으로 덮어줌으로써 또다시 해묵은 감정의 불씨가 되살아나지 않도록 서
로가 세심한 주의를 기울여야 할 것이다.

우리는 사랑의 교회 모든 구성원뿐 아니라 한국 교회 성도들이 함께
아파하며 기도해 온 문제를 이처럼 아름다운 결과로 응답해 주신 하나님
께 모든 영광과 감사를 드린다. 사랑의 교회 온 성도들이 주님이 주신 뜨
거운 사랑의 마음으로 서로를 용납함으로써 한국 교회와 지역사회 선교에
새로운 희망과 비전이 되기를 바란다.

또한 사랑의 교회의 화합의 사례가 아직도 분쟁과 분규 가운데 있는
또 다른 교회들에 선한 영향력으로 작용해 새해에는 한국 교회에 복된 화
합의 기쁜 소식이 계속해서 들려오기를 희망한다.

치유하시는 하나님의 사랑

자유롭게 예배하고 기도하는 학교를 위해

한국교회연합 대표회장

트럼프 미국 대통령이 1월 16일 모든 공립학교 내에서 기도와 예배의 자유를 보호하고 보장할 것을 약속하는 새로운 지침을 발표했다는 국민일보 1월 20일 자 보도를 접하고 먼저 환영의 뜻을 밝힌다.

이와 관련해 종교의 자유를 헌법으로 보장하고 있는 대한민국에서 공립학교뿐 아니라 기독교 정신으로 설립된 미션스쿨에서조차 자유로운 종교 활동이 억압받고 있는 현실을 개탄하며, 관계 당국에 시정을 촉구한다.

다문화 사회에서 모든 종교는 동등하게 존중받아야 한다. 이에 따라 국가가 설립한 공립학교라면 특정 종교를 강요하거나 권장하는 것이 문제가 될 수 있다. 그러나 기독교 설립 이념과 정신에 따라 설립된 미션스쿨은 별개이다. 기독교 학교에서조차 국가가 신앙 행위를 통제하고 억압한다면 어찌 종교의 자유가 있는 나라라고 하겠는가.

현재 우리나라는 주요 도시를 중심으로 중고교 평준화 정책이 시행되고 있다. 이는 고교 입시 과열을 해소하고 전인적 교육과 학교 간의 격차를 해소하기 위한 목적으로 국가가 정책적 개입을 한 것일 뿐 학교의 근본 설립 목적까지 침해할 권리는 누구도 없다.

학생은 종교의 자유를 보장한 헌법 정신에 따라 사립학교 선택권을 갖는 것이 원칙이다. 학생 스스로가 내가 다닐 학교를 자유롭게 선택하도록 하는 것은 인격과 인권의 자유로운 발현이며, 사립학교 역시 학생 선발권을 가지는 것은 너무나 당연한 권리다. 그런데 대한민국은 시대에 동떨어진 평준화 정책을 수십 년째 고수하면서 학생과 학교의 기본권을 현저히 침해하고 있다. 미션스쿨은 물론 정부 위탁 기관에서도 운영기관의 설립이념과 신앙의 자유는 존중되어야 한다.

우리는 학생과 학교의 선택권을 과도히 침해하는 현행 교육법 및 시행령의 독소조항이 시대정신에 맞게 하루속히 개정되기를 바라며, 미션스쿨에서 기도와 예배의 자유가 보장되기를 강력히 촉구한다.

치유하시는 하나님의 사랑

한국 교회가 이 땅에 존재하는 이유

한국교회연합 대표회장

한국 교회 1천만 성도 여러분, 지금 대한민국은 마치 유라굴로 광풍에 휩쓸려 난파하기 직전의 배처럼 일촉즉발 위기 상황에 놓여 있습니다. 한국 교회가 위기에 빠진 나라와 사회를 구원하고 교회의 본질을 회복함으로 하나님 앞에 거룩한 제사장으로 다시 쓰임 받기를 기도하며 두렵고 떨리는 심정으로 호소드립니다.

국회에서 발의된 '포괄적 차별금지법' 제정을 막기 위해 한국 교회는 순교적 각오로 함께 대항하고 싸워야 할 것입니다. 어제(6월 29일) 정의당과 더불어민주당 일부 의원들이 차별금지법을 발의했습니다. 차별금지법은 한 마디로 성적 지향 즉 동성애자를 보호하고 이들을 차별하면 처벌하겠다는 법입니다. 코로나19로 힘든 시기에, 온 국민이 똘똘 뭉쳐 이 위기를 극복하기에도 힘이 벅찬 이 때에 국민들의 고통과 신음소리에 귀 기울여야 할 국회의원들이 동성애와 성소수자를 보호하는 법을 만드는 게 과연 국민 정서에 부합하는 일인지 묻지 않을 수 없습니다.

대한민국은 자유와 평화를 기반으로 세워진 민주국가입니다. 아무리 국가라도 국민이 동성애를 죄라고 비판할 자유와 권리를 빼앗을 수는 없습니다. 사람은 사랑하고 그들의 인권은 보호해야 하지만 동성 간의 성행위까지 인정하고 보호할 의무는 없습니다. 만약 국회에서 포괄적 차별금지법이 통과된다면 이는 대한민국 헌정사상 가장 치욕스러운 사건이 될 것이며, 이로 인한 국민적 저항에 직면하게 될 것입니다.

기독교가 동성애자를 혐오하고자 함이 아닙니다. 오히려 긍휼히 여기고 그 죄로부터 돌이키게 하려는 것입니다. 기독교가 동성애를 반대하는 것은 하나님께서 죄라고 하셨기 때문입니다. 죄 중에 가장 가증한 죄입니다. 따라서 이해하고 타협할 수 있는 문제가 아닙니다.

소돔과 고모라는 이 죄로 인해 지구상에서 흔적도 없이 사라지는 심판을 받았습니다. 우리는 대한민국이 동성애로 인해 성적으로 타락하고 음란한 죄가 만연함으로 종국에는 하나님의 버림을 받을까 두렵고 떨립니다. 그래서 저들이 법의 보호 아래 마음껏 문란한 죄를 범하도록 눈감아주거나 외면할 수 없습니다. 그것이 한국 교회가 이 땅에 존재하는 이유이자 사명입니다.

법이 하나님의 명령에 재갈을 물리려 한다면 우리는 순교를 각오하고 대항하고 싸울 수밖에 없음을 분명히 밝힙니다. 한국 교회 교단·기관·단체가 동성애 악법 저지를 위해 모든 힘과 역량을 한데 모아 총궐기해 줄 것을 간곡히 호소합니다.

편견과 차별없는 정책 시행을 바란다

한국기독인총연합회 대표회장

신종 코로나바이러스 감염증(코로나19)의 종식을 위해 불철주야 방역에 힘쓰는 의료진과 방역 당국에 국민의 한 사람으로서 심심한 위로를 드리며, 한국 교회 목회자로서 1천만 성도들을 대신해 몇 가지 시정을 요구합니다.

첫째, 정부가 코로나19 방역을 명분삼아 종교의 자유를 침해하고 국민의 고통을 가중시키는 차별적인 공권력 행사를 자제해 주기 바랍니다. 조정된 방역 지침에 따르면 1단계에서 교회에서만 공용 성경책, 찬송가를 사용할 수 없습니다. 마스크를 쓰고 예배시간에 1인 이상 찬양팀, 성가대도 금지됩니다. 반면에 백화점, 대형마트, 식당, 카페는 방역 4단계에서도 아무런 인원 제한이 없고, 전시회, 박람회, 대규모 콘서트는 예외로 적용되어 5,000명까지 모일 수 있습니다. 심지어 비말이 튀는 노래연습장, 콜라텍, 무도장, 유흥주점, 놀이공원, 다단계 방문판매장까지도 모두 영업이 가능합니다. 현재도 연회장에서 강연, 공연, 문화, 여가 프로그램은 가능하고 같은 장소에서 예배는 불가능합니다. 결혼식장에서 예식 후 식사는 가능하고, 교회 예배 후에는 불가능한 것을 과연 의학이라 할 수 있습니까? 이런 모순되고 불합리한 방역 조정책은 반드시 시정되어야 합니다.

둘째, 공권력은 거룩히 구별된 예배에 대해 강제하거나 간섭할 수 없습니다. 이는 인간이 하나님의 신적 권위에 도전하는 것입니다. 하나님의 주권을 침해하는 죄를 범하는 개인과 국가는 멸망의 길로 달려가는 것입니다. 따라서 예배자를 범법자로 만들고 심판하는 악한 행위를 즉시 중단하기 바랍니다.

셋째, 예배 인원 제한, 찬양대 연습, 기도의 방법까지 정해주는 것은 종교 통제이며 탄압입니다. 교회 예배를 유흥업소와 같이 코로나19 감염 취약시설로 분류하는 것 자체가 심각한 사실 오류입니다. 이는 방역 당국자 스스로 "예배를 통한 감염은 거의 없었다"는 발표로 입증된 바 있습니다. 그런데도 예배를 비과학적으로 여전히 통제 아래 두려는 것은 '안티 기독교' 세력과 무신론자들의 기독교 혐오에 기반하거나 정치적인 목적이 있지 않나 하는 의심이 들지 않을 수 없습니다.

넷째, 발표된 1~4단계의 기준을 보면 차별과 역차별 요소가 다분합니다. 개정된 지침에서는 4단계에서도 법령 등에 근거한 활동으로, 기업의 필수 경영활동 및 공무에 필요한 경우는 기본방역수칙을 준수하며 개최를 허용한다고 돼 있습니다. 종교 행위도 헌법상 보장된 기본권이며 활동입니다. 공공기관, 기업의 필요에 따른 지침이 아닌 국민적 공감대가 형성된 차별없는 기준이 필요합니다. 따라서 국민 스스로가 공감하고 자발적으로 참여할 수 있도록 방역 대책을 수립해 주시기 바랍니다.

교회에 예배드리러 오는 성도들은 집에서는 마음껏 마스크 벗고 생활하다가도 교회에 오면 모두 마스크 쓰고 발열 체크 한 후 부부나 가족이라도 1~2미터 이상 띄어 앉아 예배드립니다. 그런데 일반 식당이나 카페에 가면 마스크 벗고 식사하고 자유롭게 대화합니다. 코로나19 종식을 위해 한국 교회는 그동안 희생을 감수하고 자발적으로 방역에 힘써 왔습니다. 모순과 불합리한 정책을 고수하는 한 국민의 기본권인 종교의 자유가 속

치유하시는 하나님의 사랑

박당하고 그 피해는 고스란히 국민 모두의 고통으로 전가될 수밖에 없습
니다.

　총리님, 질병관리청장님, 부디 현장 상황을 면밀히 파악해 올바른 정
책을 펼쳐주시기를 당부드립니다. 조속히 교회 예배의 인원 제한을 풀어
모두가 자유롭게 신앙생활 할 수 있도록, 편견 없는 정책 시행을 간곡히 요
청드립니다.

사람들에게 기쁨을 구하랴

한국기독인총연합회 대표회장

한국 교회는 선교 초기부터 우리나라에 빛과 생명력을 불어넣었다. 전도, 모임, 예배, 기도를 통해 문맹 퇴치, 인권 향상, 남녀평등, 자유민주주의 발전에 큰 기여를 했다. 우리나라 선교 초기부터 교회는 끊임없이 예배를 드려왔다. 일제 강점기에도 예배는 중단하지 않았고 예배를 통해 나라를 위해, 자유 독립을 위해 기도했다.

성도의 예배는 호흡과도 같다. 영적, 정신적 양식과 힘을 공급받는 통로이므로 현 4단계에서의 대면예배 금지는 동의할 수 없다. 형평성을 상실한 기준으로 비대면 예배를 강요하는 것은 분명한 차별이요, 부당한 처사이다. 예배자를 범죄자로 만드는 사상은 사회주의적 발상이다. 나라를 사랑하고 나라를 위해 기도하는 종교 행위를 했다는 이유로 범법자로 정죄하는 것은 사회주의 국가에서나 일어날 법한 일이다. 종교의 자유는 자유민주주의의 뿌리이며 기초이다. 종교시설을 코로나19의 취약시설로 분류한 기준 자체가 근거가 없고 비과학적이며 교회를 위축시키려는 안티기독교인들의 정치적 의도로밖에 볼 수 없다.

방역 당국은 스스로 교회의 예배 시에 감염이 없었다는 사실을 인정했다. 이번 4단계 지침에 종교를 취약시설로 내세운 근거는 1년 전 집단감

치유하시는 하나님의 사랑

염 비율인데, 이 또한 교회 내에서 발생한 확진자 수가 아니라 확진자 중에 기독교인이 있을 뿐이었다. 코로나19 방역이라는 명분으로 국민의 기본권까지 유린하는 것은 빈대 잡다가 초가삼간을 태우는 것과 같이 미련한 일이다. 그런데도 종교시설에 예배를 금지하는 것은 방역법을 이용해서 종교를 탄압하려는 의도가 있다고 판단할 수밖에 없다. 기업도, 자영업자도, 시민도 큰 고통을 받고 있다. 그러한 와중에 종교시설에 비대면 지침을 내린 것은 무리한 처사이다.

이제 한국 교회는 방역수칙을 철저히 준수하는 가운데 자유롭게 예배 드릴 수 있어야 한다. 이것이 종교의 자유와 헌법을 수호하는 길이며 국가의 주인인 국민의 권리를 회복하는 길이다. 교회는 결코 악법과 편견에 순응할 의사가 없다. 국민의 행복과 안위를 위해 스스로 철저히 방역에 참여하며 신앙생활을 할 것이다. 135년 동안 변함없이 드려온 예배, 기도, 찬양을 드리는 것은 하나님의 명령이요, 소중한 전통이다.

기차에게 선로 외에 다른 길로 가라는 것은 가지 말라는 것과 같다. 교회는 대면예배와 비대면예배를 스스로 판단하여 드리고, 사자굴의 위협 앞에서도 굴하지 않던 다니엘의 심령을 가지고, 믿음으로 난국을 극복해 나가야 한다. 교회는 완전한 생명법이 있다. 바이러스도 하나님의 주권 속에 있다. 코로나19의 퇴치를 위해 기도하자. 우리는 혈과 육의 싸움이 아니라 공중의 권세잡은 자들과의 영적 싸움에서 이겨야 한다. 교회가 예배를 중단하면 세상의 빛과 소금이 되는 에너지를 얻을 기회가 사라진다.

유물론자들은 관공서, 백화점, 콘서트장이 교회보다 더 귀하지만 우리는 모든 것보다 교회와 예배가 가장 우선이며 가장 귀하다. 종교의 자유는 인간의 가장 고상한 가치인 종교성의 충족과 직결된다. 신앙의 자유 없이는 자유민주주의가 실현될 수 없고 천부인권을 지킬 수 없으며 부강한 나라가 될 수 없다. 타락한 유물론적 정책은 신자와 무신론자 모두를 불행하게 할 뿐이다. 지금 북한과 홍콩의 분위기를 보면 알 수 있다.

지도자들에게 부탁한다. 한 번의 실수는 있을 수 있다. 그러나 이제는 굴종하거나 타협하지 말고 교회의 본질을 대변해 주기를 바란다. 영상시설이 되어있지 않은 작은 교회에게 비대면 예배는 예배 금지나 마찬가지다. 자신의 입장만 고려해 타협하거나 흥정하지 말고, 성경이 말씀하시는 기준만을 생각해 한국 교회를 대변하기를 바란다. 예배 인원과 비율을 규정하지 말고 각 교회가 신앙과 양심의 자유를 누릴 수 있도록 하길 바란다.

여타 다중이용시설과 백화점의 푸드코트, 관공서의 구내식당도 4단계에서 변함없이 운영하고 비좁은 만원 전철도 매일 운영하는데 주 7일 중 단 하루 모여서 마스크 쓰고 예배드리는 것을 금한다면 차별이자 탄압이다. 성도 편에서는 예배는 위험하고, 외식은 안전하다는 모순에 빠지지 않도록 주의해야 한다.

한국 교회를 대표하는 이들이 중심 없이 이 사태를 방관하면 일제 강점기에 신사참배를 강요한 지도자들과 다를 바가 없다. 지금이 과오를 청산하고 회개할 때이다. 목회자는 신앙의 양심에 따라 예배의 자유를 누리고자 하는 성도들을 막아서지 말고 방역을 철저히 하고 예배드릴 수 있도록 하고 말씀을 전하는 하나님의 종이 되기를 기대한다.

"이제 내가 사람들에게 좋게 하랴 하나님께 좋게 하랴 사람들에게 기쁨을 구하랴 내가 지금까지 사람들의 기쁨을 구하였다면 그리스도의 종이 아니니라"(갈1:10)

치유하시는 하나님의 사랑

예배의 자유를 선언하라

한국기독인총연합회 대표회장

정부와 방역 당국이 코로나19의 확산을 막는다는 명분으로 국민의 기본권인 종교의 자유를 위축시키고 예배당에 모이지 못하게 하는 정책을 시행하고 있다. 이는 도저히 용납할 수 없고, 용납해서도 안 된다.

하나님은 모든 사람이 자기만의 공간을 가지고 살도록 만드셨다. 공중을 나는 새에게도 둥지를 주셨고 여우에게도 굴을 주셨다. 그 공간은 자신의 몸을 보호하며 새끼를 낳아 키우는 꼭 보호받아야 할 자기만의 세계이다. 이와 같이 예배당은 성도들의 영혼의 안식, 진리의 양식을 공급받는 곳이다. 다음 세대를 위해 교육하고 사랑의 교제로 삶의 지혜와 행복을 얻는 곳이며, 하나님이 주신 최고의 축복된 공간인 예배당은 누구에게도 간섭받지 않을 자유와 권리가 있다. 이런 예배당에서 하나님께 예배드리는 자유를 빼앗는 그 어떤 국가 정책도 자유민주주의 정신에 위배된다. 교회에서 전도할 수 없고 교육도, 교제도 할 수 없도록 하는 것은 민주주의가 아닌 사회주의적 정책이나 다름없다.

그런 점에서 지금 방역 당국은 무서운 죄를 저지르고 있다. 예배를 방해하는 행위는 그 어떤 죄악보다 결코 가볍지 않다. 그리고 일부 교회 지도자들이 이런 죄에 동조하고 있는데, 이는 세상을 쫓아 진리를 버리는 행위

다. 이것이 일제 강점기에 신사참배를 결의한 죄와 무엇이 다른가. 혹시라
도 예배드리는 중에 코로나에 확진되어 세상으로부터 손가락질을 당할까
봐 전전긍긍하는 목회자들이 적지 않다. 그렇다면 정말 내가 하나님의 능
력과 예배의 소중함을 아는 성직자인지 가슴에 손을 얹고 성찰하기 바란
다. 방역수칙을 철저히 준수하는 것은 모든 국민의 의무이다. 그러나 예배
는 별개의 문제다. 그동안 교계 지도자들이 방역을 이유로 예배를 양보한
지 1년 6개월이 지났다. 그래서 코로나가 소멸되었는가.

　　타협의 대상이 될 수 없는 예배를 정부와의 협상 테이블에 올린 교계
지도자들은 하나님 앞에 회개하고, 한국 교회와 성도 앞에 사과하라. 그리
고 예배를 규제하는 방역 당국의 조처가 잘못임을 선언하라. 교회는 예배
의 소중함을 알고 예배당에 나아오는 성도들의 신앙을 귀하게 여기고 더
이상 양심의 자유를 막아서서는 안 된다. 또한 성도들이 가정, 교회, 사회
와 모두의 안전을 위해 방역수칙을 철저히 지키도록 가르치고 권고할 책
임이 있다. 특히 한국 교회와 사회에 영향력이 지대한 대형교회와 목회자
는 한국 교회 예배 회복과 대한민국의 자유민주주의 수호를 위한 특별한
사명이 있음을 깨달아 고난을 두려워해서는 안 될 것이다.

　　예자연과 17개 광역시도의 용기 있는 행동은 한국 교회 역사에 길이
기록될 것이다. 또한 예배를 고수하다 예배당을 폐쇄당한 교회는 끝까지
진리 안에서 인내하면 '여호와 닛시' 하나님의 살아계심과 그 영광을 누리
게 될 줄 믿는다.

　　9월 총회를 앞둔 한국 교회 교단들에게 당부드린다. 만약 이번에도 지
난해처럼 비대면으로 총회를 개최한다면 이는 직무 유기나 다름없다. 4단
계라도 국가는 공무에 필요한 경우 인원 제한 없이 모이고, 기업의 주주총
회도 정상적으로 개최하는데 1년에 한 번 개최하는 성총회를 코로나 때문
에 약식으로 개최하는 것은 부끄러운 일이다. 성총회가 기업의 주주총회

치유하시는 하나님의 사랑

만도 못하다는 것인가. 각 교단 총회는 산하 교회들이 방역수칙을 준수하는 가운데 자율적으로 예배드릴 수 있도록 총회 결의로 선언하기 바란다. 예배드리는 것은 죄가 될 수 없다. 예배를 드렸다는 이유로 교회를 폐쇄하는 당국의 횡포를 교단 총회가 결코 방관해서는 안 된다. 공권력이 예배당 안에 들어와 간섭하는 행위는 엄연히 예배 방해죄에 해당한다. 이를 무단 침입으로 간주해 법적 심판을 받게 해야 한다.

모든 국민은 헌법의 보호를 받는다. 교회와 성도도 마찬가지다. 그러나 교회와 성도는 때론 사자굴에 던져진 다니엘처럼 하나님의 능력을 믿고 순교의 각오로 나가야 한다.

모든 것에는 때가 있다. 지금이 신앙의 자유와 자유대한민국을 지켜낼 바로 그때이다. 깨어 기도하며 예배부터 지켜내자. 그래야 다음 단계로 갈 수 있다. 돈과 세속 권력에 결탁하는 인본주의와 혼합 정치는 교회와 교계를 혼탁하게 만든다. 교단 총회가 이를 잘 유념해 하나님 마음에 합당한 지도자를 선출하기를 바란다.

예배의 소중함을 알고 나아오는 성도들의
양심의 자유를 더 이상 막아서서는 안된다

모든 교회여, 일어나 거룩한 예배를 드리자

한국기독인총연합회 대표회장

11월 1일부터 단계적 일상회복(위드 코로나)이 시작됐다. 사회 전반에 걸친 번화가, 식당, 극장 등은 활기를 띠고 야구장에는 1만 명대의 관중이 몰렸다. 많은 국민들이 미뤘던 모임과 회식 등을 재개하고 있다. 사실 사회적 거리두기 4단계에서도 코로나19 대유행을 무색하게 할 만큼 해수욕장, 관광지, 새로 문을 연 백화점 등에는 많은 인파가 몰렸다. 지난 10월 31일 핼러윈 데이에는 이태원에만 17만 명의 인파가 몰렸다고 한다.

그간 한국 교회는 예배까지 양보하며 비과학적인 방역 수칙과 부당한 대우를 감내했다. 방역을 철저히 하며 코로나19 종식을 위해 많은 것을 협조했다. 하지만 모두가 일상 회복을 하고 있는 현시점에서도 정부는 한국 교회의 희생을 강조하고 있다. 영화관은 인원 제한을 두지 않지만, 예배당은 수용 인원의 50%만 들어갈 수 있다. 인원의 100%를 수용하기 위해서는 모두가 백신접종 완료자여야 한다. 소모임, 성가대도 접종 완료자로만 구성할 때 운영가능하다.

정부는 교회의 예배와 세부 지침에 간섭하는 방종을 중단하라. 위드 코로나 시대에도 교회를 향한 부당하고 차별적인 방역수칙을 철회하라. 방역수칙 준수 하에 교회가 자율적으로 예배를 드림으로 종교의 자유를

치유하시는 하나님의 사랑

누릴 수 있게 하라.

교회는 신적기관으로 수고하고 무거운 짐 진 자들이 모두 다 나와서 쉼을 얻는 곳이다. 소외된 자, 가난한 자, 병든 자들이 나와 영육이 회복하고 기쁨을 얻는 곳이다. 한국 교회는 정부의 차별적 수칙을 더 이상 용납하지 말라. 그간 예배를 목숨과 같이 지키지 못한 것을 철저히 회개하고, 백신 접종 여부와 상관없이 모든 성도들이 찬양하고 기도하고 예배드릴 수 있는 환경을 만들자. 건강상의 이유와 부작용에 대한 염려로 백신 접종을 하지 못하는 성도들에게 소모임, 성가대를 하지 못하도록 교회가 구별하고 차별한다면 이는 하나님의 말씀에 어긋난 것이다.

교회와 목회자가 스스로 세속의 지침에 의해 성도들을 구별하고 차별하는 죄를 범하지 않기를 당부한다. 위드 코로나 상황에 더 이상의 특별 세부지침을 수용하는 교단이나 지도자가 있다면 필경 무늬만 목사일 것이다. 교회라면 백신 접종을 홍보하는 대신 교회의 본질 회복에 먼저 집중해야 한다. 특별히 대선과 지방선거 철에는 좌로나 우로나 치우침 없이 복음에 충실한 진리 중심의 판단이 절실한 때다. 신앙의 표현의 자유인 예배는 그 어떠한 형편에서도 양보할 수 없다. 실패했던 모습을 보고 회개하고, 교회는 예배 회복을 우선해야 할 것이다.

그간 교회는 차단율이 높은 마스크만 잘 쓰면 집단감염을 예방할 수 있다는 것을 경험했다. 국민들이 위드 코로나로 일상을 회복하듯, 모든 기독인이 진리 안에서 첫사랑을 회복하고 여호와께 돌아가자. 모든 교회가 일어나 거룩한 예배를 통해 은혜를 받고 이 땅에 공의와 자유와 평화가 넘치고 거룩한 복음 통일을 이루는 제사장의 나라가 되기 위해 기도하자. 하나님보다 코로나19를 무서워했던 것을 회개하고 돌이켜 우리를 사랑하시는 하나님 품 안에서 영육이 회복하기를 기도한다.

2022년 10월 12일

미래를 살리는 교과서가 필요한 때

한국기독인총연합회 대표회장

동방의 작은 나라, 대한민국은 수많은 외세의 침략과 맞서 싸워왔고 일제 강점기를 지나 진정한 자유의 소중함을 깨달으며 광복과 건국을 맞이했다. 우리나라는 냉전 체제의 이념 갈등을 겪었고, 분단이라는 아픔을 딛고 자유민주주의를 이룩했으며, 그 정신에 입각해 건전한 헌법을 만들어 종교와 언론, 교육 등 자유를 보장하는 나라가 되었다.

기독 선교사들은 국내에 들어와서 학교와 병원, 교회를 세워 우리나라의 문맹 퇴치와 의학발달에 앞장섰고, 남존여비 사상 및 신분 철폐 등으로 남녀, 양반과 상민의 차별을 없앴다. 기독교 중심으로 이룬 근현대화를 바탕으로, 우리나라는 전쟁과 갈등 속에서도 자유민주주의와 시장경제로 눈부신 발전을 이뤘고, 선조들의 피나는 헌신으로 세계인이 부러워하는 나라를 이룩했다. 그런데 지금 2022 개정 교육과정 시안을 보면 나라의 자유와 건국을 부정하는 이들이 자유민주주의 헌법의 핵심인 자유를 빼고, 동성애를 옹호하고, 차별금지라는 말로 구별조차 금지시켜 국민을 혼란하고 불편하게 하고 있다. 국가의 미래도 어둡게 하고 있다. 이 교육과정안은 신·구세대 가치관의 차이를 더욱 벌어지게 해 자신들의 정치적 유익을 꾀하고 있는데, 이는 절대로 성사되어서는 안된다.

치유하시는 하나님의 사랑

우리는 대한민국의 건국일인 1948년 8월 15일의 정통성을 무시하고, 국민, 영토, 주권을 갖추지 못한 임시정부 수립일에 정통성을 부여해 우리나라를 영구히 세계에서 건국일이 없는 유일한 나라가 되게 하고 북한을 정통성 있는 국가로 만들고자 하는 시도를 배격한다.

현 교육과정안을 들여다보면 자유민주주의와 시장경제의 본질을 심각하게 침해하고 있다. 공익을 위해 사유재산을 사용하는 것이 의무라고 강조하고, 성교육에서는 쾌락을 우선시하며 이를 정당한 권리로 가르쳐서 문란한 성문화와 무분별한 성폭력 등 사회 문제를 야기시키고 있다. 성소수자, 성전환, 동성애 등 단순한 성적지향을 인권에 결부시켜 정당한 권리로 가르침으로서 존엄한 인류의 생태계를 파괴하고 있으며 뒤 책임은 학부모와 학생의 몫으로 남겨두고 있다. 또 여성 인권을 강조하면서 태아의 인권은 무시하고 낙태를 권리로 교육하는 것은 죄이며, 천벌을 받을 일이다. 이러한 사회 질서의 해체는 공산주의 이념과 일맥상통하며, 공산주의 교육으로 가는 길이다. 학부모는 불량 지식을 자녀에게 가르치고 싶어 하지 않는다. 그러므로 역사와 사회질서를 훼손하는 교육과정을 반대하는 것은 너무나 당연하다.

바라기는, 편향된 이념으로 무장한 교과서 집필진과 위원들은 배제시키기 바란다. 애국자는 공산주의적 시각의 역사관에 동의하지 않으며, 정치적인 의도를 가지고 역사를 바꾸는 망국 행위를 용납할 수 없다.

2022 개정 교육과정 시안은 자유민주주의의 건국 이념도 없고, 국가의 미래와 비전도 없다. 지금까지 발전시킨 역사를 부정할뿐더러 인간이 정결하고 정직하고 사람답게 사는 가치관을 허물어뜨린다.

공교육은 대한민국 국민으로서의 정신을 가르쳐 국가의 미래를 책임지는 역할을 감당한다. 지난 문재인 정권에서 2022년 12월 31일로 고시일을 지정한 개정 교육과정 시안을 현 정권에서 그대로 수용해서는 안 된다.

그들은 박근혜 정권의 연구와 집필진을 무시하고 새롭게 구성했다.

현 정권은 자유민주주의와 헌법에 유념하여 다시 한번 교육 과정을 점검해 주기 바란다. 윤석열 대통령과 교육부 장관은 집필진의 편향성을 제거하고, 새로운 협의체를 구성하여 자유대한민국의 교육과 역사관을 담도록 내용을 선별하고 재연구하여 주시기 바란다. 그리하여 대한민국의 역사와 정통성과 자유를 지켜내기를 바라는 바이다.

윤석열 대통령이 국가의 정체성을 바로 세우고 자유를 지켜 후대에 존경받는 대통령이 되도록 한국 교회는 기도할 것이다.

치유하시는 하나님의 사랑

한국 교회, 신앙권리 침해받았는데 오히려 허락 구하고 있어

한국기독교계 연합기관은 한기총, 한교총, 한교연 등으로 분열된 상태다.
그렇기에 코로나19 바이러스 사태 대처에 있어서도 각 기관마다 다른 목소리를
내며 통일된 모습을 보이지 못하고 있다. 이에 지난 2년간 한국교회연합 대표회장을
지내고 내려온 권태진 목사(군포제일교회)를 만나 실무에서 느낀 연합운동의
문제점과 코로나19 사태로 촉발된 정부의 예배 제재 문제에 대한 의견을 들어봤다.

Q 한교연 대표회장을 하며 연합기관에 대해 느낀 점은 무엇이고 한국
교회의 현실은 어땠습니까?

A 종로에서 활동하는 목회자는 세 부류가 있습니다. 총무를 직업으로 삼고
근무하는 이들과 이와 유사한 일을 하는 사람들이 있고, 작은 교단에서
오랫동안 총회장을 연임하는 사람이 있으며, 큰 교단의 총회장이 있습니다.
큰 교단은 영향력이 있으나 총회장 임기가 1년이어서 연합단체에 대해 잘
알지 못합니다. 그에 반해 총무는 오랫동안 활동해 왔으니 연합기관과 관련한
일을 잘 알고 있어 사실상 총무들이 연합단체를 이끌고 있다고 해도 과언이
아닙니다. 그러다 보니 정치적으로 흐르는 경향이 있습니다.
한국 교회의 지도자들이 제 역할을 하지 못하는 모습이 보입니다.

이들이 미래에 대한 비전을 제시하지 못한 것이 한국 교회의 약점입니다.
한국 교회가 외부로부터 공격을 당할 때 제대로 대응하지 못하고 있어
안타까울 때도 있습니다.

Q 한국 교회 연합기관의 나아갈 방향은 무엇이라고 생각합니까?

A 한국 교회가 이토록 어려워진 것은 연합기관의 분열이 가장 큰 원인입니다.
특히 코로나19 사태 같은 초유의 위기 상황에서 연합기관이 제힘을 발휘하지
못하고 있는 것은 참으로 가슴 아픈 일입니다. 반드시 통합해야 하나
그 방향이 중요합니다. 지금 한국기독교계는 한교연, 한기총, 한교총 등 3개
연합단체 외에도 진보를 아우르는 NCCK가 존재합니다.
한국 교회 연합운동의 가장 이상적인 그림은 보수와 진보가 서로 균형을
이루는 것입니다. 각 교단의 정체성에 따라 보수 연합운동과 진보 연합운동을
펼쳐야 합니다. 과거 한기총과 NCCK가 연합운동의 두 축이 되어 한국 교회를
지탱했던 것처럼 한국 교회 연합기관은 반드시 정체성에 맞게 재편돼야
합니다. 신학적 정체성을 무시한 채 무조건적인 통합만 추구하는 것은
자칫 혼합주의로 흐를 위험이 있습니다.

Q 코로나19 사태로 정부가 현장예배를 제재해 교회가 큰 타격을
입었습니다. 기독교계에서는 정부의 조치가 불합리하다는 지적이
나오고 있습니다.

A 정말 답답하고 안타까운 면이 큽니다. 국민의 안전을 지키겠다는 정부의
목표는 이해하지만 무모할 정도의 편향적 정책은 교회는 물론이고 국민을
억압하는 결과를 낳았습니다.
코로나를 '도둑'으로 비유해 봅시다. 도둑을 막기 위해서는 무엇을 먼저 해야
합니까? '문단속'을 하는 것이 상식 아닐까요? 그런데 이 정부는 가족들에게

도둑을 피해 골방으로 숨으라고만 강요합니다. 들어오는 도둑은 막을 생각
없이 이를 피하라고만 합니다.

코로나19 바이러스가 한국에 들어올 때 막았어야 했습니다. 정부가 치료약을
개발해서 코로나19 바이러스와 싸워야 하는데 오히려 국민과 싸우고
있습니다. 정부가 코로나19 사태를 교회 단속 도구로 쓰는 것도 문제입니다.
그런데 이는 정부뿐만 아니라 교계에도 문제가 있습니다.

예배 문제가 나왔을 때 양보하지 못한다고 분명하게 이야기해 현장 예배가
중단되지 않게 했어야 했습니다. 정부가 비대면 예배, 대면 예배를 알 수
있습니까? 이건 목사가 정보를 주었기 때문일 수 있습니다.

예배에 대한 주도권을 너무 쉽게 내줬습니다. 지도자들이 전체를 보지 못하고
자기중심적으로 대처한 것입니다. 정부도 문제가 있지만 우리의 대처도
문제가 있습니다.

Q 교회와 관련한 코로나19 확산 사태가 일어난 바 있어 기독교계의
주장에 대한 여론이 좋지 않은데 이에 대해 어떻게 생각합니까?

A 교회는 여론에 영향을 받아서는 안 됩니다. 예수님이 여론의 박수를
받았습니까? 여론에 의해 움직이면 안 됩니다. 교회는 성경을 기준으로 사랑
실천하고 세상에서 빛과 소금의 역할을 하면서 예배드리며 가면 됩니다.
여론 신경 쓰지 말고 성경대로 가면 되는 것입니다. 이런 뚝심이 있어야
합니다.

국가는 국민을 보호해야 할 의무가 있습니다. 교회가 정부에게 예배를 드리게
해달라고 요청하는 것 자체가 웃기는 일입니다. 우리는 자유해야 합니다.
교회가 스스로 '예배드리게 허락해 달라'고 한 것은 너무 굴종한 것이고
관변단체같이 행동한 것입니다. 지도자들이 자존감을 갖고 국민의 기본권에
대해 자각해야 합니다.

Q 코로나19 사태가 장기화하며 정부와의 갈등뿐 아니라 한국 교회 내부
갈등 역시 심각해지고 있습니다. 현장 예배를 고수해야 한다는 측과
영상 예배로 전환해야 한다는 의견이 맞서고 있습니다.

A 단순히 대면 예배와 비대면 예배 둘만 놓고 보면 당연히 대면 예배입니다.
영상 예배에서 성찬을 나눌 수 있습니까? 교제할 수 있습니까?
중요한 것은 비대면 예배가 필요한 전제입니다. 비대면 예배는 대면 예배를
드리지 못하는 상황에서만 이뤄져야 합니다. 부득이한 상황에서 드릴 수밖에
없는 비대면 예배를 어찌 탓하겠습니까? 오히려 이러한 상황적 전제를 무시한
채 대면 예배와 비대면 예배만을 놓고 그 정당성을 논하는 것이 문제입니다.
지난해 내가 한교연 대표회장으로 재임하던 때 한국 교회를 향해 대면 예배를
강행할 것을 권고하고 정작 우리 교회는 비대면 예배를 드렸다는 오해를 받은
적이 있습니다. 하지만 저는 애초에 둘을 갈라 말한 적이 없습니다.
나는 아무리 힘들어도 결코 예배를 포기하지 말라고 강조했을 뿐입니다.

Q 최근 부산 세계로교회 손현보 목사의 행보가 주목을 받고 있습니다.
이를 어떻게 보십니까?

A 한국 교회를 위해 열심히 활동하는 분이라고 생각합니다. 우리 지도자들이
했어야 할 일을 과감히 먼저 해주셨습니다. 바다를 항해하던 배가 암초에
부딪쳤다면, 그것은 배의 문제입니까? 암초의 문제입니까? 암초는 원래부터
변함없이 그 자리에 있었습니다. 다만 이를 지나던 배가 운항을 잘못한 탓에
암초에 부딪친 것입니다. 일각에서 정부라는 배를 교회라는 암초가 가로막은
것처럼 말하는데 정확히는 정부가 가만히 있는 교회를 들이받은 것이고
교회는 피해자일 뿐입니다.
세계로교회에서 코로나 확진자가 나오지 않았는데 행정명령을 통해 국민의
기본권인 종교의 자유를 제재하는 것 자체가 바람직하지 않다고 생각합니다.

손현보 목사를 극단주의자라고 하는 사람이 있다면 그런 주장을 하는 사람이
극단주의자입니다. 손현보 목사는 지극히 정상입니다.
그리스도인에게는 다니엘과 친구들 같은 절개가 있어야 합니다.
초대교회를 보면 카타콤에서도 예배를 드렸습니다. 그동안 많은 피를 흘린
그분들에게 박수를 보내야 합니다.
세속의 권력은 절대 교회를 이길 수 없습니다.

Q 한국 교회의 지도자들에게 당부하고 싶은 말이 있다면 무엇입니까?

A 한국 교회 대표와 총회장에게 부탁하고 싶은 것은 자존감을 가져달라는
것입니다. 한국 교회의 대표는 1천만 국민의 대표인데 행정부나 대통령, 총리
앞에 가서 고개 숙이지 않길 바랍니다. 교계 지도자를 바라보고 지지하는
분들이 얼마든지 있습니다. 한국 교회의 대표가 정부 인사들에게 가서
굴종하는 것을 보면 너무 마음이 아픕니다.
장관을 지낸 분이 나에게 전화를 해 어느 목회자를 이야기하며 왜 목사들이
정부에 가서 굽신거리냐고 화를 내더군요. 그런 분들이 있다는 것을
목회자들이 기억해야 합니다. 교회는 교회로서 독립성을 가져야 합니다.
예배드리는 것까지 인원을 늘려달라고 구걸할 입장이 아닙니다.
한국 교회는 준비하고 소신껏 예배드려야 합니다.
지도자들이 자존감을 가지고 절대 타협하지 말아야 합니다. 우리는 완전한
하나님의 법을 가지고 있으니 이를 가지고 꾸준히 정도를 가면 되고 여론에
밀려서는 안 됩니다. 기독교가 이런 관점을 가지고 나아가기를 바랍니다.

▶ 진행자 = 송 상 원 기자
▶ 언론사 = 매일일보

한국 교회 연합운동의 가장 이상적인 그림은
보수와 진보가 서로 균형을 이루는 것입니다
각 교단의 정체성에 따라
보수 연합과 진보 연합이 이루어져 합니다

HOPE

5

희

망

꽃이 열매가 되려면

한국장로교총연합회 대표회장

꽃이 열매가 되려면 씨의 온전한 희생이 있어야 합니다. 예수님은 죄인 된 우리를 살리시고 말씀을 이루시기 위해 온전히 자신을 희생하고 순종하셨습니다. 스스로 유월절 어린양이 되어 대속의 십자가를 지셨습니다. 이후 사흘 만에 무덤 문을 열고 시공을 초월하여 사망 권세를 이기셨습니다. 그리고 부활의 신앙을 가진 믿음의 사람들에게 십자가의 길을 갈 수 있는 능력을 주셨습니다.

예수님께서는 제자들에게 누구든지 나를 따라오려거든 자기를 부인하고 자기 십자가를 지고 따라오라고 하셨습니다. 주님의 부활을 맞이하는 우리는 고난에도 동참하여야 합니다. 십자가 고난 후에 부활의 아침을 맞이할 수 있기 때문입니다.

부활의 예수님은 우리가 평강하기를 원하십니다. 부활의 신앙이 있을 때 평강이 찾아옵니다. "너희에게 평강이 있을지어다 아버지께서 나를 보내신 것 같이 나도 너희를 보내노라"(요.20:21). 먼저 제자들에게 평강을 주시고 세상에 보내시길 원하셨습니다.

부활의 예수님은 우리가 성령충만하기를 원하십니다. 성령의 열매는 "사랑과 희락과 화평과 오래 참음과 자비와 양선과 충성과 온유와 절제"(갈입니다. 한국 교회는 성령의 열매를 받아 좋은 성품으로 어떤 환경 속에서도 세상의 빛과 소금의 사역을 잘 감당해야 합니다. 성령충만하여 부활의 주님을 증거하고 세상을 이기고 변화시켜야 합니다.

길이요 진리요 생명 되신 예수님만이 오직 복음입니다. 예수님이 다시 살아나셨다는 부활의 믿음을 확실히 갖고, 어느 누구도 어느 종교도 흉내 낼 수 없는 영광스러운 부활의 기쁨을 삶 속에서 누리시길 주의 이름으로 축원합니다.

예수님은
부활의 신앙을 가진 믿음의 사람들에게
십자가의 길을 갈 수 있는
능력을 주십니다

오늘을 살게하는 원동력

사랑의 지도자가 되어주십시오

한국장로교총연합회 대표회장

대한민국을 이끌 대통령으로 선출된 것을 진심으로 축하드립니다. 성경에서는 "모든 권세는 다 하나님께서 정하신 바"(롬13:1)라고 하였으니 대한민국 국민들은 선출된 대통령의 권위를 인정하고 좋은 대통령이 될 수 있도록 기도하고 협력하여야 마땅하다고 생각합니다. 아울러 대통령은 첫째, 국민을 사랑하는 지도자가 되어야 합니다. 한 마리의 잃어버린 양을 찾기 위해 아흔아홉 마리의 양을 안전한데 두고 온 산을 두루 다니며 잃은 양을 찾아 기뻐하는 목자의 그런 모습이 대통령에게 있어야 할 것입니다. 각 계에 소외되는 국민이 없는 나라를 만들어 주십시오. 둘째, 자유민주주의를 지키는 대통령이 되어 주십시오. 대한민국은 하나님께서 그때마다 필요한 대통령을 세우셔서 지금까지 세계에서 주목할 만큼 자유민주주의로 성장한 나라가 된 것을 감사하게 생각합니다. 이것은 하나님이 창조하신 인간의 존엄을 기반으로 한 국정을 발전시킬 때에 가능한 일이라 생각합니다. 셋째, 사회통합을 위하여 힘을 써 주십시오. 초대 이승만 대통령이 말한 "흩어지면 망하고 뭉치면 산다"는 말을 명심하여 지역 간, 계층 간 흩어진 내용에 대한 민심을 하나로 모으는 지도력이 필요합니다.

통합의 리더십은 더 나아가 한반도 통일을 앞당길 수 있는 힘입니다.

성령의 인도함을 받는 교회

한국교회희망창조연합 대표회장

성령강림절을 맞이하여 하나님의 사랑을 깨닫게 되기를 소원하며 문안드립니다.

창조의 때, 혼돈하고 공허한 땅에 여호와의 영이 수면에 운행하여 질서와 아름다움이 생겼습니다. 성령으로 잉태되어 오셔서 구원을 완성시키신 예수님의 사랑이 온 누리의 교회에 임했습니다. 성령강림을 통해 죄와 심판을 분별하는 특별은총이 임하고 하늘에는 영광, 세상에는 빛과 소금이 되어 흑암에 앉은 백성이 빛을 보는 역사가 나타나길 소원합니다.

온 성도들과 교회에 성령을 이루는 성품인 사랑과 희락과 화평과 오래참음과 자비와 양선과 충성과 온유와 절제가 오순절 성령이 임하실 때처럼 어려운 상황에 있는 세상에 이루어지길 기도합니다. 성령의 인도함을 받는 교회를 통해 한국은 희망이 있습니다. 할렐루야!

오늘을 살게하는 원동력

자유와 평화를 향한 그날의 함성

- 3·1 운동 100주년을 기념하며 -

한국교회연합 대표회장

3월 1일은 국가적으로는 물론 한국 기독교 역사에서도 매우 뜻깊은 날입니다. 백 년 전 오늘 민족대표 33인이 탑골공원에 모여 나라의 독립과 우리 민족이 자주민임을 세계만방에 선언하고, 평화적인 만세운동을 전개한 역사적인 날입니다. 백년 전 도탄에 빠진 나라를 구하기 위해 가장 앞장선 것은 종교인들이었습니다. 특히 기독교는 3·1 운동 전반에 걸쳐 지대한 영향력을 끼쳤고, 3·1 독립 선언은 물론 2.8 독립 선언까지 주도했습니다. 3·1 운동 당시 민족 대표 33인 중에 기독교 지도자가 16명이었다는 것은 주지의 사실입니다.

많은 기독교인들의 3·1 운동 참여는 고난 중에서도 소망을 잃지 않는 불굴의 신앙 정신이 밑거름이 되었습니다. 일제의 무자비한 탄압 아래서 만세운동이 요원의 불길처럼 확산될 수 있었던 것은 기독교인들의 조직적 참여, 정의로움, 열정과 민족 사랑이 그 바탕이 되었습니다. 당시 기독교인은 총인구의 1.5%에 불과했으나 3·1 만세운동에 연루돼 검거된 기독교인이 17.6%나 되는 것만 봐도 당시 기독교의 영향력을 짐작할 수 있습니다. 우리 민족의 근대화와 민족의 발전은 기독교 없이는 일어날 수 없었을 것입니다. 그로부터 백 년 후, 오늘의 한국 교회는 3·1 운동 때와는 비교가 되지 않을 정도로 양적 성장을 이루었습니다. 그러나 교인 수가 증가하고 교회의 규모가 확장되었음에도 복음의 본질과 거룩한 야성이 약화됨으로 위상도 추락하고 있음을 느낍니다. 지금은 성도가 본질을 회복하고 말씀과 기도로 깨어야 할 때가 되었습니다. 그것이 나라와 민족을 살리며 본분을 다하는 길이라고 믿습니다.

믿음의 선각자들이 남긴 3·1 운동의 위대한 신앙 유산을 바른 삶으로 계승해야 할 것입니다. 3·1 운동의 진정한 정신을 담지 못하고 행사에만 치우쳐 헤로디아 딸의 춤 같이 되지 않도록 3·1 운동의 자유, 독립, 나라 사랑의 정신을 이어받아야 합니다. 그리고 한국 교회 안에는 복음의 본질을 회복하는 성령의 역사가 일어나야 합니다. 소아병적 분열과 분파주의에 사로잡혀 서로를 정죄했던 죄를 회개하고 성령 안에서 하나될 때 고난의 역사를 뛰어넘어 나라와 민족의 미래에 비전을 제시하는 한국 교회로 거듭나게 될 것입니다.

지구상의 유일한 분단국가로 남은 우리의 현실은 백 년 전 믿음의 선조들이 목숨을 걸고 쟁취하려 했던 자유와 평화가 바람 앞에 촛불처럼 흔들리는 위태로운 지경에 처해 있습니다. 한반도의 항구적 평화는 인간을 대량 살상할 목적으로 만들어진 핵무기가 사라지지 않는 한 헛된 꿈일 뿐입니다. 만약 한반도를 둘러싼 강대국 간의 이해관계가 얽혀 우리마저 북한의 눈 가리고 아웅 식 위장 평화 공세에 속는다면 한반도에 또다시 참혹한 전쟁이 재현되지 않는다는 보장이 없습니다.

일본은 36년간 우리의 주권과 영토, 민족정신까지 수탈하는 만행을 저지르고도 아직도 진정성 있는 사과나 반성을 한 일이 없습니다. 지금도 우리는 어떤 의미에서는 경제·외교적 전쟁 중입니다. 그러나 우리는 저들에 대한 분노와 증오, 민족주의에 언제까지나 갇혀있기보다는 땀 흘려 일하고 부강해져서 경제·외교적으로도 속국이 되지 않도록 자유 속에 경제

  오늘을 살게하는 원동력

성장을 이루어 가야 할 것입니다. 3·1 운동 당시 믿음의 선조들이 보여준 자유와 평화를 향한 불굴의 신앙 유산을 이어받아 다시는 이 땅에 전쟁의 참화가 없는, 진정한 자유와 평화를 꽃 피우는 나라, 그리고 미래를 위해 최선의 노력을 다해야 할 것입니다.

3·1 운동 백 주년을 맞으며 자유와 평화를 향한 그날의 뜨거운 기도와 함성이 한데 모아져 복음 통일이 완성되고, 하나님이 세우신 대한민국에 "교회가 평안하여 든든히 서가고 주를 경외함과 성령의 위로로 진행하여 수가 더 많아지는"(행9:31) 역사가 이루어지기를 간절히 소망합니다.

광복, 하나님이 주신 은혜의 선물

한국교회연합 대표회장

8월 15일은 우리 민족이 일본 제국주의의 사슬에 결박되었다가 나라를 되찾은 지 74주년이 되는 날입니다. 미국의 원자폭탄 투하에 일본이 항복함으로 하나님께서 36년간 갇혀있었던 흑암의 권세에서 우리를 자유케 했습니다. 8·15는 하나님이 억압받는 우리 민족에게 주신 전적인 은혜의 선물입니다. 한국 교회가 민족의 등불이 되어 독립, 자주, 국권 회복운동에 앞장설 수 있었던 것도 하나님께서 은혜를 주셨기 때문입니다. 믿음 안에서 숱한 선교사, 순교자들이 나라와 민족, 복음의 진리를 위해 아낌없이 목숨을 바쳤습니다.

8·15 74주년을 맞이하기까지 크고 작은 수난이 있을 때마다 우리 민족은 시대적 도전과 위기를 잘 극복했습니다. 그러나 지금 야만적인 침략역사를 부인하며 패권주의의 부활을 기도하고 있는 일본 아베 정부는 경제전쟁을 선포했습니다. 일본과의 갈등 가운데 자칫 반일 감정에 경도되어 "소 잃고 외양간 고치는 격"이 되어서는 안 될 것입니다. 불매운동과 반일 시위는 당장은 우리 국민을 단합시키는 효과가 있겠지만 지금은 그 어느 때보다 흥분을 가라앉히고 냉철하고 슬기로운 대응 방안을 강구할 때입니다. 전쟁은 서로를 불행하게 할 뿐임을 알고 싸움에서 이길 수 있도록 단단

오늘을 살게하는 원동력

히 준비하되, 싸우지 않고 더불어 살 수 있는 지혜를 가져야 합니다.

우리 민족은 그 어떤 역경과 고난도 슬기롭게 극복해 온 지혜와 근성이 있는 민족이므로 희망이 있습니다. 오늘의 대한민국이 이룬 눈부신 경제 성장은 독일에 파견된 간호사와 광부, 원양어선 선원, 중동 근로자들과 월남전에 파병된 젊은이들의 피와 땀을 온 국민이 '한강의 기적'으로 꽃피운 자랑스러운 역사입니다.

전쟁은 승자가 중요한 게 아닙니다. 얼마만큼 피해를 줄이느냐가 곧 이기는 것입니다. "눈에는 눈, 이에는 이"로 대응했다가 우리 경제에 파국을 초래하여 국민들을 또다시 헐벗고 가난했던 시대로 돌아가게 한다면 이는 역사에 큰 죄를 짓는 것임을 명심해야 할 것입니다. 따라서 지금 닥친 위기를 우리 국민 모두가 힘을 모아 슬기롭게 극복하여 위기를 또 다른 기회로 만들어야 합니다.

지금은 지난 일에 얽매이기보다 미래를 내다보며 현재에 충실해야 할 때입니다. 전쟁의 폐허 위에 오늘의 근대화를 이룬 위대한 정신을 계승 발전시키기 위해 외교적 해법으로 전쟁 없이 국민에게 승리를 안기는 지혜를 발휘하기를 바랍니다. 여야 정치권도 정쟁을 멈추고 함께 나라를 걱정하며 땀 흘리는 경제 산업 현장에 힘과 지지를 보내고, 함께 고통을 감내하며, 온 국민이 자긍심을 가지고 현재의 행복과 미래에 희망을 가지게 해야 할 것입니다.

특히 한미일 간의 갈등으로 인해 동북아에서 힘의 우위가 중국, 러시아에 넘어가는 결과를 초래하지 않도록 해야 합니다. 최근 중국과 러시아 공군기가 독도 상공을 침범하고, 북한이 연이어 미사일을 쏘아대며 한미일 간의 안보 공조 균열을 노리는 상황에서 그들의 의도대로 우리만 안보 무기력증에 빠진다면 전쟁을 경험한 국민으로서는 불안에 떨 수밖에 없습니다.

　현재 위기 상황을 '내로남불'의 자세로 볼 것이 아니라 안보와 경제 위기를 극복하기 위해 무엇이 옳은 길인지 스스로를 성찰하고 바른 해법을 찾기 위해 정부와 여야 정치권, 종교, 시민사회가 한마음 한뜻으로 뭉쳐야 합니다. 경제발전을 이룬 선조들의 지혜를 본받아 건국이념에 충실하고 역사의 흐름을 존중하고 은근과 끈기의 민족정신을 살려내야 합니다.

　한국 교회는 먼저 본질에 충실하고 거듭된 분열을 깊이 회개하여 일치와 연합으로 주님과 한 몸을 이룸으로써 시대 앞에 선지자적 소임을 다할 것입니다. 한국 교회와 1천만 성도들이 성령 안에서 거룩과 사랑과 정의의 정신을 회복하고, 하나님이 부여하신 시대적 사명을 바로 감당할 것입니다.

　광복 74주년을 맞아 하나님께서 지켜주신 자랑스러운 대한민국이 자유와 평화로 번영하는 나라가 되기를 바라며, 주님의 은혜와 평강이 이 땅 위에 넘치시기를 간절히 기도합니다.

여당은 국난 극복을, 야당은 혁신과 변화를

한국교회연합 대표회장

제21대 국회의원 선거 결과 여당인 더불어민주당이 압도적인 지지를 얻어 승리했다. 반면에 야당은 몰락에 가까운 참패를 했다. 이번 총선에서 국민들은 코로나19 사태로 야기된 사회 전반의 혼란을 안정시키기 위해 여당에 전적으로 힘을 몰아줬다. 반면에 야당인 미래통합당에게는 자기 혁신과 변화를 통한 신뢰 회복이 얼마나 시급한 과제인지를 분명히 보여줬다.

이번 선거에서는 현 정부의 실정으로 비판받아 온 경제·안보·외교 등의 이슈가 코로나19에 모두 매몰되어 각 당의 비전과 정책 대결을 찾아보기 어려웠다. 그만큼 국민들은 코로나19 사태를 해결한 후 무너진 경제를 회복하기 위해서는 우선 정국 안정이 시급하다는 뜻을 표로 보여줬다고 본다. 그러나 여당의 역사상 유례없는 대승이 앞으로 정부 여당이 무엇이든 내 마음대로 할 수 있다는 오만과 독선으로 나타나서는 안 될 것이다. 국민은 보다 안정적이고 책임 있는 국정 운영을 바라는 것이지 일당 독주를 허락한 것이 아니기 때문이다. 따라서 여당은 보다 겸허한 자세로 코로나19 극복과 경제 회복에 더욱 힘써주기 바란다. 또한 '동물국회'라는 오명을 뒤집어썼던 제20회 국회와는 다른 자세로 야당을 국정의 진정한 동반자로 대우하고 협치를 도모하는 데 최선을 다해주기 바란다.

야당인 미래통합당은 지난 20회 총선에도 못 미치는 초라한 참패를 했다. 그러나 단순한 의석수 감소뿐 아니라 국민들의 마음에서 더 멀어진 것을 확인했다는 점에서 선거 결과가 더욱 뼈아프게 느껴질 것이다. 미래통합당을 비롯한 야당들은 스스로 혁신하고 변화하지 않으면 이제 존립마저 위태롭게 되었다. 국회에서 견제와 균형의 실종은 의회민주주의의 퇴보를 의미한다. 따라서 야당은 분골쇄신의 자세로 정책 대안을 통해 보다 책임 있는 정당으로 국민 앞에 다시 서기를 바란다.

이번 선거에서 또다시 고질적인 영호남 지역 구도로 재편된 것은 매우 안타깝고 우려스럽다. 이는 향후 갈라진 국민들의 마음을 하나로 모아 미래를 향해 나아가는 데 큰 걸림돌이 될 수 있다. 정부와 국회는 국민을 내 편 네 편으로 가르는 집단주의에서 벗어나 국민통합을 이루는 데 힘을 모아주기 바란다.

끝으로 이번 선거에서 당선된 기독인 국회의원들은 소속 정당의 진영 논리에 앞서 성경을 바탕으로 기독교 가치관에 입각한 의정활동에 성실히 임해주기 바란다. 하나님의 말씀과 진리에 어긋나고, 자유민주주의의 가치를 훼손하는 각종 악법 입법에 동조하거나 침묵해서는 안 될 것이다.

오늘도 1천만 성도들이 뜨거운 가슴으로 대한민국을 위해 쉼 없이 기도하고 있음을 명심하기 바란다.

오늘을 살게하는 원동력

철저한 수사로 모든 의혹이 해소되기를

한국교회연합 대표회장

제21대 총선이 여당의 압승으로 끝난 지 20일이 다 되도록 일부에서 사전선거 개표에 대한 의혹이 끊임없이 불거지고 있다. 최근 일부 보수 유튜버들을 중심으로 확산되고 있는 의혹의 문제점은 서울·인천·경기 사전투표 득표율이 소수점을 제외하고 "더불어민주당 63% 대 통합당 36%"로 일치한다는 것이다.

그러나 중앙선관위가 제공한 제21대 국선 시도별 정당별 득표 현황(지역구)에 따르면 더불어민주당과 미래통합당의 사전투표 득표율은 서울(61% 대 34%), 인천(58% 대 33%), 경기(60% 대 34%)로 일부에서 제기하고 있는 수치와 다르다.

그럼에도 불구하고 사전투표함이 바뀌었을 수도 있을 것이라는 등의 추측과 의혹이 꼬리를 물고 있는 것은 그만큼 이번 선거에 대한 국민적 기대와 관심도가 높다는 방증일 것이다. 다만 사전투표를 포함해 모든 개표 상황이 각 정당과 후보자가 추천한 참관인 참관하에 공정하게 관리된 마당에 개표 부정 의혹을 제기하는 것은 자칫 선거 불복의 나쁜 선례로 지탄을 받을 수도 있다고 본다.

그러나 일부에서 부정 의혹을 끊임없이 제기하고 있는 마당에 그것을 무조건 일축하려 한다면 오히려 의혹에 의혹이 꼬리를 물게 될 것이다.

따라서 더 큰 불신과 분열로 확산되기 전에 철저한 수사를 통해 한 점 의혹도 없이 모든 것이 깨끗이 마무리되고 제21대 국회가 국민적 기대 속에 희망차게 출발하기를 바란다.

오늘을 살게하는 원동력

자유와 평화의 시대를 소원하며

한국교회연합 대표회장

동족상잔의 비극 6·25 동란이 일어난 지 어느덧 70년이 되었습니다. 6·25는 공산주의와 자유민주주의의 대립으로 동족 간의 싸움을 넘어 유엔군을 비롯한 세계열강이 참전함으로 세계인이 피를 흘린 가장 비극적인 전쟁이었습니다. 포성이 그친 지 70년이란 세월이 지났지만 그 불씨는 남북갈등, 남남갈등으로 남아 있습니다.

1950년 6월 25일 주일 새벽, 북한의 기습 남침으로 시작된 전쟁으로 강물은 피로 물들고 온 국토는 초토화되었습니다. 그날의 끔찍한 잔상은 전쟁을 겪은 세대들에게는 북한의 인공기만 봐도 소름이 돋고 등에 식은 땀이 흐를 정도로 몸과 마음에 여전히 상처로 남아있습니다. 그러나 이 전쟁의 실체적 진실은 남침과 북침 주장 사이의 먼 간격만큼이나 역사 왜곡에 가려진 채 오직 나라를 위해 산화한 이들과 그 유가족들의 가슴에 씻을 수 없는 고통을 안기는 과오를 아직까지도 범하고 있습니다. 16개국, 62만 명의 유엔 참전용사들은 왜, 무엇을 위해 이 땅에 와서 피 흘려 죽었습니까. 혈맹인 그들이 흘린 피의 대가로 지켜낸 자유와 평화를 우리는 결코 헛되이 해서는 안 될 것입니다.

70년이 지난 지금도 대립과 갈등의 역사는 되풀이되고 있습니다. 북

한은 우리 정부와 대통령을 향해 온갖 욕설과 협박을 쏟아내며 남북공동
연락사무소를 한순간에 폭파해 버렸을 뿐 아니라 비무장지대를 다시 군사
요새화하겠다며 무력도발 본성을 드러내고 있습니다. 그런데도 일부 여당
국회의원들과 정치인들은 오히려 우리 정부와 미국 탓을 하며 북한을 두
둔하는 황당한 행동을 하고 있으니 참으로 암담할 뿐입니다.

작금의 한반도의 상황은 언제 더 큰 포성이 울릴지 모르는 게 현실입
니다. 이 위중한 상황에서 우리는 다시 한번 자유와 평화를 지키기 위해 보
수, 진보의 나눔 없이 온 국민이 안보를 위해서 단합해야 할 때입니다. 안
보는 국민의 생명과 직결되는 문제이므로 서로의 주장을 떠나 무조건 똘
똘 뭉쳐 지혜를 발휘해야 할 당위성을 가집니다.

이 땅에 동족상잔의 비극인 6·25와 같은 전쟁이 다시 일어나서는 안
됩니다. 그 시절에는 탱크를 앞세워 재래식 무기로 싸웠으나 지금 다시 전
쟁이 일어난다면 핵전쟁이므로 승자도 패자도 없이 모두가 공멸하게 될
것입니다. 따라서 온 국민이 하나되어 전쟁의 뇌관이 되는 불신, 분열, 인
간의 자유와 생명을 경시하는 공산주의 사상을 버리고 생명존중, 자유와
평화로 무장하고 단합해야 합니다. 무엇보다 물샐틈없는 튼튼한 국방력을
견지해 나가야 할 때입니다.

전쟁 억제와 평화 유지는 힘의 우위를 가질 때만 가능합니다. 전쟁이
일어나지 않게 해야 하지만 두려워 피하기만 해서는 자유와 평화를 누릴
수 없습니다. 자유와 평화를 지키기 위해 힘과 용기로 무장할 때 전쟁을 막
고 평화를 소유할 수 있습니다.

뱀이 삼킨 영양분은 독이 되지만 양은 젖을 만들어 내는 법입니다. 곡
식이 아닌 잡초에 거름과 햇빛을 주면 곡식은 말라 죽고 온갖 잡초만 무성
해질 뿐입니다. 지금까지 우리는 북한을 동포애로 품고 경제적, 인도적 지
원을 해왔습니다. 그러나 그들은 핵무기 개발로 대한민국과 자유세계를

오늘을 살게하는 원동력

위협하고 있습니다.

　북한은 이제라도 회개하고, 회개에 합당한 열매를 맺어야 할 것입니다. 하나님이 오래 참고 계심을 깨닫게 되는 날이 오게 될 것입니다. 북한이 더 늦기 전에 자유와 인권이 존중되는 나라로 변화한다면 전 세계가 가슴을 열고 환영할 것입니다.

　공산주의의 기본은 유물론, 물질 우선의 정신입니다. 약육강식의 논리를 따름으로 인해 초원의 동물과 같은 경쟁, 잔인함, 거짓이 있을 뿐입니다. 무신론 사상에서 인간은 짐승에 불과하며 인권, 복지, 종교를 경시하기 때문에 인간에게 가장 필요한 자유도 존재할 수 없음을 우리는 명심해야 할 것입니다.

　6·25전쟁 70주년을 맞아 한국 교회는 지난날과 오늘을 돌아보면서 회개하고 기도에 힘써야 할 것입니다. 오늘날 대한민국 안의 갈등을 치료하지 못한 것에 대해 한국 교회는 매우 큰 책임을 통감합니다. 무엇보다 교회 안에서조차 좌우로 나뉘어 국론 분열을 치료하지 못하고 있으니 안타까울 뿐입니다. 우리는 스스로 소금이 맛을 잃고, 등경 위의 불이 꺼져있지는 않은지 돌아보아야 합니다.

　그러나 교회는 완전한 지식인 성경이 있으므로 희망을 말할 수 있습니다. 오직 성경으로 돌아가 세대를 선도하는 능력을 발휘할 때입니다. 교회의 본질을 회복하고 남북·남남 갈등과 분열의 아픔을 치료하기 위해 깨어있어 기도하며 진리를 실천해야 할 것입니다.

　전쟁의 폐허 위에 하나님께서 우리나라를 지난 70년 동안 지키시고 발전케 하심으로 세계 10위권의 경제 대국으로 만들어 주셨습니다. 우리는 그 힘으로 세계 평화에 앞장서고, 남북의 자유 평화 시대를 여는 시대적 사명을 완수하기를 소망합니다.

공명한 사회, 공명한 선거

한국기독인총연합회 대표회장

"모든 권력은 국민으로부터 나온다." 대한민국 헌법 제1조 2항에 나오는 말이다. 이것이 민주주의의 정신이다. 투표는 민주주의의 꽃이라 불릴 만큼 국가의 주인으로서의 권리를 행사하는 가장 기본적인 방법이며 국민의 의견과 뜻을 담아내는 수단이다. 그러므로 공명선거는 나무의 뿌리와도 같다. 뿌리에 문제가 있다면 현재 잎이 푸른 색을 띄고 있다 할지라도 머지않아 말라 죽게 될 것이다.

해방 후 이승만 초대 대통령은 자유민주주의를 기초삼아 대한민국을 건국했다. 혼돈의 때에 어렵게 출발했지만 세계가 주목하는 물질적, 정신적 발전을 성취하였다. 정치적으로는 국민의 기본권을 확고히 정착시켰고 민주적 토지개혁으로 땀 흘린 만큼 성취할 수 있는 생산적 토대를 마련했다.

건국과 동시에 민주적 보통선거를 도입한 우리나라는 지금까지 공명선거를 위해서 고군분투했다. 1960년 3월 15일, 부정선거는 최초의 시민 혁명을 야기했고 문제를 일으킨 자유당 정권은 붕괴되었다. 이 사건을 계기로 민주시민 의식이 단단히 자리 잡았고 자유민주주의는 더욱 공고해져 갔다.

오늘을 살게하는 원동력

　　1963년 제5대 대통령으로 취임한 박정희 대통령은 나라의 가난을 극복하고 살기 좋은 나라를 만들고자 경제개발계획, 새마을 운동을 추진했다. 일하는 즐거움을 노래하게 했고 해외의 기술과 차관을 도입하여 급격한 경제 성장을 이루었으며 해외에 광부와 간호사를 파견하여 외화를 벌어올 수 있도록 했다. 자유민주주의를 위해 월남전에 참전했고 병사들의 희생과 피의 대가로 국가의 기반 인프라를 구축했다.

　　그런데 오늘날에 와서는 역사 속에 헌신한 지도자들의 업적을 비하하고 과오만을 들추며 조롱하듯 대우한다. 뿐만 아니라 피땀 흘려 쌓은 국가 기반과 나라의 곳간을 자신들의 권력과 탐욕을 채우는 데 낭비하고 있다. 그보다 더 불행한 것은 공명해야 할 선거마저 부정선거 의혹으로 점철되어 여론이 첨예하게 대립하고 있다는 사실이다. 장차 나라의 지도자가 될 사람들이 전 국민 앞에서 부정선거다, 아니다 갑론을박만 하며 국론을 분열시키고 의혹을 해소하려고 노력하지 않는 모습은 초등학생조차 이해할 수 없는 일이다.

　　이런 일들은 모두 조사하면 금방 알 수 있는 일이므로 더 이상 지체없이 신속한 수사가 이루어져야 할 것이다. 혹 부정으로 당선된 이들이 있다면 그들을 통해 이루어진 입법과 의정활동들을 재고하는 상황까지 고려해야 할 것이다. 진실이 명명백백히 밝혀져서 국민의 신뢰를 회복하는 정부와 국회가 되길 바란다.

　　한국 교회는 시대마다 빛과 소금의 역할을 감당했다. 가난한 때 구제에 힘썼고 무지한 때에 근대교육을 도입해 문맹을 퇴치했으며 병원과 학교를 세워 근대화와 민주화의 근간을 마련했다. 일제 강점기에는 3·1 운동으로 민족의 독립에 앞장섰으며 현대사회에서는 각 분야에서 일어나고 있는 교육, 복지, 저출산 등의 문제를 해결하기 위해 지속적으로 선구자 역할을 감당해 왔다.

그렇다면 지금 한국 교회는 무엇을 해야 하는가. 가장 먼저는 예배를 지키고 거룩함과 진실함을 유지하며 신앙의 자유와 천부인권을 수호해야 한다. 한반도의 복음 통일이 이루어질 수 있도록 기도하며 북한의 인권과 기아 문제, 억류된 납북자 송환에 대해서도 관심을 가져야 한다.

건강한 사회를 위해서는 사회의 가장 기본이 되는 단위인 가정을 지키기 위한 더 많은 관심과 제도적 노력이 필요하다. 이를 위해 성경적 기준에 비추어 더 나은 미래를 만들어 갈 지도자를 선출하는데 기독인들이 적극적으로 참여해야 한다. 또한 공명선거를 위한 제도와 정책이 정비될 수 있도록 안팎으로 노력을 기울여야 할 것이다.

바라기는 이제부터는 세상의 정치, 사회, 문화, 교육 어디에도 어둠이 자리 잡지 못하도록 한국 교회가 빛된 사명을 잘 감당하여 살아있는 믿음으로 대한민국을 살려내기를 기도한다.

뿌리에 문제가 있다면
푸른 잎도 머지 않아 말라죽게 될 것

오늘을 살게하는 원동력

용서와 화해, 평화의 에너지

한국기독인총연합회 대표회장

나라 잃은 36년간 일본의 지배 아래 신음하던 우리 민족은 미국의 원자탄 투하로 해방을 맞이하고 일본은 패전했다. 해방 후 자유주의, 사회주의의 갈등 속에서 남한은 자유민주주의를 선택하여 국민, 영토, 주권을 갖춘 나라를 세웠다.

자유대한민국은 6·25전쟁의 비극에도 UN군의 도움과 미군의 주둔으로 오늘까지 자유와 평화를 유지해 왔다. 대한민국의 역사와, 오늘날 부와 영광은 하나님의 특별 은총이요, 우리 조상들의 피와 땀의 결정체이다.

그러나 현재 대한민국에는 과거의 가난과 혼돈의 때, 피땀 흘린 세대가 이해하지 못할 사건이 너무 많이 일어나고 있다. 대통령과 총리를 비롯한 지도자들에게 묻고 싶다. 자유대한민국을 위해 헌신한 지도자와 전직 대통령들을 이렇게 대우해도 되는가? 우리가 사는 땅이 대한민국인가, 북한인가?

나라를 사랑하는 조상들과 전우들을 위로하고 명예를 기리며 가족들에게 긍지를 심어주기 위해 국립 현충원이 있고, 국립묘지가 있는데 지금은 묘지의 주인까지 바뀐 듯하다. 초대 대통령은 홀대를 받고 경제를 일으킨 박정희 대통령의 묘지에는 쇠말뚝이 박혔다는 제보가 있었다. 6·25의 영웅 백선엽 장군도 눈치를 보며 대전 국립묘지에 안장해야 했다.

그뿐 아니라 군인이자 대통령을 지낸 분도 국립묘지에 가지 못한다. 전두환·노태우 전 대통령은 이제 어디로 가셔야 하는가. 현재 정책 결정자나 권력자의 행위는 역사의 심판을 피하기 어려울 것이다.

또 이명박·박근혜 전 대통령을 교도소 좁은 공간에 가두어 얻고자 하는 것이 무엇인가? 인권과 공평, 양심과 애국심, 진실마저 실종된 듯하다.

6·25의 전범과 그의 동상은 우람하고 화려하며 시신은 궁전에 누워 있다. 그러나 이화동에 세워진 자유대한민국을 건국한 초대 대통령의 초라한 동상은 새똥 세례를 받고 있고, 기념관은 강원도 변방에 있다. 마치 귀양을 간 관리의 모습이다.

자유대한민국의 정체성을 가지고 역사를 바르게 알자. 그리고 생각해 보자. 우리 민족은 정이 있고, 용서할 줄 아는 민족이다. 남북통일을 주장하고 종전을 논하는 것은 6·25 남침을 용서하고 화해하고자 하는 의도일 것이다. 통일의 노래를 부르며 통일기금까지 조성하며 햇볕정책을 펼쳤는데, 그 햇빛은 왜 북쪽으로만 비추는가. 햇빛은 공평하다. 남쪽에도 비추어야 햇빛이다. 용서할 줄 모르면 자신도 용서받지 못하는 것이 진리이다.

종전은 강자가 원해야 가능하다. 힘없는 자가 종전하자는 것은 항복하는 것과 다름없다. 평화는 강자에 의해 결정된다. 힘없는 나라는 강대국의 지배 아래 살 수밖에 없는 것이 역사이며 현실이다.

이제라도 다시 용서와 화해, 평화의 에너지를 만들어 보자. 국립묘지를 열어 전직 대통령을 받아들이길 바란다. 6·25 전범을 용서하고 햇빛을 비춘 아량으로 이제는 죽은 자들을 선대하고 화평하자. 감옥에 있는 전직 대통령도 즉시 사면하라. 그리하여 국민 통합을 이루자.

권력이 의도와 편견을 가지면 국민이 고통을 당한다. 탄식하는 국민은 그 권력을 심판할 날을 손꼽아 기다린다.

　　　　　　　　오늘을 살게하는 원동력

선배들의 수고의 열매를 먹고 누릴 때 감사하는 것이 인간의 도리다. 그래야 역사에 좋은 사람으로 기록될 것이다.

이제는 아름답고 평화로운 대한민국, 아이들이 넘쳐나고 민족이 화합하여 갈등이 치유되는 좋은 나라를 만들어 가자. 차별금지법(평등법) 등의 악법이 생산되지 않고 창조의 원리대로 살아가는 자유대한민국을 위해 빛과 소금의 역할을 잘 감당하는 기독인과 국민들이 되기를 바란다.

아이들이 넘쳐나고 민족 화합으로
갈등이 치유되는 좋은 나라를 만들어 가자

신년의 기도

한국기독인총연합회 대표회장

사랑의 하나님! 하나님의 형상으로 창조된 것도 감사한데, 선택받은 백성으로서 예수님을 구주로 믿는 믿음 안에 2022년 희망찬 새해를 맞이하게 하심에 감사와 영광을 올려드립니다.

지난 2년간 코로나19를 통해 인간의 나약성을 깨닫게 하심에 감사를 드립니다. 예배와 진리를 양보하고, 세상의 권세가 휘두르는 당근과 채찍에 길들여진 모습을 보게 하시고, 진리 없는 기독교 문화운동과 인본주의는 반석 아닌 모래 위에 집 짓는 것임을 깨달아 참된 회개를 하게 하시니 감사드립니다.

사랑하는 주님! 환난은 인내를, 인내는 연단을, 연단은 소망을 주신다는 약속을 믿습니다. 이방인처럼 평안을 구걸하지 않고 십자가 고난의 길을 선택하며 세속의 권력에 굴종하지 않는 성령의 사람이 되게 하소서.

오직 부활의 주님을 바라보면서 시대 속에 엘리야처럼, 다니엘처럼, 바울처럼 하나님의 종이 되길 원합니다. 환경에 종노릇 하지 않고 성령의 능력을 의지하여, 감옥과 같은 현실에도 기도하고 찬송함으로 하나님의 능력이 임해 옥터와 옥문이 열리는 기적을 체험하는 해가 되게 하여 주시옵소서.

오늘을 살게하는 원동력

한국 교회를 위해 기도합니다. 음부의 권세가 싸움을 걸어와도 그리스도의 몸 된 교회가 성령의 능력과 복음으로 승리토록 해주시고, 사람의 정죄와 평가를 두려워 않고 담대히 복음을 전하게 하여 주시옵소서.

진정과 신령의 예배가 드려지고, 성령의 능력, 지혜, 지식의 인도를 받아서 세상의 권세와 가치관에 타협과 양보함 없이 오직 예수님께서 왕 노릇 하게 하옵소서. 또한 강도 만난 자를 보고도 지나치는 제사장이나 레위인의 삶과 문화에 빠지지 않고, 예수님 중심의 사랑과 성령이 주관하는 교회로 세상의 빛과 소금의 사명을 감당하게 하옵소서.

전능하신 하나님! 한국 사회를 위해 기도합니다. 이 사회에 점점 어둠을 좋아하는 이들이 많아지고, 빛된 진리가 외면당하는 말세의 징조가 나타나고 있습니다.

예수님 당시에도 하나님의 사랑으로 오시고 의를 행하신 예수님을 시기하여 거짓 모함하고, 여론으로 정죄하고, 예수님 대신 살인자 바라바를 선택함으로 불행한 미래를 맞이한 것을 기억하게 하시고, 이를 교훈 삼아 금년은 고도의 분별력을 가지고 지도자를 세우는 해가 되게 하여 주시옵소서. 특별히 공의와 정의, 자유를 사랑하고 국민을 주인으로 생각하는 진솔한 자가 대통령이 되고, 지방정부의 지도자가 되게 하여 주시옵소서.

세속의 영에 사로잡힌 자들이 만들어 낸 차별금지법, 평등법, 주민자치법 등의 악법과 불법, 불평등법이 선하게 포장된 것을 분별하게 해주시고 열매를 보고 나무를 판단하고 선택하는 온 국민이 되게 하여 주시옵소서. 먼저 믿는 크리스천은 시대 속에 빛과 소금으로 어둠과 부패의 세력을 잠재우는 거룩한 능력을 가지게 하옵소서.

하나님! 올해는 고아와 과부, 병자를 돌보시는 주님의 사랑을 생각하는 해가 되길 원합니다. 코로나19로 인해 더 이상 약자가 차별받지 않게 하여주시고 교회까지 백신 패스를 강요함으로 병자와 약자를 외면하는 죄를 범치 않도록 하소서.

대한민국은 하나님의 특별 은총으로 건국되어 가난한 나라가 부국의 복을 받았습니다. 한 지도자의 결단으로 전군신자화운동, 한기술갖기운동으로 건전한 사상이 자리 잡고 경제발전을 이루었습니다. 그러나 반공과 멸공 세대의 헌신을 통해 이룩한 업적을 잊고, 헌신한 조상과 애국자를 업신여기고, 진리를 외면하며 부강함을 정치권력 연장과 정욕을 위해 사용하는 현실에서 이제는 벗어나게 하여 주시옵소서.

복음으로 통일하여 북한 동족의 기아와 인권 문제를 해결하고, 공정과 정의가 강물처럼 흐르는 제사장의 나라가 되게 하여 주시옵소서. 그리하여 이 땅에 자유대한의 영광이 회복되게 하여 주시옵소서.

예수 그리스도의 이름으로 기도드립니다. 아멘.

한국 교회,
진리 되신 예수님이 희망이다

한국 교회가 기독교 최대 절기 중 하나인 부활절을 앞두고 있다. 코로나 방역 조치 등
어려운 환경을 지나온 한국 교회는 이번 부활절을 계기로 회복과 부흥을 기대하고
있다. 이에 기독일보는 한국 교회 원로 중 한 명인 권태진 목사(군포제일교회)를
만나 교계 안팎의 현안과 미래 방향성에 대한 생각을 들었다. 아래는 일문일답.

Q 오늘날 한국 교회의 전반적 상황을 어떻게 진단하십니까?

A 개인적으로는 목회 45년의 기간 동안

지난 약 3년간이 가장 힘들었습니다.

코로나 팬데믹으로 인해 교회가 위축되었고,

예배 인원 제한 등 한 번도 경험하지 못했던 걸 경험했기 때문입니다.

그러면서 한국 교회가 많이 약해졌습니다.

그러나 한편으로는 오히려 강해졌다고 볼 수도 있습니다.

어려운 일을 극복하면서 신앙이 더 단단해졌기 때문입니다.

부활절 이후 한국 교회에 더 나은 내일이 펼쳐질 것이라 생각합니다.

Q 요즘 한국 교회에 문제점은 무엇이고, 그걸 어떻게 바로잡을 수 있겠습니까?

A 교회들이 점점 인본주의로 빠지는 것 같습니다.
일부에선 인문학을 지나치게 강조하는 경향도 보입니다. 베드로가 인간적인 생각으로 말했을 때, 예수님께서는 '너는 나를 넘어지게 하는 자'라고 책망하셨습니다. 교회가 유념해야 할 점이라고 생각합니다.
교회는 무엇보다 진리를 굳게 붙들어야 합니다. 진리는 곧 예수님입니다. 진리를 따른다는 건 예수님처럼 좁은 길, 고난의 길, 불편한 길로 가는 것입니다. 그러나 그런 길 가운데서도 기뻐할 수 있는 이유는 미래에 대한 약속이 있기 때문입니다. 이스라엘 백성들이 광야에서 가나안을 사모했듯이, 우리도 신앙생활을 하면서 천국을 바라보아야 합니다. 주님을 따라 고난의 십자가를 지면서도 부활에 대한 믿음을 가져야 합니다. 이것을 잊으면 넓은 문과 편안한 길만을 선택하게 됩니다. 이번 부활절에는 고난의 길을 통과하고 부활의 기쁨을 맞는 모든 성도님들이 되시기를 바랍니다.

Q 교계의 '부활절 연합예배'가 분열되었다는 시각도 있습니다.

A 부활절 연합예배는 교회가 하나될 수 있는 좋은 계기인데, 이 행사 저 행사가 겹치면 자칫 갈등으로 보일 수 있습니다. 이런 부분에서 교계 지도자들이 조심해야겠습니다.

Q 이번 부활절이 회복과 부흥의 계기가 되기 위해 한국 교회가 가장 먼저 해야 할 일은 무엇이라고 생각하십니까?

A 한국 교회 회복의 첫 단추는 목회자들이 회복되는 것입니다. 그럼 성도들도 회복됩니다. 저는 목회를 하면서 늘 이런 생각을 했습니다. '내가 만약

성도라면 나 같은 목사를 존경하고 따르겠는가?' 이를 통해 스스로를
돌아보고 앞으로의 목회를 고민합니다. 한국 교회도 밖에서 들려오는 소리에
귀를 기울여야 할 것입니다. 하나님께서 외부의 사람들을 통해 경고의
메시지를 주시는 것일지도 모르기 때문입니다. 이번 부활절에는 한국
교회와 성도들이 이런 고민을 해봤으면 좋겠습니다.

Q. 기독교인들이 우리 사회를 위해 기도해야 할 제목이 있다면요?

A 자유대한민국이 하나님께서 맡기신 천부적 인권을 잘 실현할 수 있도록
하는 것입니다. 기독교인들은 하나님의 섭리 가운데 세워진 지도자를 위해
끊임없이 기도해야 할 것입니다. 그런 기도 운동이 이번 부활절을 통해
일어나길 바랍니다.

Q 윤석열 정부에 대해선 어떻게 평가하십니까?

A 대통령이 '자유대한민국'이라는 표현을 쓰는데 그 한 마디가 굉장히 감동이
됩니다. 또한 북한 인권에 대해서도 이야기를 합니다. 그런 점에서 정부가
잘하고 있다고 생각해요. 한 가지 당부하고 싶은 게 있다면, 왜곡된 역사와
잘못된 법을 바로잡아 달라는 것입니다. 그러한 것들이
지금 한국 사회를 병들게 하고 있습니다.

Q 간혹 정치권과 교계가 갈등을 빚기도 합니다.

A 우선 나라의 지도자들은 모든 국민을 안고 가야 합니다. 교인들도 다 같은
국민입니다. 자기와 맞지 않는다고 해서 배척해선 안 됩니다. 지도자는 화합할
수 있어야 합니다. 종교도 정치를 지배하려고 해선 안 됩니다. 단지 나라의
정신적 기반이 되고 원칙을 이야기하면 됩니다.

Q 한국기독교총연합회(한기총)가 오랜 시간 끝에 최근 정상화 했습니다.

A 한기총은 역사가 있는 교계 연합기관입니다. 그런 한기총이 한국 교회를
대변하는 기관이 되는 게 바람직하다고 봅니다. 오랫동안 변호사가
사실상 대표로 있으면서 제구실을 못했는데, 다행히 정서영 목사님께서
새 대표회장이 되셨습니다. 잘된 일이라고 생각합니다. 한국 교회 보수의
목소리가 다시 한기총으로 모였으면 좋겠습니다.

Q 연합기관 통합도 필요하겠지요?

A 물론입니다. 그들이 하나되어야 한국 교회 여론도 하나로 모일 것입니다.
연합기관들이 하나되어 나라를 바로 이끄는 등불이 되길 바랍니다.

Q 최근에 신작 찬송가(K-찬송)를 봉헌하셨지요?

A 지금까지 40년이 넘도록 설교를 하면서 이를 효과적으로 성도들과 공유할
수 없을까 고민하다 '찬송으로 만들면 좋겠다'고 생각해 찬송시를 한
100편 정도 썼습니다. 그 중 50여 편에 문성모 목사님께서 곡을 붙이셔서
찬송가집을 냈습니다. 곧 추가로 14곡을 더 발표할 예정입니다. 그렇게 올해
안에 100곡을 내는 게 목표입니다. 훗날 이 찬송가들이 지금 우리가 교회에서
부르는 찬송가들처럼 널리 불렸으면 좋겠습니다.

Q 군포제일교회 부설 복지기관인 성민원이 올해 25주년을 맞았습니다.
복지 사역은 어떻게 시작하게 되셨습니까?

A 개척교회 시절, 방 두 칸의 가정집에서 한 칸은 예배당으로, 다른 한 칸은
사택으로 사용하던 때가 있었습니다. 그때부터 집 없고 힘든 사람, 실패한

사람들에게 같이 살자고 했습니다. 청년들 여러 명과 같이 살면서 예배하고,
밥 먹고, 새벽기도하고... 지금 생각해 보면 그것이 그들을 구제하고 돌본
것이지만, 그때는 그저 가정이기에 집도, 쌀도, 위로도 같이 나누었던 거죠.
하지만 그렇게 동고동락하던 청년들이 매몰차게 떠나가기도 했습니다.
하나님은 그 사건을 통해 사람은 오롯이 사랑의 대상임을 깨우치게
해주셨습니다. 그렇게 성도와 이웃의 삶의 접점에서 필요에 따라 자연스럽게
태어난 사역들이 성민원 복지의 시작입니다.

Q 교회와 별도로 성민원을 설립하신 이유가 있으신가요?

A 교회의 이름으로 직접 복지 활동을 해도 좋겠지만, 그럴 경우 그 순수성을
의심하는 이들도 있습니다. 포교 활동의 일환이라는 거죠. 그래서 성민원을
따로 세웠습니다. 성민원은 포교 때문에 복지 활동을 하지 않습니다. 복지의
동기는 영혼에 대한 사랑입니다. 군포제일교회도 이를 위해 성민원을
지원하고 있습니다. 지난 25년 간의 자원을 돈으로 환산한 성민원 복지사업의
규모는 약 2,700억 원인데 이 중 교회가 지원한 것이 약 900억 원입니다.
우리 사회가 이것이 국가를 위한 순수한 헌신임을 이해해 주면 좋겠습니다.

Q 끝으로 부활절을 앞둔 한국 교회에 당부하실 말씀을 부탁드리겠습니다.

A 기독교는 십자가라는 형틀을 상징으로 삼고 있습니다.
죄인들이 달리는 형틀을 구원의 상징으로 만든 게 바로 부활입니다.
예수님은 인류의 모든 죄를 지시고 십자가에 달려 돌아가셨지만, 사흘 만에
부활하셨습니다. 이를 통해 인류 구원의 길을 여셨습니다. 부활은 기독교만이
가진 특별한 은혜입니다. 한국 교회 모든 성도들이 이번 부활절에 새 힘을
얻고 부활의 영광을 나타냈으면 좋겠습니다. 또한 부활절을 계기로 온 교회가
하나되기를 소망합니다.

진리를 따른다는 건 예수님처럼
좁은 길, 고난의 길, 불편한 길로 가는 것입니다
그러나 기뻐할 수 있는 이유는
미래에 대한 약속이 있기 때문입니다

▶ 진행자 = 김 진 영 국장
▶ 언론사 = 기독일보

공의와 정의가 흐르는 자유대한민국

한국기독인총연합회 대표회장

　자유대한민국 건국 후, 나라를 사랑하여 거룩한 제사장의 나라가 되기를 위해 기도한 선배 크리스천의 헌신과 믿음의 역사로 우리나라와 한국 교회는 크게 성장했다. 그뿐만 아니라 자유민주주의를 기반으로 한 복지·교육·문화·사회·경제 등의 영역이 세계인들이 부러워하는 수준이 되었다. 6·25전쟁 후 폐허의 상태가 된 가난한 나라가 빈국을 도울 수 있는 경제 대국이 되었고, 군사·윤리·도덕 수준과 교육 열의도 세계적인 모범 국가가 되었다.

　그러나 잠시 동안 자유가 위축되고 교회의 예배가 탄압받고 차별받는 환경을 경험했다. 지금도 교회의 모임은 299명, 70%라는 제한이 풀리지 않고 있다. 일부 크리스천들은 하나님의 전능성을 믿지 못하고 세상 권력과 타협해 반석이 아닌 모래성과 같다는 인상을 주었다. 진리보다는 문화적으로 접근하고 세상 논리로 대화하고 타협하여 나름대로 교회를 보호하려 하지만 인본과 세속적 사고에 빠져 있다. 그럼에도 대부분의 크리스천은 예배를 귀히 여기며 말씀과 성령의 역사를 의지했고, 자유를 사랑하는 사람을 지도자로 세워 달라고 금식하며 기도했다. 그 기도가 응답 되어 한미 관계와 안보가 굳건해지고 국가가 안정되었다.

크리스천은 사람이나 나라에 충성하기보다 먼저 진리에 충성한다. 자유와 인권, 생명존중을 추구하는 사람과는 협력하고 존중하나 공산주의, 사회주의, 독재, 편견으로 가득차 있으면 생명을 걸고 대적한다. 그러나 이제 자유민주주의를 사랑하는 지도자를 믿고 세웠으니 지도자를 신뢰하고 기도하라는 성경의 진리를 실천하자.

대통령이 공의롭고 정직하도록, 신적 권위에 도전하는 잘못을 범하지 않도록 기도해야 한다. 성령의 사람에게는 종교의 자유와 자유민주주의 발전을 위해 기도하고 시대의 빛과 소금으로서 이 사회를 새롭게 할 책임이 있다. 우리 선배 기독인들은 정교분리를 지켜왔고 그것을 위해 기도했으나, 지금은 종교인 과세가 시행되어 언제든지 정권이 악한 마음을 품으면 종교 기관을 사찰할 수 있다고 법학회에서 발표한 바 있다.

이젠 정부가 교회를 간섭하지 못하게 하고 마찬가지로 교회도 정부 권력을 이용해서 무엇을 해결하려는 생각을 버려야 한다. 정권 교체와 윤석열 대통령의 당선에 공로가 있다고 해도 명예와 물질, 권력을 얻기 위해서 정치권을 맴돌지 말자. 정경유착뿐 아니라 정교유착도 문제가 된다.

교회의 통치자는 하나님이며, 특별히 목사는 주님의 종이다. 주님의 종은 주님을 의지하고 기도하며 성경 말씀을 먼저 생각하고 행동해야 한다. 교회의 내부 문제까지 세속의 법정에서 시비를 가려달라고 하면 스스로 세상 권세를 교회로 끌어들이는 죄를 범하는 것이다. 바울 사도는 고린도 교회에도 이와 같은 자들이 있는 것을 알고 성령의 감동으로 교훈한 일이 있다.

"형제가 형제와 더불어 고발할 뿐더러 믿지 아니하는 자들 앞에서 하느냐"(고전6:6)

진리를 벗어난 이방인과는 고발이 가능하지만, 진리 안에서 형제 된 이들은 믿지 않는 자 앞에서 서로를 고발하지 말라고 했다. 크리스천끼리

오늘을 살게하는 원동력

는 손해가 조금 있다 해도 복음의 은혜를 가지고 교회를 지키기 위해 불신자에게 피차 고발하는 것을 금하고 있다.

"너희가 피차 고발함으로 너희 가운데 이미 뚜렷한 허물이 있나니 차라리 불의를 당하는 것이 낫지 아니하며 차라리 속는 것이 낫지 아니하냐"(고전6:7)

우리나라의 교계도 송사를 좋아하는 이들이 있어 거룩한 교회와 총회, 연합회가 세속법의 통치 아래 있는 곳도 있다.

이젠 복음으로 돌아가서 고아와 과부를 돌아보고 예수님이 원하는 교회와 성도가 되어야 한다. 우리의 애국은 입으로 하는 것이 아니다. 소돔과 고모라가 보호받지 못한 이유는 의인 열 명이 없었기 때문이다.

교회가 교회 되게 하고, 예배의 자유를 누리고, 전도·봉사·선교를 지속하며 지금도 외롭게 살아가는 이들을 찾아서 돌봐야 한다. 세상의 영광보다 천국의 보상을 기대하자. 한 알의 밀알이 썩는 것만 보지 말고, 싹 틔우는 기쁨을 알고 고난과 박해 뒤에 오는 누림을 기대하자. 십자가에 달려 돌아가신 예수님을 보고 눈물 흘리는 것이 아니라, 십자가의 고난이 사망 권세를 이기고 부활로 가는 과정임을 알고 그 길을 갈 수 있어야 한다.

자유대한민국과 국민에게 충성하고, 한미동맹을 지키고, 차별금지법을 반대하고, 교육의 다양성을 인정하고 바르게 하려는 마음이 있는 분이 대통령이 되었으니 이젠 그가 하나님의 손에 붙잡혀 국민의 평안을 위하는 좋은 지도자가 되도록 항상 기도해야 할 것이다.

지도자가 내 편이 되기를 바라기보다 좌우에 치우치지 않는 공의와 정의를 가지고 국민에게 봉사하는 자가 되도록 기도하고 나라의 미래를 위해 항상 기도해야 한다. 지도자가 모든 국민을 어울러 국가 발전에 헌신한 멸공, 반공 세대를 위로하고 악법의 피해자를 사면하기를 바란다. 자신을 지지하지 않는 이들까지도 품고, 정치 보복이 아닌 엄정한 법 집행을 하고, 부정투표 의혹을 철저히 조사하고 해소하여 민주주의의 기초를 견고히 하도록 기도하고 응원해야 한다.

한국기독인총연합회는 지도자를 위해 특별히 기도하는 부서를 두어 매달 나라를 위해 기도할 것이다. 마지막으로 윤석열 대통령의 당선을 축하드리며, 낙선한 이재명 후보에게는 위로의 말을 전한다.

오늘을 살게하는 원동력

국민과 소통의 문, 활짝 열기를

한국기독인총연합회 대표회장

대통령 집무실 이전 문제로 신구 대통령이 힘겨루기하는 것 같이 보이고, 이 일로 국민의 여론이 나누어지는 것을 본다. 문재인 대통령은 후보자 시절에 광화문 시대를 열겠다고 했으나 평안하고 아늑한 청와대에서 5년을 보냈다. 그런데 윤석열 대통령 당선인이 광화문 시대를 열겠다고 하자 현 정부는 경호와 주민 불편의 이유로 이를 반대하고 있다.

청와대보다 국방부에 가서 국민들과 소통하고, 안보도 굳건히 하겠다는데 반대하는 것은 국민의 소리를 듣는 것을 차단하려는 건 아닌지 의심을 하게 한다. 그런 의도가 아니라면 순수한 국민의 입장에서는 집무실 이전을 반대하는 것이 이해가 되지 않는다.

국민과의 공약을 이행하려는 것을 반대하고 재정적인 이유를 들어 여론몰이해서 방해하는 것은 용납할 수 없다. 군 통수권자가 군 시설에 가까이 있는 것은 환영할 일이다.

지금 우리나라는 전시 상황이다. 대통령 당선인이 미래를 보고 공약하고 현실을 참작해 결정한 것을 신속히 추진하여 안보 공백을 메우고 경호에 미흡한 점이 없도록 만전을 기해야 한다. 과거처럼 진실을 왜곡시키고 군중을 선동하여 새롭게 시작하는 정권의 발목을 잡고 안보를 위태롭게 한다면 전 국민이 용납하지 않을 것이다.

국가의 미래를 위해 신구 대통령의 원활한 인수인계가 이루어지길 바란다. 국민의 여론과 민심을 하나로 모아 부강한 나라가 되어 자유 통일을 이루며, 행복한 나라의 건설을 위해 합력하기를 제언한다.

당선자는 국민을 관리·단속하는 악법을 철폐하고 처음 세운 뜻대로 대통령 집무실 용산 이전을 추진해서 미래를 위해, 좋은 나라를 건설을 위해 노력하기를 바란다.

우리나라의 역사를 보면 좋은 일을 하려 할 때 반대세력은 꼭 있기 마련이었다. 경부고속도로를 건설할 때도 반대자가 있었지만 망설임없이 추진했을 때 균형발전을 이룰 수 있었던 것 같이, 청와대가 국민의 품으로 돌아오는 것에 대해 반대 입장인 사람도 있을 수 있다. 그러나 대통령은 국민 전체를 대표하는만큼 애국의 자세로 국민의 기대에 부응하길 바란다.

여론과 민심을 하나로 모아
행복한 나라의 건설을 위해 합력하기를

오늘을 살게하는 원동력

국가의 백년대계를 위해 걷는 대통령

한국기독인총연합회 대표회장

윤석열 대통령이 취임한 지 갓 두 달이 지났다. 취임 후 자유대한민국의 정체성을 회복하고 있다는 긍정적인 여론이 모아지고 있다. 코로나19로 어려움을 겪은 자영업자·소상공인도 의욕을 되찾고, 기업들도 규제 완화를 기대하며 활기를 띄고 있다.

그러나 안타깝게도 지난 5년간 숫자와 힘의 논리로 만들어 놓은 정부의 각종 규제와 소득주도성장, 비전문가가 탁상공론으로 밀어붙인 탈원전 정책과 국가 안보의 실패로 사회 곳곳에 부작용이 나타나고 있다. 자유가 제한당했고, 알 권리라는 단어도 무색해졌다.

이 문제에 책임을 져야 하는 이들은 정작 현 대통령에게 책임을 묻고 있다. 국정 운영을 잘못하고 있다고 선동하고 여론재판을 하면서 내로남불의 상황을 만들어 우려의 목소리가 크다. 최근 해외 순방 때 영부인을 보살펴 줄 지인과 동행한 일도 마치 큰 죄인듯 정죄하는 언론과 야당의 행태는 이해하기 어렵다. 경제 문제, 인사 문제, 정책 등을 나무라기 전에 과거 자신들의 소행을 보라.

지금 대통령의 국정 운영에 문제가 있다고 생각하는 사람이 있을 수 있다. 흑백 논리에 익숙해져 있으면 자신의 지지자 외에는 거부하는 경향이 있다. 그러나 성숙한 민주주의 정신은 다수의 선택으로 세워진 지도자에 대해서는 긍정적으로 협조하고 힘을 실어주는 것이 바람직하다.

지혜로운 지도자와 국민에게 바란다. 의도를 숨기지 않고 악평만 하는 이들의 말을 분별해야 한다. 자유민주주의 정신을 외면하고 차별금지법이나 동성애를 조장하는 잘못된 사고를 가진 이들의 사상은 배격하길 바란다.

지난 15일 대통령실에서는 "지지율에 일희일비하지 않겠다. 어떤 경우에도 국민만 바라보면서 열심히 일하겠다"고 입장을 표명했다. 이에 동의하며 지지한다. 대통령은 여론재판에 초연해야 한다. 자유민주주의 헌법 정신과 건국이념에 충실하여, 국민을 바라보고 바른 역사관을 가지고 국가의 백년대계를 위해 걸어가야 한다. 범죄자들이 국민이 부여한 권한과 부와 명예를 이용해 자신을 방어하는 것을 용납하지 말고 뿌리까지 철저히 조사해야 한다.

우리나라 경제 발전의 시기에, 월남파병과 경부고속도로 건설에 반대하는 야당이 있었다. 그러나 역사는 박정희 대통령의 경제 대통령으로서의 공로를 인정한다. 또 역사 속에 군중에 의해 십자가 형틀에 달리신 예수 그리스도가 있다. 지동설을 주장하다가 죽임을 당한 갈릴레오도 있다. 그러나 진실은 꼭 승리한다.

국민은 권력과 정치에 관심을 두기보다 전쟁과 불황 없이 자유롭게 사는 것에 더욱 관심을 둔다. 그러므로 지지율에 위축되지 않고 당당하게 나아가는 대통령이 되길 바란다. 수년 후 현 정부의 열매를 통해 국민에게 더욱 신뢰와 지지를 받는 정부가 되길 바란다. 대통령은 듣는 마음을 구한 솔로몬의 지혜로 전쟁과 세계적인 경제 불황을 잘 극복하는 위대한 지도자가 되기를 기대한다.

8월이 되면 큰 기쁨의 날이 있다. 광복과 건국이라는 두 가지 기쁨을

오늘을 살게하는 원동력

누리는 8월 15일이다. 대통령은 해방의 기쁨을 넘어 건국의 날을 확고하게 하고, 또 다문화 정책에 관심을 쏟아 태극기 사랑과 애국가 사랑, 나라 사랑의 정신을 교육해 대한민국 국민으로서의 정체성을 갖도로 해야 한다.

온 교회는 지역마다 해방 및 건국기념 감사예배와 문화행사를 개최하여 어린아이들에게 자랑스러운 대한민국의 뿌리를 가르치고, 자유대한민국을 일구고 지킨 조상을 존경하는 마음을 갖도록 해야 할 것이다.

더 나아가 우리는 국민의 한 사람으로서 국가가 나에게 무엇을 해주기를 바라기 전에 내가 국가를 위해 무엇을 할까를 생각해보길 바란다.

자유대한민국은 우리 모두의 나라다. 대통령이 임기 동안 기쁘고 행복하게 나라를 위해 충성하게 하자.

온 국민이 열심히 일하면서 수고의 열매와 보람을 찾고, 생육하고 번성하여 미래를 준비하는 나라가 되었으면 한다. 행복의 열매인 출산으로 민족의 쇠퇴를 막도록 힘쓰는 대한민국이 되길 소망한다.

바른 역사관을 가지고
국가의 백년대계를 위해 걸어가야 한다

다시 건국의 자세로

한국기독인총연합회 대표회장

자유대한민국은 지금 거짓 선동과 내로남불로 인해 상처를 입고 있다. 임기 초라 그 무엇도 결과로 보일 수 없는 대통령을 평가하고, 인신공격을 일삼으며 약점만 찾고 있다. 국민이 선택한 지도자를 무시하고 악평하는 북한의 말을 자국 방송국이 대변하는 일은 대한민국에서 일어날 법한 일이 아니다.

윤석열 대통령을 싫어하는 북한의 영향을 받은 이들이 대통령 불신임 운동을 하고 가족을 공격하고 있다. 이러한 잘못된 행동으로는 국민의 신뢰를 얻지 못한다. 자유민주주의 정신과 개인의 인권을 존중하지 않는 것은 특히 공당이나 국회의원으로서의 갖춰야 할 자세가 아니다.

태어나 100일이 된 아이를 성인의 잣대로 평가할 수 있는가. 그 아이를 비판하는 사람이 있다면 아이의 존재 자체를 싫어하기 때문일 것이다. 자유를 지키고 국민을 보호하기 위해 인사와 조직을 구성하고 민생을 우선하는 대통령을 이유없이 배척하는 논리와 행위에 동조해서는 안 된다.

특히 일부 세력들이 대한민국의 건국을 인정하지 않고 자유를 배척하면서 국민들을 선동하고 있다. 이런 주장에 흔들리지 않도록 바른 정보와 교육이 필요하다.

오늘을 살게하는 원동력

지금 우리나라는 보이지 않는 사상과 체제 전쟁 중에 있다. 전쟁할 때는 건국의 날짜를 정확히 하고 건국의 정신을 가져야 한다. 자유민주주의를 세우겠다는 일념으로 고난을 각오하고 선한 양심을 가져 바른 역사관과 헌법의 원칙을 따라 전진하기를 바란다.

지금의 시련은 지도자의 인내와 통찰력, 담력을 키워주는 하나님의 은혜일 수 있다. 불의와의 타협 없이 100년의 미래를 위해 출산과 교육을 위해 매진하며 제2의 건국의 자세로 담대하게 나아가길 바란다.

청와대를 국민의 품으로 돌아오게 한 일도 칭찬을 받을 일이다. 역사 속에 지금의 선택은 좋은 평가를 받을 것이라 생각한다. 또한 힌남노 태풍이 상륙했을 때, 민생을 최우선으로 생각하고 포항에 고립된 시민을 구하기 위해 장갑차까지 동원한 것은 현명한 처사였다.

한국 교회 성도들이여, 두려워 말고 일어나자. 지역마다 회개운동을 하고 나라를 위해 중보기도 하자. 진리로 하나되어 자유와 사랑을 위한 미스바 기도회로 모이자. 한국 교회는 9월 특별기도 운동을 시작해서 이 난국을 헤쳐 나가도록 기도하고 행동하자. 크리스천은 행복한 나라, 애국으로 뭉친 국민을 만들기 위해 변함없이 기도할 것이다. 살아있는 믿음이 있는 교회와 성도가 있는 한 하나님이 보호하실 것이다.

자유와 행복의 유산에 감사하며

한국기독인총연합회 대표회장

3·1 운동은 104년 전 일본에 의해 주권·인권·자유·문화를 빼앗긴 우리 민족이 기미년 3월 1일 서울 탑골공원에 모여 정당한 권리를 요구하며 맨몸으로 대한 독립 만세를 외친 역사적인 사건이다. 이때 기독교 지도자들을 주축으로 민족 대표 33인이 독립선언서를 낭독하고 조선은 독립 국가이며, 조선 사람은 자주 민족임을 선언했다.

독립선언문을 보면 당시 지도자들은 남 탓을 하지 않았다. 스스로를 채찍질하기에도 바쁜 우리에게는 남을 원망할 여유가 없다며 지금 우리가 할 일은 우리 자신을 바로 세우는 것이지 남을 파괴하는 것이 아니라고 했다. 또한 과감하게 오랜 잘못을 바로잡고, 진정한 이해와 공감을 바탕으로 사이좋은 새 세상을 여는 것이 서로 재앙을 피하고 행복해지는 지름길이라 선언했다. 독립선언문의 전체 내용은 진리의 말씀을 배운 이들의 정신이 담겨 있어 세계인이 공감했다.

우리는 3·1 운동 104주년을 맞이하며 조상들의 피와 땀이 헛되지 않도록 공산주의, 타락 문화, 불신 풍조를 몰아내야 한다. 지금 거짓과 분쟁으로 무장한 이들은 어렵게 지켜낸 자유민주주의 대한민국을 위협하고 시장경제를 후퇴시키려 한다. 역사를 왜곡하여 교과서의 균형을 무너뜨리고

오늘을 살게하는 원동력

공직자와 국민의 주객전도 상황이 벌어지고 있다.

우리 모두 함께 일어나자. 대한민국의 헌법과 체제를 부정하는 이들을 용납해서는 안된다. 가치관을 병들게 하는 이들로부터 우리나라를 지켜내야 한다. 순수한 국민이 서로를 불신하게 하고 애국자를 홀대하는 인식을 바꾸어야 한다.

믿음을 가진 그리스도인은 말씀대로 살지 못했던 지난날의 잘못을 철저히 회개해야 한다. 그리스도인은 나라와 민족의 위기 때마다 순교하면서까지 자유를 지킨 정신을 계승해 발전시키고 6·25전쟁 이후 가난을 극복한 선조들에게 감사해야 한다.

그리스도인은 세상의 빛과 소금이다. 애국의 정신으로 국가와 교회에 좋은 날이 오게 하고 복음 통일, 자유 통일을 이루어 가자. 조상들이 우리에게 자유와 평화, 경제 대국의 행복 유산을 물려준 것처럼 모두가 화합하고 단합해 다음 세대에 자유·정의·공의·진리·바른 역사를 물려주자.

3·1 운동의 뜨거운 함성과 정신을 생각하며 깨어 기도하기를 바란다. 그때의 결의로 나라의 안정을 위해 대통령을 지키고 공권력이 그 역할을 다하도록 응원하자.

진리를 실천하는 교회가 있어 대한민국은 희망이 있다.

내일의 희망, 대한민국

한국기독인총연합회 대표회장

6월은 자유대한민국을 위해 헌신한 순국선열들의 수고를 알아주고 기념하는 호국보훈의 달이다. 자유민주주의 이념으로 건국된 대한민국의 국민이 천부적 인권을 누리면서 행복한 사회를 만들기 위해 다짐하는 달이기도 하다. 6월이면 동족상잔의 비극인 6·25전쟁을 떠올린다. 1950년 6월 25일 고요한 새벽, 소련과 중공군의 지원을 받은 북한군이 38선을 넘어 남침하여 3년이라는 기간 동안 죽고 죽이고 파괴하는 참혹한 살상을 저질렀다. 이로 인해 한국군 13만여 명, 유엔군 4만여 명 등 17만 명이 사망했고, 남북 민간인 250여 만 명이 목숨을 잃었다. 오늘의 자유와 인권을 지키기 위해 엄청난 대가를 치른 것이다. 일제 치하에서의 독립은 미국이 원자탄을 투하해 일본이 항복한 결과였다면, 지금의 자유대한민국은 대한민국 국군과 유엔군이 자유를 위해 흘린 핏값인 것이다.

자유대한민국이 6·25전쟁의 희생으로 인해 지켜졌다면, 국가 안보와 경제 성장은 월남참전용사의 희생 위에 이루어졌다. 나라의 부름을 받은 324,864명의 용사들이 자유 수호를 위해 베트남으로 보내졌다. 월남참전용사들은 열사의 땅에서 인류의 자유를 위해 대민지원을 하며 394km 도로 건설, 가옥 및 교실 3,319동 건축, 132개의 교량을 건설했다. 또한 평화의 사

오늘을 살게하는 원동력

도가 되리라 다짐하며 공산주의자들과 싸웠다. 8년 8개월 동안 5,099명이 전사했고, 부상자는 1만여 명이었으며, 6만여 명이 이름 모를 질병으로 50세를 넘기지 못하고 사망했고, 16만여 명이 고엽제의 피해자가 되었다. 아직도 이들은 전쟁의 트라우마를 겪으며 고통받고 있다.

미국은 월남 참전의 대가로 전군 현대화, 병력 전투 수당 등을 약속해 지원함으로 우리나라의 국방력 증강과 경제 발전에 이바지했고 우리는 G7 국가와 위상을 나란히 하게 되었다. 그러나 일부 주사파는 파월 국군이 민간인을 학살했다고 선동해 국가유공자들을 분노케 하고 홀대했으며 국군의 위상을 약화시켰다. 이토록 왜곡된 역사관으로 인해 친구를 원수로, 원수를 친구로 배려하는 작금의 현실이 안타깝다. 다행히도 하나님의 섭리 가운데 자유의 소중함을 아는 지도자가 세워져 보훈처를 보훈부로 승격하고 국가를 위해 헌신한 이들의 수고를 기억하는 것을 보니 내일의 대한민국은 더욱 희망이 있다.

윤석열 정부는 국가 안보를 위해 한미일 외교와 보훈 정책들을 잘 정립해 나가고 있다. 더 바라기는 건국 대통령에 대해 바르게 기록하고 기념하며, 자유대한민국 건국의 역사 속에서 위대한 업적을 남긴 이들을 찾아 그 공로를 치하해 주길 바란다. 또한 가짜 유공자를 색출하고 안보를 튼튼히 하여 잘못된 역사를 바로잡는 일에 더욱 힘써야 할 것이다.

호국보훈의 달, 애국자의 피의 호소 속에 오늘의 정부가 탄생했음을 기억하고 헌신의 각오로 분초를 아껴 자유민주주의 헌법과 제도를 보강하고, 건국절을 선포하여 나라의 근본을 바로잡기를 희망한다. 종교와의 관계도 역사 속에 기쁨으로 헌신한 성직자를 기억하고 정교분리의 원칙을 지켜 교회를 조세제도 아래 묶어두는 악법을 다시 점검해 주길 바란다.

한국 교회와 성도들은 대한민국의 대통령, 그리고 국가의 안녕과 안보를 위해 특별히 기도할 것이다.

보훈의 정신을 살리는 호국

월남 참전 유공자

얼마 전 6·25전쟁에 참전한 노병이 생활고에 시달리다 마트에서 반찬을 훔친 혐의로 경찰에 잡혀 즉결심판을 받게 된 사연이 알려졌다. 안타까운 소식을 접하며 생각했다. 만약 수고와 헌신으로 한 가정을 일으킨 부모가 자녀에게 모든 유산을 물려준 후, 자녀의 무관심 속에 노숙인이 되었다면 그 자녀는 어떤 평가를 받았을까. 틀림없이 불효자라 손가락질을 받았을 것이다. 지금 우리나라의 참전 유공자들이 이와 같은 대우를 받고 있다. 자유대한민국은 국가를 위해 헌신한 참전 유공자를 짐스러워하는 듯하다.

지난 정부의 대북 정책은 햇볕정책이었다. 악인과 선인 구분 없이 따스한 햇빛을 비추면 두터운 갑옷을 벗게 하고 긴장을 완화시킬 수 있다는 원리에서다. 그러나 정작 햇빛을 받은 이들은 지금 핵무기로 세계의 평화를 위협하고 있다. 수년간 숱한 군사적 도발과 위협에도 지난 정부는 도리어 화친을 주장하며 경제적 지원을 아끼지 않았다.

지금의 대한민국이 있기까지 헌신한 참전용사들 중에는 밥 한 그릇도 편안히 먹지 못할 정도로 생계가 녹록지 않은 이들도 있는 데 진정 무엇에 우선순위를 두었던 건지 묻고 싶다.

공로와 은혜에 보답하는 보훈의 정신이 무너지면 나라를 지키는 호국을 기대할 수 없다. 그러나 올해 보훈처가 보훈부로 승격되며 보훈 정책에도 조금씩 변화가 보인다. 대통령께서 직접 6·25 참전용사에게 영웅 제복을 수여해 제대로 된 예우를 갖춘 것은 참 뜻깊은 일이다. 90세 넘은 참전용사가 새 제복을 입고 환하게 웃으며 자랑스러워하는 모습에 보는 모두가 행복했다. 그러나 문제는 속도다. 노병은 기다려 주지 않는다. 6·25 참전용사는 100세를 산다고 해도 몇 년 남지 않았고, 월남참전용사도 모두 70세가 넘었다. 월남에서 목숨을 걸고 전선없는 전쟁을 치르면서도 대민지원을 아끼지 않았던 용사들 중 약 6만 명은 전역 후 이름 모를 병으로 50세를 못 넘기고 사망했다. 지금도 고엽제로 인해 고통 속에 지내는 영웅들도 많이 있다.

현재 청춘을 나라에 바친 영웅들에게 주는 참전 수당은 월 39만 원이다. 지자체 중에는 민주화운동 경력자에겐 월 13만 원의 생계비를 지원하면서 전쟁 유공자에겐 3만 원을 지급하는 곳도 있다. 그런 와중에 가짜 독립 유공자 논란도 점점 더 거세져 사회적 갈등을 야기하고 있다.

국가보훈처는 더 이상 가짜 유공자에 대한 의혹이 불거지지 않도록 속히 전수조사를 하고, 국가기록물을 통해 공훈을 객관적으로 심사해야 한다.

참전용사들은 그동안 나라가 잘되기만을 묵묵히 기다렸다. 이제는 제복의 가치를 소중히 여기고, 예우해야 하며 국가를 위해 일하는 이들은 국민을 주인으로 섬기는 자세를 가져야 한다. 서로를 소중히 여기는 정책, 교육, 문화, 사회가 만들어지기를 소원한다. 또한 대통령께 부탁드리기는 건국절을 제정하기를 바란다. 건국의 날이 정해져야 자유대한민국의 정체성을 회복할 수 있고, 가짜를 분별하는 명확한 기준도 생긴다.

참전 유공자는 단순히 구제의 대상이 아니다. 보훈은 단지 참전명예수당 인상에 그쳐서는 안 된다. 참전 영웅들의 명예를 지킬 수 있도록 역사의 기록부터 바로잡아야 한다. 그것이 참전용사들을 위한 진정한 예우의 출발점이다.

초대 대통령의 건국 역사박물관을 만들고, 한미동맹의 업적과 공로를 기억하고 기록해야 한다. 역대 대통령의 업적도 계승해야 한다. 박정희 대통령의 새마을운동의 정신은 한강의 기적을 이루었고, 국군의 한 종교 갖기 운동은 공산주의를 막아냈다. 전 국민 한 기술 갖기 운동은 세계적인 기술 강국으로서의 DNA를 심었다. 이 정신을 계승하여 자유대한민국을 지키고 발전시켜야 한다.

작금의 현실은 민주주의와 공산주의를 구분하지 못하는 이들이 애국의 정신을 잃고, 호국 보훈을 망치는 악법을 만들어 내고 있다. 인간과 가정의 근간을 흔드는 차별금지법, 생활보호자법뿐 아니라 종교까지 통제하는 종교인 과세도 입법해 시행하고 있다. 이는 성직자의 명예를 실추시키고 자율성을 침해하는 법이다. 이 법이 제정될 당시에도 종교를 아편으로 여기고 부정하는 이들이 시민단체를 움직여 입법을 추진했다.

자유대한민국의 발전을 위해서는 성직자가 자율성을 가지고 국가의 정신적 지주 역할을 감당할 수 있도록 제도와 법률을 다시 검토하고 개선해야 한다.

자유대한민국의 기초와 역사를 무시하고 사회주의 사상과 북한의 입장에서 기록된 교과서, 서적, 영상물과 지자체의 조례와 규칙, 각 분야를 대표하는 사회단체의 정관과 제도도 검토해야 한다. 우리나라의 건국 초기에 작성된 기록물을 참고해 정치적 목적에 의해 뒤틀린 역사관을 바로잡아야 한다. 타국에서 건너와 정착한 다문화 가족들에게는 대한민국의 바른 역사와 애국정신을 교육함으로써 미래의 갈등을 최소화해야 한다.

국회가 입법권을 남용할 때 대통령은 자유대한민국의 행복을 저해하지는 않는지 분별하여 거부권을 행사해야 한다. 국민이 맡긴 주권을 국민

오늘을 살게하는 원동력

을 위해 사용하고, 행정권의 수장이요, 군 통수권자이자, 국민의 대표자로서 입법 폭주를 막아내야 한다.

호국보훈의 달을 보내며 참전 유공자로서 지난날의 기억을 떠올려 본다. 전선도 없던 월남전에서 쉼 없이 헬기에 실려 오던 부상자와 전사자의 비참한 마지막 모습이 진한 잔상으로 남아 때로는 잠을 설친다. 매일 아침 부르던 애국가는 삶의 호흡이자 고국의 안녕을 위한 부르짖음이었다.

참전 영웅들의 피땀으로 하늘, 땅, 바다를 지키는 국군이 현대화를 이루고, 대한민국의 경제 발전을 이룩한 것을 보며 자유대한민국을 지켜주신 하나님께 감사 기도를 올린다.

2023년 8월 15일

대한민국의 건국절을 제정하자

한국기독인총연합회 대표회장

우리 민족이 일본의 지배로부터 벗어난 지 78주년이 되었다. 해방은 억압받는 우리 민족에게 하나님이 주신 은혜의 선물이다. 해방 3년 뒤, 자유대한민국이 건국되었고 올해로 75주년을 맞이했다. 그동안 모든 시련을 이기고 대한민국을 선진국으로 발전시킨 조상들께 감사한다.

약 135년 전 조선은 정치, 문화, 사회, 경제적인 빈곤과 무질서로 혼란스러웠고 백성들의 삶은 비참했다. 이때 복음의 씨앗을 품은 신앙 있는 지도자가 이 민족을 살렸다. 이승만 대통령은 하나님이 예비하신 지도자였다. 그는 계몽운동과 구국 투쟁을 펼쳤고 국권을 탈취당한 후에는 자주독립의 선봉장이었으며 해방 이후에는 자유민주주의를 기반으로 한 대한민국 건국에 헌신했다.

1950년 6월 25일, 북한이 남침했을 때, 즉시 미군과 유엔군의 참여를 이끌어냈고, 풍전등화 속에서 힘들게 자유를 지켰다. 전쟁의 장기화로 인해 미군이 철수하려 할 때 휴전협정을 맺고 한미상호방위조약을 체결해 한반도의 공산화를 막아냈다.

1948년 5월 10일 선거에서 이승만은 국회의장에 선임되었고, 1948년 7월 17일 공포한 제헌헌법에 자유민주주의와 시장경제를 기반으로 한 국가

오늘을 살게하는 원동력

임을 명시했다. 1948년 7월 24일, 이승만을 초대 대통령으로 선출했고 이승만 대통령은 곧 행정부를 구성하고 사법부의 수장인 대법원장을 임명했다. 대한민국은 입법부, 행정부, 사법부의 조직을 갖추게 되었다.

그리고 1948년 8월 15일, 미군정과의 사전 합의에 따라 자정을 기준으로 미군정 통치권, 곧 주권을 인수했다. 이날 대한민국은 중앙청광장에서 대한민국 정부 수립 국민축하식을 거행함으로 대한민국 정부 수립을 전 세계에 선포했다.

국가 성립의 3가지 요소인 영토, 국민, 주권을 모두 갖춘 이날이 대한민국의 건국일인 것이다. 이후 1949년 8월 15일 '대한민국 건국 1주년 기념식'이 미국에서 뉴욕 총영사관 주최로 열렸다. 남궁염 초대 뉴욕 총영사가 참석한 대한민국 공식 건국기념식이었다. 1948년 8월 15일 건국은 부정할 수 없는 사실이다.

건국일이 없는 나라는 없다. 그런데 지금 우리나라는 분명한 역사적 사료가 있음에도 불구하고 대한민국의 건국절 제정을 미루고 있다. 한편에서는 1919년 임시정부 수립을 건국일이라 주장하고, 역사 교과서에도 자랑스러운 자유민주주의 대한민국의 건국일을 광복절로만 가르치고 있어 건국일이 언제인지 모르는 사람이 점점 많아지고 있다. 건국일은 역사적인 자료를 바탕으로 제정해야 한다. 이념과 사상, 이해관계가 얽힌 개개인이 주장해서 결정할 문제가 아니다.

1919년 임시정부 수립일을 건국일로 기념한다면 사람이 엄마 뱃속에서 나온 날, 출생일을 기념하지 않고 수정일을 기억하는 것과 같다. 세상에 태어난 날이 법률적으로 인정하는 출생일인 것 같이, 1948년 8월 15일이 대한민국이 태어난 건국일이다.

자유는 노력 없이 누릴 수 없다. 해방은 선물이었으나, 건국은 선택과 싸움이었다. 이승만 대통령을 통하여 선택한 자유민주주의와 시장경제, 한미동맹, 기독교 입국론, 천부적 인권 존중이 우리나라 발전의 초석이다.

이제 역사적인 사실을 토대로 건국절을 제정하여 역사를 바로 세우고 정체성을 확립하자. 또 발전을 위해 헌신한 지도자들의 업적도 함께 기념하자. 건국절이 제정되면 독립과 건국 유공자에 대한 굳건한 기준이 세워짐으로 공산화와 민주화의 갈림길에서 자유민주주의 대한민국을 택하지 않은 이들에 대한 평가도 명확해질 것이다.

제2의 건국의 자세로 자유대한민국의 주체성과 정체성을 바로 세우기 위해 바른 역사 교육을 하고 건국 기념관과 역사관을 건립하고, 부정부패를 척결해야 한다. 더 이상 망국자를 유공자로 위장하지 않도록 건국일을 확정하라. 자유대한민국의 건국을 제정하고 기념하여 자유대한민국이 세계 속에서 자긍심을 갖고 국가 위상을 드높이길 바란다.

한국 교회와 성도들은 8월 15일에 자유대한민국 해방과 건국 감사예배를 드리며 하나님이 세우신 대한민국을 위해 두 손 들고 기도할 것이다. 믿음과 애국심으로 기도하는 한국 교회가 있는 한 대한민국은 더욱 희망 넘치는 나라가 될 것이다.

복음 통일이 이루어질 때, 대한민국의 건국절이 없다면 북한의 구구절에 흡수될 수밖에 없으니 올해라도 건국일을 선포하여 역사의 주인이신 하나님께 영광 돌리는 나라가 되게 하자.

목회자를 위한 잠언

쓰레기 더미를 치우고 세운 천막에서 시작된 군포제일교회를 42년간 담임해 온
권태진 목사의 목회는 '아비목회'의 말씀사역과 '어미복지'의 섬김 사역으로 잘
알려져 있다. 대내외적인 사역분만 아니라 한국 교회의 연합을 위해 누구보다
애쓰고 있는 권 목사에게 여러 주제에 대한 그의 생각을 물었다.

Q₁ 목회

A **목자가 되려 하지 말고, 목자의 명령에 충성하십시오.**

목사는 목자이기에 모든 양의 이름을 알고 부를 수 있어야 한다고 말씀하시는
분들이 있습니다. 저는 목사가 자신을 목자라고 부르는 것이 주제넘은
일이라고 생각합니다. 목사는 목자가 아닙니다. 목자는 예수님이십니다.
우리는 그 예수님의 종일 뿐입니다. 심부름꾼인 목사는 하나님 영의 인도함을
받아서 오는 사람들을 조건 없이 사랑하는 자리입니다.
목사가 스스로 할 수 있는 것은 없습니다. 목사는 하나의 발광체가 아니라
반사체입니다. 하나님의 사랑이 오면 반사하는 것이 목회입니다.
내가 무언가 가공할 수 있고, 조정할 수 있는 건 없습니다.

교회는 목회자의 직장이 아닙니다.

목회를 통해 나의 필요를 채우려 하지 마십시오.

성도들을 목회자 본인의 필요를 채우기 위한 대상으로 바라보면 안 됩니다.

자신의 수고에 합당한 대우를 받아야 하는 직업과 목회는 다릅니다.

교회는 오히려 가정과 같습니다.

그렇기에 목회는 부모가 자녀들을 돌보는 것과 원리가 같습니다.

부모가 자녀들을 조건 없이 사랑하고 돌보다 보면 어느 순간

자녀들이 부모의 필요를 채우기 시작합니다.

따라서 부모는 자녀들을 위해 어느 정도 반드시 희생할 수밖에 없습니다.

개척을 할 때는 교회관을 먼저 바로 세우십시오.

교회는 그리스도의 몸입니다. 교회는 그리스도의 몸이고,

성도들은 하나님께서 몸으로 부르신 자들이라는 것을 기억해야 합니다.

개척을 하는 여러 이유들이 있겠지만 '소신껏 목회를 해보겠다'는 생각은

나의 공동체를 세우는 잘못을 범할 수 있습니다.

내 교회가 아니라 그리스도의 몸을 세우는 것이 개척임을 잊지 마십시오.

청빙을 위한 가장 좋은 준비는 충성입니다.

현재 섬기는 교회를 담임목사처럼 충성한 사람들에게 교회가 맡겨집니다.

그러나 자신의 성공을 위한 수단이나 발판으로 여기는 사람들은

결국 실패할 수밖에 없습니다. 목회는 심은 대로 거두기 때문입니다.

기성교회는 교회가 기업화되는 것을 경계해야 합니다.

기성교회는 성장하는 과정에서 재정적으로 여유가 있는 사람들 위주로

당회가 구성되었습니다. 당회원들 대부분이 사업하는 사람들이다 보니

교회가 어쩔 수 없이 기업화되어 가는 부분이 있습니다.

이 생리를 파악하고 늘 경계해야 합니다.

교회 성장은 말씀과 성령밖에 없습니다.

요즘 시대에 교회가 성장하려면 설교를 짧게 하거나

친교를 풍성하게 해야 한다는 다양한 의견들이 있습니다.
그러나 저는 본질을 무시하는 성장전략이나 제안은 모두 궤변이라고
생각합니다. 예배를 잘 드리고, 말씀을 생활화하고,
어려울 때 같이 기도하는 신앙의 기본에서 벗어나면 안 됩니다.
꾸준히 기도하는 교회가 되십시오.
우리 교회는 1004명이 1000일 동안 24시간 릴레이로 기도하고 있습니다.
새벽기도회, 삼일 기도예배, 철야기도회와 같은 기도의 시간을 없애기보다,
상황적으로 어려울수록 오히려 기도의 시간을 더 늘리는 것이 옳습니다.
주일 저녁예배를 꼭 드리십시오.
이 시간을 통해 학생들이 예배에 참여하도록 하면 교회학교 학생들의 문화를
키울 수 있습니다. 성탄절 새벽송과 같은 교회 문화는
지속될 필요가 있습니다. 교회 안에 학생들의 문화가 사라지면 안 됩니다.

Q₂ 목회자

A **목회를 잘하는 목회자를 친구로 사귀고 가까이 두십시오.**
빵을 사주고 쫓아다니면서 그에게 배우셔야 합니다.
저에게는 김인중 목사님이 그런 분입니다. 지난 20년간 정기적으로
만났습니다. 기도원에서 만나면 항상 성경을 이야기하고 서로 축복합니다.
부정적인 사람, 비판하는 사람, 정치하는 사람을 멀리하십시오.
지금 잎이 아무리 무성해도 가을에 열매가 없으면 외롭고 쓸쓸합니다.
그런데 열매 없는 가을 나무 같은 사람들이 참 많습니다.
봄에 수고할 때 가을에 수확할 열매를 생각하며,
비판하기보다는 희망적이고 긍정적인 말을 해야 합니다.
큰 교회를 한다는 이유로 비난받는 목사님들을 사귀어 보면
이분들은 오히려 타인을 비판하지 않습니다. 밖에서 동네북처럼 두드리며

흔들어 놓아도 '기도하자', '성령의 인도하심을 받고 인내하자'고 말합니다.
이처럼 긍정적인 친구들을 사귀고 좋은 설교를 들으세요.
성도의 시선으로 나 자신을 돌아보십시오.
'내가 성도라면 나 같은 목사를 존경하고 헌신하고 따를 수 있는가'라는
질문을 늘 던지십시오. 이 질문에 '그렇다'고 답할 수 있는 사람이
몇 명이나 될까요? 다른 사람에게 자신의 연약함을 감출 수 있겠지만,
목회자 본인은 자신의 본모습을 가장 잘 압니다.
그렇기에 이 질문 앞에서 고민하게 되고 자신의 부족함을 고쳐갈 수 있습니다.
본인 스스로가 자신에게 진실해지기 시작하면 비로소 성도들 앞에서
조금은 당당해질 수 있습니다.

Q₃ 아비목회

A **아비목회의 정신은 조건 없는 사랑입니다.**

목회자가 아무리 아비목회를 한다고 폼 잡아도 성도가 인정하지 않으면
아비가 아닙니다. 자녀를 사랑함에 있어서 조건이 없듯이
성도를 조건 없이 사랑할 때 비로소 성도들이 목회자를 아비로 받아들입니다.
실패를 경험하고 돈 떨어지고 몸이 아플 때 외면하지 않고 가장 먼저 달려와서
나를 품어주는 자가 아비입니다. 건강한 가정에서만 느낄 수 있는 그 포근함을
경험하게 되니 목회자를 아비처럼 여기게 되는 것이죠.
아비목회는 더불어 사는 것입니다.
아비로서 돌봐준다고 하지만, 실상은 더불어 사는 것입니다.
목사에게는 돌봐줄 수 있는 에너지가 없습니다.
아비목회의 중심은 손해 보는 것입니다.
아들과 딸 키우는 것만큼 밑지는 장사가 없습니다.
하지만 그럼에도 자녀들이 잘되면 가장 행복해하는 것이 부모의 마음입니다.

목회자가 이 부모의 마음을 갖게 되면 스트레스를 덜 받을 수 있습니다.
심지어 목회자에게서 자신의 필요만을 채우려는 이들도 있습니다.
그래도 자녀 잘 키워서 분가시킬 때 돌려받을 것을 기대하지 않는 것처럼
그리스도의 사랑, 아가페적 사랑으로 꾸준히 돌봐야 합니다.

Q₄ 성도

A **성도 수에 상관없이 최선을 다해 목회하십시오.**

성도 수가 적은 경우만을 말하는 것이 아닙니다.

성도의 숫자가 많은 경우에도 마찬가지입니다.

'한 목회자가 몇 명의 성도들을 목회하는 것이 적당한가'라는 질문에 저는

'숫자를 재단하지 말고 하나님이 주시는 대로 최선을 다하라'고 답합니다.

바다에 많은 사람이 빠져서 허우적거리고 있는데 내 배는 작으니

2백 명으로 승선 인원을 제한하는 것이 아니라, 무슨 수를 써서라도

하나님께서 보내주시는 모든 사람을 구원하기 위해 애써야 합니다.

모든 성도들의 영혼의 무게는 동일합니다.

교회에 새가족으로 정치인이나 재력가들이 오면 '큰 고기가 왔다'고

말하는 목회자들이 있습니다. 이 가치관은 오염되었습니다.

경제적으로 가난하고 사회적으로 힘이 없어도,

심지어 육체적으로 병이 있어도 영혼의 무게는 똑같습니다.

이처럼 성도들을 동일하게 여기는 가치관이

주의 종에게는 반드시 있어야 합니다.

목회자는 가난해도 성도들은 풍족하게 해야 합니다.

엄마는 자기 자신보다 자녀 잘되는 일에 더 신경을 씁니다.

교회가 가난해도 목회자는 성도를 더 풍성하게 교육시키기 위해

애써야 합니다. 나라가 가난해도 국민들은 부하게 살도록 도와주는 나라가

좋은 나라인 것과 원리가 같습니다. 잘못된 나라는 국민들을 쥐어짜서
나라를 강하게 하고, 그 힘으로 가난한 국민들을 통제하려고 합니다.
목회자가 이런 잘못된 사고를 가지고 주의 '종'이 아니라 '왕'이 되어
성도들을 가난하게 만드는 것은 안타까운 일입니다.
성도는 믿음의 대상이 아니라 돌봄의 대상입니다.
목회를 하면서 목회자들은 기대하게 됩니다.
잘 교육시키고 훈련시켜서 교회의 든든한 일꾼으로 성장시키는 것이죠.
교회와 목회자에게 충성하는 사람으로 만들고 싶은 욕구가 있습니다.
그러나 돌본 후에 보상을 기대하거나 요구하는 것은 실망의 원인이 됩니다.
성도를 돌봄에는 아무 조건 없이 주님만 바라보고 외롭게 가야 합니다.
목회자는 주께서 돌보십니다.
성도에게서 나의 필요를 채우려 하지 마십시오.
누군가를 이용하려는 생각을 하는 순간 관계는 황폐해집니다.
내 의도대로 되지 않고 그가 나에게 만족을 주지 못하면 그 성도로부터 마음이
돌아서게 됩니다. 상대로부터 사랑을 채우기 위함이 아니라 사랑을 주기 위해
목회를 해야 하고 성도와 관계를 맺어야 합니다.
얻는 것이 아니라 주는 것, 이것이 그리스도께서 사랑하신 방법입니다.
성도의 치부에 관해 권면해야 한다면 나의 수치를 드러내서 이야기하십시오.
목회자는 성도의 죄의 문제를 다룰 수밖에 없는 자리입니다.
죄의 문제가 드러나는 것은 수치스러운 일이기 때문에
죄를 자꾸 감추려는 속성이 있습니다. 그러니 죄의 이슈를 건드리는 것은
프라이버시를 상하게 하는 것처럼 여겨질 때가 있죠.
예를 들어 목회자로서 성도가 유방암이 있을 것 같다고 판단되는 경우가
있습니다. 치료를 위해선 반드시 가슴을 드러내야 하는데 이것이 수치스러운
일이라고 여길 수 있습니다. 이럴 때 목회자는 그 성도의 것이 아니라
자신의 가슴을 내놓을 수 있어야 합니다.

목회자가 자신의 가슴을 드러내놓고 이런 이런 현상이 있으면
유방암일 수 있다고 말할 때, 동일한 증상을 발견한 성도들도
자신이 암인 줄 알고 치료를 위해 병원을 찾게 됩니다.

Q5 설교

A **설교는 엄마가 차려주는 밥상과 같아야 합니다.**
식당에는 정해진 메뉴가 있고 손님은 먹고 싶은 메뉴가 있는 식당을
찾아갑니다. 그러나 엄마가 차려준 식탁에는 정해진 메뉴가 없습니다.
가족을 위해 불고기를 요리했지만, 불고기를 좋아하지 않는 식구를 위해
닭 요리도 준비합니다. 그리고 한쪽에는 몸이 좋지 않은 식구를 위한 죽도
놓여 있습니다. 엄마가 차리는 밥상은 자신의 요리 솜씨를 뽐내기 위한
공간이 아니라 가족의 필요를 채우는 자리입니다.
설교는 신학적 지식을 전달하는 것이 아닙니다.
신학이 영혼을 구원하지 못합니다. 신학은 성경을 잘못 해석하지 않도록
도와주는 소위 아시바(발판)와 같은 역할을 할 뿐입니다.
설교자에게 성령과 기도는 호흡과 같은 것입니다.
모든 성경은 하나님의 감동으로 된 것이기에 성경은 하나님의 감동으로
이해되고 풀어집니다. 하나님의 감동이 성령이시니 설교자는
늘 기도로 성령의 영감을 구해야 합니다.
그리고 깨닫게 하시는 것에 영혼 사랑을 담아야 합니다.

Q6 복지

A **성도의 삶이 설교의 단어가 되어야 합니다.**
강단의 설교가 전부가 아닙니다. 성도들이 사회를 향해 나아가 섬기는 것은
마치 피아노 건반 하나가 소리를 내는 것과 같습니다.

이 소리들이 모여 아름다운 곡이 되고 이 연주가 세상을 향한 설교가 됩니다.

환경을 제공하면 조개는 입을 벌립니다.

조개를 바다에서 건져 올릴 때, 조개는 입을 굳게 닫고 있어서 속살만 건져

올릴 수 없습니다. 조개를 껍데기까지 건져 올린 후에 적절한 환경을 제공하면

조개는 입을 벌립니다. 그러면 비로소 안을 취할 수 있죠.

인간의 영혼은 육에 담겨 있습니다. 그렇기에 육을 만나야 영혼을 볼 수

있습니다. 상대방의 육을 소중히 여기면 그 영혼을 만나는 길이 열립니다.

예수님께서도 육의 문제를 무시하지 않으셨습니다. 아픔을 치유하시고,

배고픔의 문제를 해결하셨죠.

그래서 육을 다루는 복지와 영을 다루는 목회는 하나입니다.

어느 한 쪽으로 치우치면 안 됩니다.

복지는 삼겹줄의 유익이 있습니다.

첫째, 교회가 복지를 하면 성도들이 말씀을 실천할 수 있는 현장이 됩니다.

둘째, 복지는 예수님의 사랑으로 전도할 수 있는

토양을 만들어 주는 일입니다.

셋째, 복지는 성도들에게 일자리를 제공하는 일터이기도 합니다.

Q₇ 한국 교회

A **문제는 나에게 있습니다.**

우리는 버린 하나님이나 밟는 사람들을 욕합니다.

그러나 소금의 사명을 감당하지 못하므로 버릴 수밖에 없었고,

밟을 수밖에 없었던 우리 자신을 되돌아봐야 합니다.

한국 교회에 만연한 누룩을 주의해야 합니다.

우리는 지금 정말 중요한 시점을 맞이했습니다.

한국 교회가 흔들리면 모든 것이 무너집니다. 누룩은 제거해야 합니다.

‘나는 이렇게 생각한다’라는 철학이나 사상은 필요하지 않습니다.
교회에는 오직 성경이 말하는 것만이 필요합니다. 어떻게 복음적으로
되돌아갈지 목회자들, 특별히 젊은 목회자들은 고민해야 합니다.
예수님의 제자 가룟 유다를 이용해서 예수님을 공격했던 것을 잊지 마십시오.
한국교회연합 대표를 하면서 봤더니 지금 정치나 언론은 ‘반교회’ 프레임을
가지고 있습니다. 이들은 사람들이 교회를 반대하는 일을 뒤에서 은근히
조종합니다. ‘교회를 통해서 교회를 나눠라’, ‘목사를 통해서 목사를
박해하라’고 말이죠. 어떤 목사가 잘못하면 목사들을 들어서 그 사람을
공격합니다. 그러면 그 내용을 신문이 보도하고, 이것을 정치가 이용합니다.
예수님의 박해는 대제사장들의 작품이지만 행동대장으로 앞세운 것은
가룟 유다였던 것과 동일한 전략입니다.
통합보다 중요한 것은 삼합입니다.
한국 교회가 서로 협력하지 못하는 것은 여전히 문제입니다.
통합을 이야기하는데 통합보다 중요한 것은 삼합입니다.
화합, 연합, 통합이거든요.
이것이 순서인데 이 단계를 거치지 않으면 싸움이 일어납니다.
비록 한 집에 거하지 않는다 할지라도 같은 노선이면
화합하고 연합하여 일해야 합니다.
모든 교회는 다 부자입니다.
물질이 많은 부자 교회가 있습니다. 그런데 어떤 교회는 시간이 충분해서
시간 부자입니다. 또 어떤 교회는 건강해서 건강 부자입니다.
그러니 부자로 말하면 다 부자이고, 거지로 말하면 또 다 거지입니다.
만나자고 하는데 시간이 없어서 못 만난다고 하면 시간 거지입니다.
각자가 가진 부족한 것에 마음을 두기보다는
풍족한 것으로 부족한 교회와 나눠 쓰면 됩니다.
은사가 다르니 조화를 이뤄야 합니다.

모든 교회는 각기 가진 달란트가 다릅니다.

1백 미터를 3분에 뛰는 사람과 10분에 뛰는 사람에게

발맞춰서 뛰라고 하는 것은 서로를 불편하게 하는 것입니다.

다른 교회의 은사를 비난하기보다는

포용하고 조화를 이루는 것이 중요합니다.

실망과 교만은 같은 값입니다.

가장 크게 실망한 사람이 나중에 가장 크게 교만해질 수 있습니다.

오늘 손가락질 받고 있는 큰 교회들도 천막에서 시작했음을 잊지 마십시오.

큰 교회는 되고 싶어 된 것이 아닙니다. 자신을 낮추었기 때문에 물이 흘러

들어온 것입니다. 작은 교회 시절에 큰 교회를 비난 하던 이들이 정작

성장하고 나면 훨씬 더 권위적이 되는걸 경험합니다.

아비목회의 정신은
조건 없는 사랑입니다
실패를 경험할 때 포근히 품어주는
목회자를 아비처럼 여기게 되는 것이죠

▶ 진행자 = 편집국장 박 철 홍 목사
▶ 언론사 = 월간목회

보도 기사 목록

1993.05.01.~2023.08.15. 중에서 일부

1993.05.01. 부모님은 기다려 주지 않는다 <월간기독교상담> 편집부

2003.09.17. 아무리 우겨쌈을 당하여도 <들소리신문> 편집부

2011.09.20. 권태진 예장 합신 총회장 "분초 아껴 사역 감당… 총회 활성화 헌신" <국민일보> 윤중식 기자

2011.09.26. [인터뷰] 예장합신 신임 총회장 권태진 목사 <성결신문> 남원준 기자

2011.09.28. 예장(합신)제96회 총회장 권태진 목사 선출 <CJTN지저스타임즈> 편집부

2011.11.15. 한기총 회원 9개 교단 "정관 원상회복하라" <국민일보> 신상목 기자

2011.11.21. 한기총 개혁은 중단되거나 변질될 수 없습니다 <코람데오닷컴> 10개 교단 총회장

2011.11.25. 한기총 모습 정말 부끄럽고 안타깝다 <교회와신앙> 정윤석 기자

2011.12.16. 한기총으로부터 회원 자격 제한받은 4개 교단… '정중동' 속 연대 등 기존 입장 고수 <국민일보>
            신상목 기자

2011.12.28. [신년메시지] 십자가 승리와 부활 능력으로 힘차게 전진합시다 <기독교개혁신보> 편집부

2012.04.02. 부활의 주님 증거하고 세상 변화시켜야 <기독교개혁신보> 편집부

2012.06.27. "종교차별실태조사 프로젝트 취소해야" 한장총, 국가인권위가 종자연과 체결한 용역계약 취소
            요구 성명서 발표 <뉴스파워> 정하라 기자

2012.08.22. 9월 1일 한국장로교 100주년 기념대회… 의미와 향후 계획 / 좌담 <국민일보> 이승한 종교국장

2012.08.22. 9월 1일 한국장로교 100주년 기념대회… 의미와 향후 계획 / 좌담 <국민일보> 이승한 종교국장

2012.09.04. [총회장 이임사] 새로운 미래 위해 부흥하는 합신 <기독교개혁신보> 편집부

2012.11.16. 교계, 종자연 설문조사 강행에 '종교자유 침해' 성토 <크리스천투데이> 이대웅 기자

2012.11.16. 종교차별실태조사는 종교 억압 행위-기독교계, 인권위 '종교차별 실태조사 관련 설문조사' 강력
            비판- <뉴스파워> 정하라 기자

2012.11.18. "국가인권위, 종교차별 실태조사 중지하라"… 기독대책위, 기자회견문 발표 <국민일보> 유영대
            기자

2012.11.19. 인권위 종교차별조사 강행…교계는 '설문 거부' 맞불 <노컷뉴스> 송주열 기자

2012.11.27. "종교차별 실태조사 위헌·위법" 종교편향대책위, 인권위에 중지요구 <기독교개혁신보> 편집부

2012.12.05. 권태진목사 한국장로교총연합회 대표회장 선출 <한국기독공보> 장창일 기자

2012.12.11. 화합과 평화의 사명 감당하는 한장총 되길 <크리스천투데이> 신태진 기자

2012.12.12. 한장총 권태진 대표회장 "한국교회 화합의 기틀 다지겠다" <코람데오닷컴> 편집부

2012.12.19. 한장총 성탄메시지 <기독교한국신문> 편집부

2012.12.20. 성령운동 지도자들 "제18대 대통령 당선자에게 바란다" <크리스천투데이> 류재광 기자

2012.12.31. 한국교회 주요 연합기관과 교단 대표들의 신년사 <크리스천투데이> 류재광 기자

2013.06.21. 한장총 제63년 6·25 기념 메시지 발표해 <기독인뉴스> 편집부

2013.06.25. 한국교회, 나라사랑 · 평화통일의 주역돼야 <아이굿뉴스> 표성중 기자

2013.07.10. 한장총, 올림픽공원서 제5회 '장로교의 날' 개최 "250여 장로교단 하나되겠습니다" <국민일보> 백상현 기자

2013.08.14. 광복과 건국 없었다면 신앙의 자유도 없었을 것 <크리스천투데이> 김진영 기자

2013.08.21. 한교연, 일본군 위안부 할머니 돕기 광복 68주년 기념예배…남북통일 이루는 밑거름 될 것 다짐 <고신뉴스> 이국희 기자

2013.08.30. 기존에 납세했던 종교인들, 과세 후에도 똑같다? <크리스천투데이> 신태진 기자

2013.11.11. 추수감사절 메시지 <크리스찬연합신문> 편집부

2013.11.22. 교계, "동성애와 종교인 과세 반대" 시국선언 <크리스천투데이> 김진영 기자

2013.11.24. 한장총·한지협 등 시국대책위 80여명 "종교인 과세·동성애 반대" 선언 <국민일보> 박재찬 기자

2013.12.10. 한국교회 시국대책위원회 구국 기도회 <CTS기독교TV> 김덕원 기자

2013.12.17. [한교연 대표회장 선거] 권태진 목사 출마 소견서 <기독일보> 장세규 기자

2013.12.19. 한교연 제3대 대표회장 권태진·한영훈 후보 정책발표 <크리스천투데이> 김진영 기자

2013.12.20. 한교연,제3대 대표회장 후보자 공청회 <극동방송> 교계뉴스

2013.12.27. 한교연 대표회장 후보, 공청회서 밝힌 공약 '주목' <데일리굿뉴스> 정인영 기자

2014.01.29. "종교인 과세 법안 폐기해야"… 시국대책위, 교단장 초청 간담회 <국민일보> 김무정 기자

2014.02.17. 종교인 과세, 교회 압박 수단될 수 있다 <기독신문> 정형권 기자

2014.02.18. 한국교회시국대책위원회 종교인과세 반대 입장 분명히 밝혀 <기독교한국신문> 편집부

2014.04.02. 종교인 과세에 대한 한국 교회의 입장 <조선일보> 22면 전면광고

2014.04.28. 복음이 도전받는 시대, 복음의 진리를 외치라 <들소리신문> 양승록 기자

2014.06.12. 한국교회 바뀌지 않고서는 미래로 나아갈 수 없다 <국민일보> 유영대 기자

2015.04.18. 한교봉, 팽목항서 세월호 1주기 유가족 위로 기도회 <크리스천투데이> 이대웅 기자

보도 기사 목록

2015.05.22. [성령강림절 메시지] 한국교회희망연합 권태진 대표회장 外 <기독일보> 장세규 기자

2015.08.04. 교계 단체들, 광복 70주년 메시지 발표 <기독교한국신문> 편집부

2015.10.28. '한국교회 신앙 본질 회복과 개혁 방안' 좌담 "한국교회 성경원리로 돌아가는 제2의 종교개혁 필요" <국민일보> 최기영 기자

2016.10.13. 한국장로교총연합회 제8회 '장로교의 날' 개최 <특수경찰신문> 오형구 종교국장

2017.09.12. 종교인 과세문제 대책 TF팀 발족 <C채널> 매거진굿데이 편집부

2017.09.27. 통신비·책값까지 세금… 사실상 종교활동 과세 <국민일보> 김동우 기자

2017.12.14. 종교인과세 관련 '소득세법 시행령 일부개정안'에 대한 기독교의 입장 <기독교중앙뉴스> 편집부

2017.12.22. 종교인과세 관련 '소득세법 시행령 일부개정안'에 대한 한국기독교의 입장 <KMC뉴스> 편집부

2017.12.22. 한기총·한기연 "소득세법 시행령 일부개정안은 위헌" <데일리굿뉴스> 한혜인 기자

2018.12.11. 한기연, 전 기무사령관 투신 사건에 관한 논평 <기독일보> 노형구 기자

2018.12.17. 개신교계 성탄메시지 온 세계에 평강을 <MBC뉴스> 양효경 기자

2018.12.17. 신음하는 북한 동포들에게 아기 예수의 은총과 평강 <뉴시스> 편집부

2018.12.22. 한국기독교연합(한기연) 2018년 성탄절 메시지 <크리스천투데이> 김정환 기자

2018.12.22. 평화의 왕 예수 그리스도의 은총이 온 땅에 충만하길 <크리스천투데이> 김진영 기자

2018.12.31. 인내로 승리의 나팔을 부는 소망의 한 해가 되길 <크리스천투데이> 김진영 기자

2018.12.31. 한반도 평화의 해, 2019년…'통일·연합' 숙원 이루길 <데일리굿뉴스> 윤인경 기자

2019.01.01. 한국교회연합(한교연) 2019년 신년 메시지 <크리스천투데이> 편집부

2019.01.02. 안양대 타종교 매각은 가룟 유다의 배교와 같아 <크리스천투데이> 김진영 기자

2019.01.02. 한국기독교연합, 안양대학교 타종교 매각 시도 중단하라는 성명서 발표 <하야방송> 유한나 기자

2019.01.03. 기독교대학의 타종교 매각 시도를 즉각 중단하라 <기독일보> 조은식 기자

2019.03.01. 한국교회연합, 3·1운동 1백주년 메시지…3·1운동의 위대한 신앙 유산을 바른 삶으로 계승해야 <시사타임즈> 엄무환 국장

2019.03.01. 한교연 "제2차 북미정상회담 결렬 안타깝다" <기독일보> 박용국 기자

2019.03.01. 북미정상회담 성패, 北의 완전한 비핵화에 달려 <크리스천투데이> 김진영 기자

2019.03.01. 한국교회연합, 제2차 북미정상회담 관련 논평 발표…회담이 끝내 결렬된 것에 안타까움을 표한

다 <시사타임즈> 엄무환 국장

2019.03.02. 한교연, 3·1 운동 1백주년 메시지 <CBN기독교방송> 편집부

2019.03.03. 제2차 북미정상회담 관련 한국교회연합 논평 <CBN기독교방송> 편집부

2019.03.06. 교계, 교단 흔들고 한국교회 혼란 부추긴 법원 판결 우려 <기독일보> 편집부

2019.03.06. 한국교회연합, 제2차 북미정상회담 관련 논평 발표해 <하야방송> 유한나 기자

2019.03.06. 교계, 교단 흔들고 한국교회 혼란 부추긴 법원 판결 우려<기독일보> 편집부

2019.03.07. 사법부의 서울교회 판결 "교단 헌법 근간 흔들고, 한국교회 전체 혼란 부추겨"<기독교한국신문> 유종환 기자

2019.04.05. 강원도 산불, 한국교회 가장 먼저 달려가 도울 것 <크리스천투데이> 김진영 기자

2019.04.05. [성명서] 화마로 고통당하는 강원도민에게 하나님의 위로 평강을 빌며 <지저스타임즈> 편집부

2019.04.11. 낙태죄 헌법불합치 판결, 생명경시 풍조 낳을 것 <크리스천투데이> 김진영 기자

2019.04.12. 교계, 낙태죄 헌법불합치 판결 일제히 비판 <크리스천투데이> 김진영 기자

2019.04.16. 한교연 2019년 부활절 메시지 <지저스타임즈> 편집부

2019.04.16. 한국교회연합, 2019년 부활절 메시지 <시사타임즈> 편집부

2019.04.19. 죽음을 이긴 부활절… 신앙인은 언제나 생명의 편에 서야 <조선일보> 김한수 기자

2019.04.22. 스리랑카 테러 규탄… 천인공노할 만행 <크리스천투데이> 김진영 기자

2019.04.22. 부활절 비극 스리랑카, 한국교회 '충격과 고통' 위로 <데일리굿뉴스> 최상경 기자

2019.04.23. 한교연 스리랑카 연쇄 테러 희생자를 애도하며 잔인무도한 테러를 규탄한다 <기독일보> 박용국 기자

2019.05.01. 한교연서 스리랑카 연쇄테러 비판 성명 <기독교신문> 윤해민 기자

2019.05.03. 한교연 "보은군 神 축제, 금도 넘은 것" <크리스천투데이> 김진영 기자

2019.05.03. 보은군 속리산 신축제 중단하라 <아이굿뉴스> 손동준 기자

2019.05.06. 충북 보은군청의 속리산 무속인 축제, 기독교계 반발 무시한 밀실행정 <기독일보> 노형구 기자

2019.05.23. 합장? 황교안 대표 신앙 자유에 속한 선택 <크리스천투데이> 김진영 기자

2019.05.23. 한국교회연합, 황교안 대표 비판한 불교 조계종에 일침…조계종 비판은 어처구니 없는 월권이요 명백한 인권침해 <시사타임즈> 엄무환 국장

보도 기사 목록

2019.08.27.　안보 위기 무감각증에 빠진 사회 심각히 우려 <크리스천투데이> 김진영 기자

2019.08.29.　한교연, 안보 위기 무감각증에 빠진 우리사회 심각히 우려한다 <지저스타임즈> 편집부

2019.09.20.　자유 대한민국 지키기 위한 첫째 사명은 기도 <크리스천투데이> 김진영 기자

2019.09.20.　한교연 지금 시국에 필요한 건 특별기도 <데일리굿뉴스> 김민주 기자

2019.09.21.　대한민국의 지금 시국에 모든 한국교회는 단합해 기도하자 <기독일보> 이나래 기자

2019.10.02.　한교연 "나라사랑 정신 표출하되 하나됨 깨뜨려선 안 돼" <국민일보> 최기영 기자

2019.10.02.　10.3 집회, 자유 위한 온 국민과 교회의 몸부림 <크리스천투데이> 김진영 기자

2019.10.03.　교단·교파 연합해 자유대한민국 위협하는 공산주의·동성애·젠더주의 등과 함께 싸우자 <기독
　　　　　　　일보> 조은식 기자

2019.10.03.　지소미아 종료시 한반도 최악 지각변동 우려 <크리스천투데이> 김진영 기자

2019.11.15.　지소미아, 대통령과 정부의 대승적 결단을 촉구한다 <기독일보> 편집부

2019.11.15.　지소미아, 대통령과 정부의 대승적 결단을 촉구한다 <국제기독신문> 편집부

2019.11.16.　[한교연 성명서] 탈북 선원의 비인도적 강제 북송을 강력히 규탄한다 <시사타임즈> 엄무환 국장

2019.11.17.　국가인권위법 '성적 지향' 삭제 개정안 환영 <크리스천투데이> 김진영 기자

2019.11.22.　한교연 "지소미아 유예 결정 환영" <국민일보> 최기영 기자

2019.11.23.　지소미아 유예 결정 환영한다 <기독일보> 박용국 기자

2019.11.26.　한교연 국가인권위법 '성적 지향' 삭제 개정안 발의 환영 <기독일보> 이나래 기자

2019.12.05.　총신대 반동성애 교수 징계 시도 우려 <크리스천투데이> 김진영 기자

2019.12.06.　반동성애 교수에 대한 징계 시도 우려한다 <기독일보> 박용국 기자

2019.12.07.　한교연·반동연, '반동성애 교수에 대한 징계 시도 우려한다' <크리스천월드> 채수빈 기자

2019.12.09.　文 대통령, 北 주민 해방과 자유 위해 노력하길 <크리스천투데이> 김진영 기자

2019.12.11.　전광훈 목사, 금도 넘은 발언 회개하라 <크리스천투데이> 김진영 기자

2019.12.17.　한교연 "성탄에 평화와 화해를 통해 서로 사랑으로 질서를 잡아가기를" <국민일보> 최기영 기자

2019.12.18.　겸손한 그리스도의 정신이 성탄에 널리 퍼지길 <기독일보> 박용국 기자

2019.12.24.　한국교회연합(한교연) 2019 성탄 메시지 <크리스천투데이> 편집부

2019.12.26.　한교연 "남북의 화합 연합 통합 이루는 새해되길" <국민일보> 최기영 기자

2019.12.27. 전광훈 목사 구속 영장 신청 소식에 한국교회 일제히 비판 목소리 <기독일보> 박용국 기자

2019.12.27. 전광훈 목사 구속 신청, 정치적 억압 목적이라면… <크리스천투데이> 김진영 기자

2019.12.27. 전광훈 목사 구속 신청, 정치적 억압 목적이라면… <목장드림뉴스> 박동현, 김진영 기자

2019.12.28. 한교연 회장 권태진 목사, 2020년 신년사 <C헤럴드> 이근창 기자

2019.12.30. 한교연, 경찰의 전광훈 목사 구속영장 신청에 대한 입장 <CBN기독교방송> 편집부

2020.01.13. [성명서] 사랑의 교회 화합을 함께 기뻐하며 환영한다 <기독일보>

2020.01.20. 한교연, "기독교학교 신앙의 자유 보장하라" <기독일보> 김진영 기자

2020.01.22. 한교연, 기독교학교 신앙의 자유 보장 촉구 <크리스찬저널> 편집부

2020.01.29. 기독교학교 신앙 자유 보장하라 <기독교헤럴드> 박지현 편집국장

2020.01.30. 한교연 "신종 코로나, 막연한 혐오 내려놓고 성숙한 국민 의식 보여줄 때" <국민일보> 최기영 기자

2020.01.30. 한교연 "우한폐렴 정부 대처, 메르스 사태 반복 말라" <크리스천투데이> 송경호 기자

2020.01.31. [한교연 성명서] 우한폐렴의 공포, 반드시 이겨내자 <시사타임즈> 엄무환 국장

2020.02.06. 우한 폐렴의 공포, 반드시 이겨내자 <기독교헤럴드> 박지현 편집국장

2020.02.18. 한교연, 기독교학교 신앙의 자유 보장하라 성명서 발표 <CBN기독교방송> 편집부

2020.02.20. 한교연, 코로나19 긴급담화문 발표 <데일리굿뉴스> 천보라 기자

2020.02.21. 신천지 코로나 집단 감염, 정부 성급함이 화 키워 <크리스천투데이> 송경호 기자

2020.02.21. 한국교회 연합기관 '코로나19' 긴급 입장 발표 <한국기독공보> 임성국 기자

2020.02.21. 한국교회연합 코로나19 긴급담화문 <뉴스에이> 이광원 기자

2020.02.26. 한교연 "전광훈 목사 구속, 명백한 종교 탄압" <기독일보> 김진영 기자

2020.02.26. 한교연 "전광훈 목사 구속은 종교 탄압… 국민 저항 일으킬 것" <크리스천투데이> 송경호 기자

2020.02.27. 한교연, '전광훈 목사 구속' 비판 성명 <CBN기독교방송> 편집부

2020.02.27. 명성·소망교회 등에 대한 비난과 매도 중단하길 <기독일보> 김진영 기자

2020.02.27. [한교연 성명서] 코로나19 확산과 관련, "일부 교회에 대한 비난과 매도를 중단하라" <시사타임즈> 엄무환 국장

2020.02.28. 한국교회연합 일부 교회 비난·매도 중단하라 <뉴스원> 이기림 기자

2020.02.29. 한교연 3·1절 메시지 "분열과 정죄 넘어 미래 제시하자" <크리스천투데이> 송경호 기자

2020.03.02. 전염병 관련 일부 교회에 대한 비난 자제하라 <아이굿뉴스> 손동준 기자

2020.03.04. 한교연, "자유·독립·애국" 3·1절 메시지 <기독교헤럴드> 박지현 편집국장

2020.03.05. 무조건적인 공예배 포기는 안 된다 <기독일보> 김진영 기자

2020.03.05. 한교연 "무조건적인 공예배 포기는 안 된다" <크리스천투데이> 송경호 기자

2020.03.05. 한교연 성명서 "무조건적인 공예배 포기는 안 된다" <뉴스에이> 이광원 기자

2020.03.06. 한국교회연합 "무조건적 공예배 포기 안 돼" <크리스찬타임스> 편집부

2020.03.17. 교회에 대한 행정명령, 최선이 아니다 <기독일보> 김진영 기자

2020.03.18. 교회에 대한 행정명령, 최선이 아니다 <천안시민신문> 한성종 기자

2020.03.18. 한교연 교회에 대한 행정명령 최선 아니다 <데일리굿뉴스> 천보라 기자

2020.03.19. 한교연, "무조건적 공예배 포기 안 돼" 비판 <기독교헤럴드> 박지현 편집국장

2020.03.24. 한국교회연합, 교회에 대한 행정명령과 관련하여 성명서 발표 <하야방송> 유한나 기자

2020.03.25. 한국교회연합 한국교회 향한 억압·위협 중단하라 <이데일리> 이윤정 기자

2020.03.25. 한교연 '한국교회에 대해 억압과 위협을 당장 중단하라' <뉴시스> 편집부

2020.03.25. [한교연 성명서 전문] 한국교회에 대해 억압과 위협을 당장 중단하라 <시사타임즈> 편집부

2020.03.26. 일요일마다 교회로 쏠리는 시선…개신교계 "불공정한 억압" <KBS뉴스> 김세희 기자

2020.03.26. "한교총·한교연 정통교회가 감염 온상인 것처럼 경찰 동원해 예배 감시…총리 사과하라" 文정부 비판성명 <펜앤드마이크> 양연희 기자

2020.03.27. 교계 정부가 한국교회 겁박, 정 총리는 사과하라 <국민일보> 최기영 기자

2020.04.04. 한국교회연합(한교연) 2020 부활절 메시지 <기독일보> 편집부

2020.04.08. 한교연, 2020 부활절 메시지 <기독교헤럴드> 박지현 편집국장

2020.04.16. '여당에는 국난 극복을, 야당에는 혁신과 변화를 바란다' 한교연 정치권 향해 논평 <국민일보> 최기영 기자

2020.04.16. 한교연 "기독 의원들, 기독교 가치관으로 의정활동 임하길" <크리스천투데이> 송경호 기자

2020.04.16. 교계 연합단체들 제21대 국회에 바란다 <아이굿뉴스> 손동준 기자

2020.04.17. [논평] 여당에는 국난 극복을, 야당에는 혁신과 변화를 바란다 <지저스타임즈> 편집부

2020.04.19. 한교연, 국난 극복과 신뢰 회복이 과제 <데일리굿뉴스> 박은결 기자

보도 기사 목록

2020.09.04.　한교연 운정 참존교회 폐쇄는 파주시 직권남용 <크리스천투데이> 송경호 기자

2020.09.06.　한교연 운정참존교회 폐쇄 종교탄압 <데일리굿뉴스> 천보라 기자

2020.09.07.　정부가 방역 핑계로 종교탄압 규탄 <아이굿뉴스> 손동준 기자

2020.09.24.　북한의 천인공노할 만행 규탄 <기독일보> 김진영 기자

2020.09.24.　한교연 北 천인공노할 만행, 천만 성도 이름으로 규탄 <크리스천투데이> 송경호 기자

2020.09.24.　한교연 北 천인공노할 만행, 천만 성도 이름으로 규탄 <CBN기독교방송> 편집부

2020.09.25.　[한교연 성명서] 북한의 천인공노할 만행을 규탄한다 <시사타임즈> 편집부

2020.10.07.　18일부터 모든 예배 온전히 회복하자 <기독일보> 김진영 기자

2020.10.07.　[성명서] 하나님께 드리는 예배를 온전히 회복하자 <더미션타임즈> 편집부

2020.10.07.　한교연 정부에 자율적 예배 촉구… 18일부터 회복하자 <크리스천투데이> 송경호 기자

2020.12.08.　한교연 성명서, 강압과 통제의 방법으로 코로나19 위기를 해결하지 말라 <크리스천뉴스> 윤진희 기자

2020.12.08.　한교연 성명, 코로나19 위기 극복, 통제와 강압으로는 안된다 <CBN기독교방송> 편집부

2020.12.09.　[성명서] 코로나19 위기 극복, 통제와 강압으로는 안된다 <지저스타임즈> 편집부

2020.12.10.　"코로나19 위기 극복, 통제와 강압"으로는 안된다 <한국기독일보> 편집부

2021.01.12.　전국 111개 기독교 연합 세계로교회의 신앙과 예배지지 <크리스천투데이> 송경호 기자

2021.01.29.　권태진 목사 "한국교회, 신앙권리 침해받았는데 오히려 허락 구하고 있어" <매일일보> 송상원 기자

2021.02.08.　한국교회는 독립성과 자율성을 회복하라 <기독일보> 편집부

2021.02.25.　이젠 진리 위에 서서 행동할 때 <기독일보> 편집부

2021.04.01.　진정과 신령의 예배 드리는 행복한 부활절 되길 <기독일보> 김진영 기자

2021.07.06.　국무총리와 질병관리청장에 바란다 <한국기독일보> 편집부

2021.07.07.　예배 인원 제한 풀어야… 편견 없는 정책 시행을 <기독일보> 박용국 기자

2021.07.07.　한국기독인총연합회, 국무총리.질병청장에 방역지침 시정촉구 성명 <한국교회공보> 문병원 기자

2021.07.08.　권태진 군포제일교회 담임목사 새 거리두기…비과학적통제 <뉴스원> 박정환 기자

2021.07.15.　[한기연 성명] 예배자는 범죄자가 될 수 없다 <기독일보> 편집부

보도 기사 목록

2021.07.15. [한기연 성명] 예배자는 범죄자가 될 수 없다 <교회협동신문> 편집부

2021.07.28. 각 교단, 9월 총회서 예배 자유 선언하라 <기독일보> 김진영 기자

2021.07.28. 한기연 "예배는 타협의 대상이 아니다" <데일리굿뉴스> 편집부

2021.07.28. 한기연, "예배는 타협의 대상이 아니다" 성명서 발표 <한국기독일보> 편집부

2021.08.04. [한기연 성명] 건국을 기념하고 해방에 감사하자 <기독일보> 편집부

2021.08.11. 한기연, '8·15 건국일 및 광복절 성명' <기독교헤럴드> 편집부

2021.09.15. 암울한 시대, 별이 되어주셨던 조용기 목사님 <기독일보> 노형구 기자

2021.09.16. 조용기 목사님, 암울한 시대에 별 되어 주신 분 <크리스천투데이> 이대웅 기자

2021.10.04. [권태진 칼럼] 공명한 사회, 공명한 선거에 대한 소고 <크리스천투데이> 편집부

2021.10.05. [칼럼] 공명한 사회, 공명한 선거에 대한 소고 <기독일보> 편집부

2021.11.15. 신앙의 자유를 누리고 예배를 온전히 회복하자 <기독일보> 편집부

2021.11.19. 하나님보다 코로나19 더 무서워했던 것 회개하자 <크리스천투데이> 편집부

2021.12.02. 북한 비춘 햇빛으로 전직 대통령들 선대하길 <기독일보> 김진영 기자

2021.12.02. [성명서] 이제 용서와 화해, 평화의 에너지를 만들어보자 <지저스타임즈> 편집부

2021.12.31. 신앙의 자유를 누리고 예배를 온전히 회복하자 <한국교회공보> 편집부

2022.01.21. 신년의 기도 <기독일보> 편집부

2022.02.24. 3·1 운동의 정신으로, 자유대한민국 지키자 <기독일보> 김진영 기자

2022.02.29. 한교연 3·1절 메시지 "분열과 정죄 넘어 미래 제시하자" <크리스천투데이> 송경호 기자

2022.03.10. [한기연 성명] 새로운 정부와 크리스천에게 바란다 <기독일보> 편집부

2022.03.23. 한기연 "대통령 집무실 이전, 국민과 소통 선택한 것" <기독일보> 김진영 기자

2022.03.23. 한기연 "윤석열 당선인, 안락한 청와대 나오는 것 환영" <크리스천투데이> 이대웅 기자

2022.04.12. 국민의힘 공직후보자 기초자격평가, 부활절에 하지 말라 <기독일보> 김진영 기자

2022.05.27. 차별금지법은 차별법·구별금지법… 나라 미래 생각하라 <크리스천투데이> 이대웅 기자

2022.06.07. 현충일에 윤석열 대통령의 추념사를 들은 월남 참전 유공자의 글 <크리스천투데이> 편집부

2022.06.07. [기고] 현충일 윤석열 대통령의 추념사를 듣고 <코리아드림뉴스> 편집부

2022.06.07. 윤석열 대통령의 현충일 추념사를 듣고_월남 참전유공자 권태진 목사 <하야방송> 편집부

2022.06.16. 6·25의 정신으로 자유를 지켜내자 <기독일보> 김진영 기자

2022.07.17. 한기연 "윤석열 대통령, 지지율에 너무 위축되지 말길" <기독일보> 김진영 기자

2022.07.29. 건국일 더 귀히 보고, 우리나라 중심 역사의식 가져야 <크리스천투데이> 송경호 기자

2022.07.29. 8월 15일, 광복절과 건국절로 함께 기념하자 <기독일보> 김진영 기자

2022.09.07. 尹 대통령, 제2의 건국 자세로 담대하게 나아가길 <기독일보> 김진영 기자

2022.09.19. 교단 총회, 빛과 소금 될 결의·정책 기대 <기독일보> 김진영 기자

2022.10.13. 자유 빼고 건국 무시한 교육과정 개정안… 尹 정부, 재연구해야 <기독일보> 김진영 기자

2022.10.13. '2022 개정 교육과정', 정치적 의도로 역사 바꾸는 망국 행위 <크리스천투데이> 이대웅 기자

2022.11.01. 인명 경시 현상이 이태원 사고로 연결된 것 <기독일보> 김진영 기자

2022.11.02. 이태원 참사… 거룩한 문화 뿌리내리지 못한 책임 회개 <목장드림뉴스> 박동현, 이대웅 기자

2023.01.26. 군 통수권자로서의 발언을 외교 문제로 호도하지 말라! <기독일보> 편집부

2023.02.27. 한기연 "진리 실천하는 교회, 대한민국의 희망" <크리스천투데이> 이대웅 기자

2023.02.28. 한국기독인총연합회, 3·1 운동 104주년 메시지 발표 <크리스천데일리뉴스> 유현우 기자

2023.03.17. 일부 기독교 단체들의 尹 정권 퇴진 요구, 잘못된 것 <기독일보> 김진영 기자

2023.04.07. 한국교회, 진리 되신 예수님 붙들고 본질 회복하자 <기독일보> 김진영 기자

2023.07.03. [오피니언] 호국보훈의 달을 보내며 <기독일보> 편집부

2023.08.08. 한기연 "8월 15일을 대한민국의 건국절로 제정하자" <기독일보> 김진영 기자

2023.08.08. 한국교회 주요 기관들, 광복 78주년 건국 75주년 맞아 성명 발표 <CBN기독교방송> 편집국

광야에서 희망을 외치다

지은이 권태진
초판발행 2023년 10월 15일
3쇄발행 2024년 3월 15일

등록번호 제 2003-6호
등록된 곳 경기도 군포시 군포로 487, 402호
발행처 성빛출판사
전화 031-397-6757   **팩스** 031-397-9241
이메일 sungbitbooks@gmail.com
홈페이지 www.sungbit.com

ISBN 978-89-87187-00-6 (03000)

TRUTH

LIBERTY

LOVE

RESTORATION

HOPE

진리 안에서

자유를

사랑을 통해

회복을

예수 안에서

참된 **희망**을!